지속가능
성장
생각하는

「K-ESG 가이드라인」 부록 수록

경영자를 위한
ESG

ESG경영시대 더 나은 거버넌스

- 그것을 누가 지배해야 하는가? -

한영도 저

도서출판 시대가치

추 천 사

COVID-19 종료 이후 최근까지 EU를 중심으로 CSRD 업데이트, 공급망 실사법의 구체화 등이 후속적으로 이루어지면서 대기업뿐만 아니라 중견・중소기업 역시 제대로 된 ESG 2.0을 수행해야 할 필요성을 크게 느끼게 되었다.

기후변화 및 탄소배출 대응을 중심으로 한 환경 측면 이슈 및 인권 보장과 데이터 보호 그리고 지역사회 연계를 중심으로 한 사회 측면 이슈와 관련하여, 지속가능성에 초점을 맞춘 새로운 가치가 창출될 수 있도록 하기 위하여 기업은 더욱 윤리적으로 행동해야 하고 사회 전반에 공정경쟁이 뿌리내리도록 전면에 나서야 한다. 무엇보다도 이러한 기업의 노력이 구체화되고 사회적 성과 창출로 이어지기 위해서는 투명하고 신뢰도 높은 기업지배구조가 당연히 선행되어야만 한다. 바로 이 점에서 저자는 제대로 된 기업지배구조를 갖추고 이를 바탕으로 경영활동을 수행해 나가는 것을 ESG경영 실천의 본질로 강조하고 있다.

사실 자본주의 역사가 진전되어 오면서 기업지배구조 역시 발전을 거듭해오고 있다. 구체적으로, 기업지배구조는 주주, 이사, 감사라는 세 가지 요소를 구조적 특성으로 하여 제도화를 이루어 왔으며, 기업지배구조의 주된 역할 역시 기업에 대한 주주의 소극적 견제와 대리인비용 최소화에서 시작하여 주주를 포함한 다양한 이해관계자들의 적극적 참여 및 미래지향적 공유가치 창출로 전환되어 왔다.

하지만 이러한 발전 이면에 기업의 규모를 막론하고 기업지배구조를 왜곡시키고자 하는 새로운 시도들 역시 다변화되는 양상을 보이고 있다. 이와 관련하여 저자는 일감 몰아주기, 회사채 발행 등 터널링(tunneling)과 우호 지분 확보, 경쟁 경영자 축출 등 참호구축(entrenchment)에 대하여 설명하고 있다. 그리고 저자는 이러한 기업지배구조 관련 왜곡 시도들이 계속되는 한 제대로 된 ESG 2.0으로 나아가는 것이 요원할 수도 있음을 우려하면서 투명성, 책임성, 다양성, 포용성, 윤리성을 ESG 2.0을 추동하는 더 나은 지배구조의 핵심으로 강조하고 있다.

기업 공시 측면에서 ESG경영을 어떻게 추진해 나가야 할 것인가에 집중하고 있는 컨설팅 관련 분석 서적들과 달리, 『ESG경영시대 더 나은 거버넌스: 그것을 누가 지배해야 하는가?』에서 저자는 기업지배구조 왜곡에 관한 그간의 많은 고민거리들과 제대로 된 ESG 2.0으로 나아가기 위한 나름의 해결방안들을 제시하고 있다.

단언컨대 기업지배구조에 변화를 주어 기업가치를 혁신하고 이를 바탕으로 지속가능성을 구현해 보고자 하는 열정을 지닌 우리 경영자들과 여러 임직원들이 읽어보기에 충분히 흥미진진할 것이다.

상명대학교 기획부총장

권기환 교수

서문

본 저자는 "더 나은 생각, 더 나은 삶, 더 나은 사회, 더 나은 미래세상"을 꿈꾸면서 환경과 사회적 문제에 대해 관심을 갖고 여러 가지 활동을 하고 있습니다. 사회와 환경의 문제나 크고 작은 조직의 문제를 해결하는 데 있어서 핵심 열쇠가 거버넌스(지배구조)임을 경험하고 집필을 결심하게 되었습니다. 5년 전 4차 산업혁명시대의 기업지배구조 개선 토론회에 참석하여 지배구조 문제를 깊이 고민해 보고 KT의 거버넌스 이슈에도 K-Business 연구 포럼을 만들어 "더 나은 지배구조 제안" 등의 활동을 통해 소액주주로서도 직접 참여해 보았습니다.

지배구조가 잘 갖추어져 있고 잘 운영되고 있으면 기업은 이해관계자들의 이익을 보호하고, 지속가능한 성장과 발전을 해 나갈 수 있습니다. 그러나 지배구조가 잘못 설계되어 있거나 제대로 작동되지 않으면 기업의 부패나 비리로 이어질 수 있습니다. ESG경영시대에는 기업의 거버넌스가 더욱 중요해지고 있습니다. 기업은 지구상의 천연자원을 활용하여 제품이나 서비스를 생산하고 소비하게 되므로 이 과정에서 지구환경 파괴나 오염문제가 발생하며, 종사원의 인권과 협력기업에 대한 부당한 계약 등과 같은 문제가 발생할 수 있습니다. 이러한 문제들은 기업의 경영리스크로 작용하여 기업가치를 크게 훼손하고 심할 경우 기업의 생존을 위태롭게 할 수 있으므로 환경과 사회적 측면의 책임을 다하면서 경영활동을 수행해야 합니다. 지구환경과 이해관계자들의 이익을 보호하고, 투명하고 효율적인 거버넌스를 구축하고 제대로 운영함으로써 생존과 지속가능한 경영을 보장받을 수 있습니다.

ESG경영시대의 거버넌스는 개방성, 투명성, 책임성, 다양성, 포용성, 윤리성을 갖추고 주주 - 이사회 - 경영진 - 감사위원회 - 이해관계자 간의 역할과 권한을 분담하여야 합니다.

본서는 ESG경영시대에 기업의 거버넌스가 어떻게 변화해야 하는지에 대해 논의하고, 더 나은 거버넌스로 발전해 나가는 구체적인 방법론을 제시하고 있습니다. "ESG경영시대 더 나은 거버넌스: 그것을 누가 지배해야 하는가?"는 다음과 같은 내용을 담고 있습니다.

제1부에는 ESG경영과 소유지배구조의 이해에 관한 내용으로, 자본주의 진화와 ESG, ESG경영의 이해, 소유지배구조의 이해로 나누어 기술하고 있습니다. 자본주의의 진화에 따라서 기업 경영에 있어서 역학관계도 함께 진화되어 기업의 소유와 경영이 분리되고 전문경영인이 소유주를 대신하여 경영을 책임지게 됨으로써 발생하는 지배구조 이슈들과 함께 최근 글로벌하게 부각되고 있는 ESG경영의 이해에 대한 내용을 담고 있습니다.

제2부에서는 한국 대기업의 소유지배구조에 관한 내용으로, 한국 기업의 소유지배구조의 특성, 소유집중 대기업 및 소유분산 대기업의 소유지배구조 현황과 이슈들을 분석하였습니다. 이와 더불어 국내외의 기관투자자, 소액주주의 연합 등을 통하여 주주권을 적극적으로 행사하는 주주행동주의와 이에 따른 기업의 대응과 지배구조에 대한 내용을 담고 있습니다.

제3부는 ESG경영시대의 더 나은 거버넌스에 대한 내용으로, ESG경영과 기업가치 창출, ESG경영시대 더 나은 거버넌스 구조, ESG경영시대 더 나은 거버넌스로의 발전에 대하여 서술하고 있습니다. ESG경영이 어떻게 경제적 가치와 사회적 가치를 창출하여 궁극적으로 기업가치를 향상시키는지, 이를 위하여 ESG경영시대에 거버넌스에는 어떤 변화가 있어야 하는지, 이사회 중심의 지속가능 경영이 되기 위해서는 주주 – 이사회 – 최고경영진 – 감사위원회의 역할과 권한이 어떻게 조정되어야 하는지에 대한 내용을 담고 있습니다.

이 책을 통하여 독자들은 ESG경영과 그 핵심 요소인 거버넌스에 대해 이해할 수 있습니다. 또한 ESG경영시대에 기업이 거버넌스를 어떻게 개선하고 실천해야 하는지 알아볼 수 있습니다. ESG경영시대에 기업 거버넌스의 중요성을 인식하고, 이를 실현하기 위한 방안을 모색하고자 하는 기업의 경영자, 투자자, 정부와 공공기관의 실무자, 대학생 등 각계각층의 많은 분들에게 도움이 될 것이라 믿습니다.

끝으로 본 저서의 체계와 내용 등에 대하여 발전적인 의견들을 학계 교수님들과 산업계의 전문가분들 그리고 독자분들께서 기탄없이 개진해 주실 것을 부탁드립니다. 감사합니다.

2023.8 북한산 기슭 연구실
저자 **한영도**

목 차

2
한국 대기업집단의 소유지배구조

3

ESG경영시대의 더 나은 거버넌스

1

ESG경영과 소유지배구조의 이해

1. 자본주의의 진화와 ESG경영의 부상

자본주의는 시대적 변화에 따라 발전해 왔다. 과거에는 주주자본주의가 지배적인 패러다임으로, 기업의 목표는 주주이익의 극대화였다. 그러나 최근에는 환경, 사회, 지배구조(ESG: Environmental, Social, Governance)에 대한 관심이 높아지면서, 이해관계자자본주의가 주목받고 있다. 주주자본주의는 기업의 경영권을 주주에게 집중시켜, 주주이익을 극대화하는 것을 목표로 하고 기업의 효율성과 경쟁력을 높이는 데 기여했지만, 기업의 사회적 책임을 소홀히 한다는 비판을 받기도 했다. 반면에 이해관계자자본주의는 기업의 경영권을 이해관계자들에게 분산시켜, 기업의 지속가능한 성장을 추구하는 것을 목표로 하고 기업의 사회적 책임을 강화하고, 기업의 장기적인 가치를 제고하는 데 기여할 수 있다. 앞으로 기업의 경영은 지금까지의 주주이익 극대화에 더하여 ESG경영에 따른 사회적 가치 창출에 초점을 맞춰야만 생존과 지속가능한 성장을 해 나갈 수 있다.

1.1 주주자본주의의 퇴조

자본주의의 진화에 따라 기업 경영 형태도 다양하게 변화해 왔다. 초기의 자본주의에서는 주주들의 이익을 최우선으로 고려하는 주주 중심 경영(shareholder-centric management)이 일반적이었다. 주주들은 기업의 주요 이해관계자로서 주요 결정권과 이익에 대한 권리를 가졌으며, 기업도 주주가치 극대화를 목표로 하였다. 자본주의의 진화에 따른 기업의 경영 변화를 요약하면 〈그림 1-1〉과 같다.

주주자본주의는 주주들의 이익과 주주의 주권을 최우선으로 고려하는 경영철학으로 기업의 경영방식에서 주주들의 이익을 최우선으로 고려하는

〈그림 1-1〉 자본주의의 진화

자본주의 2.0(~1980) 케인즈주의(수정자본주의)	**자본주의 3.0(~2008)** 신자유주의(주주자본주의)	**자본주의 4.0(2009~)** 새로운 질서 모색(이해관계자자본주의)
• 대공황 이후 세계경제의 불안정성 해소 • 큰 정부 • 국유화/공사화 • 정부규제 강화	• 1970년대 이후 스태그플레이션과 오일쇼크 등으로 인해 세계경제 위기 • 작은 정부 • 민영화/시장 중심 • 탈규제화 등	• 기후위기 심화와 더불어 2008년 글로벌 금융위기 • 코로나 팬데믹 등 문제로 주주자본주의의 한계 • 정부 역할 증대 • 정부와 시장의 상호보완적 역할

것을 강조한다. 주식시장에서는 기업의 경영 성과와 주주들의 투자수익이 밀접한 관련이 있으며, 기업의 경영방식에서 주주들의 이익을 고려하는 것은 주식시장에서 기업의 평가와 투자자들의 투자 결정에 영향을 미치는 요소이다. 신자유주의 경제학자 밀턴 프리드먼(M. Friedman)은 "기업에 주주의 수익률 이외에 사회적 책임을 요구하는 것은 자유사회의 기초를 완전히 훼손하는 것이다. 기업의 책임이란 영리를 추구하는 것이며, 주주의 이익을 극대화하는 것이 유일하고 본질적인 기업의 목적이다."라고 말했다.

그러나 현대의 경영환경에서는 사회적 책임과 지속가능성 등의 요구가 증가하면서, 기업은 단순히 주주의 이익을 추구하는 것 이상의 역할을 요구받고 있다. 주주들에 대한 책임과 이익의 보호는 물론이고, 사회적, 환경적 요구에 대한 책임을 인식하고 이에 맞추어 경영전략도 변화하고 있다. 이러한 변화에 맞추어 기업도 경영패러다임의 대전환을 추진하고 있어서 주주자본주의가 쇠퇴하고 있다. 주주자본주의의 재평가와 변화는 다양한 요인과 계기에 따라 진행되었으나 주요한 계기와 시기는 다음과 같다.

(1) **사회적 인식의 변화** : 2008년 글로벌 금융위기 이후 사회적으로 기업의 도덕성과 사회적 책임에 대한 관심이 증가했다. 금융위기는 주주자본주의의 한계와 기업의 이익 추구에 초점을 맞춘 전통적인 경

영방식의 문제를 드러내었다. 이를 계기로 사회적 가치 및 지속가능성에 대한 관심이 증가하면서 주주자본주의의 재평가와 변화가 시작되었다.

(2) 이해관계자들의 요구와 기대 증대 : 이해관계자들(고객, 공급망 파트너, 지역사회, 정부, 규제기관 등)은 기업이 사회적 책임과 지속가능성에 대한 적극적인 역할을 수행하도록 요구하고 있다. 이해관계자들은 기업의 환경 영향, 사회적 영향, 인권 문제, 노동조건, 제품 안전성 등 다양한 이슈에 대한 책임을 강조하고 있으며, 이는 기업의 주주자본주의에 대한 재평가와 변화를 촉발시키는 요인 중 하나이다.

(3) 규제와 법적 요구의 강화 : 많은 국가와 지역에서 기업의 사회적 책임과 지속가능성에 대한 규제와 법적 요구가 강화되고 있다. 기업은 이러한 규제를 준수하고, 환경적, 사회적, 거버넌스(ESG) 측면에서 책임을 다하는 것을 요구받게 되었다. 이러한 법적 요구와 규제의 강화는 주주자본주의의 한계를 드러내고, 이해관계자 중심 경영으로의 전환을 촉진시켰다.

(4) 투자자의 변화 : 투자자들은 기업의 사회적 책임과 지속가능성에 대한 정보를 요구하며, 이러한 요구는 지속가능한 투자 및 ESG 기준에 따른 투자의 증가로 이어졌다.

기업은 여러 이해관계자들의 이익을 균형있게 고려해야 하며, 이를 통해 기업의 지속가능한 경영을 추구하는 것이 중요해지고 있다.

1.2 이해관계자자본주의 진전

이해관계자자본주의(stakeholder capitalism)는 기업이 단순히 주주의 이익만을 추구하는 것이 아니라, 다양한 이해관계자들의 이익을 고려하고 폭넓은 사회적 가치 창출을 추구하는 경영철학이다. 기업이 주주뿐만 아니라 고객, 직원, 공급업체, 지역사회, 환경 등 기업과 관련된 모든 이해관계자들의 요구와 이익을 고려하고 존중하는 것을 의미한다. 기업의 경영자들이 환경과 사회에 미치는 영향을 고려하고, 투명한 지배구조를 갖추는 ESG경영을 함으로써 기업은 환경과 사회에 기여하고, 사회적 신뢰를 얻을 수 있으며 새로운 비즈니스 기회의 창출과 새로운 고객 유치로 이어져 지속가능한 성장을 해 나갈 수 있다.

기업이 이윤을 추구하는 자본주의 경제 시스템에서 이제 기업이 장기적으로 이윤과 지속가능한 성장을 하려면 환경과 사회에 미치는 영향을 고려해야 한다. 주주자본주의에서 이해관계자자본주의로의 전환은 기업이 지속가능한 성장을 위해 환경문제나 사회적 책임을 다하는 데에 큰 역할을 하게 한다. 이해관계자자본주의는 아직까지는 주주자본주의에 비해 그 영향력이 크지 않으나 ESG에 대한 관심 증가, 기업의 사회적 책임에 대한 요구 증가, 기업의 지속가능한 성장의 중요성 강조 등의 추세는 이해관계자자본주의의 진전을 가속화할 것으로 예상되고 있다.

2020년도 다보스 포럼(World Economic Forum)에서 이해관계자자본주의 발표가 있었다. 이 발표는 기업이 단순히 주주의 이익만을 추구하는 것이 아니라, 이해관계자들의 이익을 존중하고 이를 고려하여 사업을 수행해야 한다는 것을 강조하고 있다. 2019년 비즈니스 라운드 테이블(Business Round Table)에서도 이해관계자자본주의 선언은 다양한 이해관계자들이 함께 협력하여 기업의 지속가능성과 사회적 가치를 추구하는 선언이 있었다. 기업이 이해관계자들의 이익과 요구를 존중하고 이를 공정하게 대우함으로써, 기업의 지속가능성을 높이겠다는 의지를 밝히는 것을 의미한다. 이해관계

〈표 1-1〉 이해관계자자본주의 실천사항

구분	내용
지속가능 비즈니스 전략	기업은 환경과 사회에 미치는 영향을 고려하는 지속가능한 비즈니스 전략 채택
환경보호	환경보호에 적극적으로 참여, 탄소 배출 감소와 재생에너지 사용 등 환경에 대한 책임
이해관계자와의 소통	이해관계자와 소통하여 그들의 요구와 관심사를 이해하고 비즈니스 결정에 반영
투명성	기업은 비즈니스 관행, 재무성과, 환경 및 사회적 영향에 대한 정보의 공개

자자본주의를 실천하기 위해 기업이 취해야 할 사항은 〈표 1-1〉과 같다.

이러한 사항들은 이해관계자자본주의를 실천하는 데에 있어서 기업들이 고려해야 할 중요한 가이드라인으로 인식되고 있다. 기업들이 이해관계자자본주의를 실천함으로써 지속가능한 성장을 추구하고 사회적 책임을 강화하는 데 기여할 수 있을 것으로 기대된다.

1.3 ESG경영의 부상

ESG경영은 기업의 지속가능한 성장을 위해 중요한 요소로 인식되고 있으며, 최근 몇 년 사이에 그 중요성이 더욱 높아지고 있다.

ESG경영의 경과

ESG는 2004년 UN 글로벌 콤팩트(UNGC)가 공식적으로 처음 사용한 이후 2006년 국제투자기관 연합인 UN PRI가 금융투자원칙으로 ESG를 강조하면서 기업 경영에서 강조되었다. 이와 더불어 자본주의 4.0 및 이해관계자자본주의가 등장하였고, 코로나19 사태를 겪으면서 기후변화, 공중보건, 환경보호 등 ESG 이슈에 대한 관심이 증가하였다. 이러한 흐름에 맞추어

〈그림 1-2〉 ESG 진행경과

1987	UNEP·WCED, 브룬트란트 보고서 발간: 지속가능 발전에 대한 전 세계적인 논의 본격화
2004	UNEP와 WWF는 ESG(Environment, Social, and Governance)라는 용어를 공식적으로 사용 기업의 비재무적 성과를 측정하는 지표로 기업의 지속가능성 평가
2006	UN PRI(책임투자원칙): ESG를 투자 결정과 자산 운영에 고려한다는 원칙 및 투자자들이 책임투자를 실천하도록 권고
2009	글로벌 금융위기이후 자본주의 4.0 논의 본격화
2019	코로나 19로 인한 기후, 환경 등 ESG부상(비즈니스라운드 테이블 다양한 이해관계자 이익 선언)
2020	글로벌 최대 자산 운용사, 블랙록은 ESG를 투자 의사 결정의 핵심으로 삼겠다고 발표

투자 측면에서 글로벌 자산운영사인 블랙록(BlackRock)은 투자의사결정에 ESG 정보를 적극적으로 활용하겠다는 의사를 밝히고 있다. ESG의 진행경과는 〈그림 1-2〉와 같다.

ESG경영은 기업이 이해관계자들의 이익을 고려하고 사회적 가치를 창출하기 위해 환경적, 사회적, 거버넌스 측면을 포괄적으로 고려하는 것이다. 기업의 환경적 영향, 사회적 책임, 거버넌스 구조의 투명성 등을 평가하는 지표와 기준으로 기업의 지속가능성을 측정하고 비즈니스 결정에 반영하게 한다. 이처럼 ESG경영은 이해관계자들의 이익을 고려하고 사회적 가치 창출을 추구하는 경영방식을 통해 기업이 이익 추구와 동시에 사회적 가치 창출, 사회문제 해결, 환경보호 등에 적극적으로 기여할 수 있게 한다. 이를 통해 기업은 장기적인 성공과 사회적인 신뢰를 동시에 달성할 수 있다.

사회와 경제의 상호 의존성을 인정하고, 상호 협력과 공동 번영을 추구하는 ESG경영은 새로운 경영 패러다임이라 할 수 있다. 예를 들어, 기업은 고객에게 고품질 제품과 서비스를 제공하고, 직원들에게 공정한 대우와 안전한 작업환경을 제공하며, 공급업체와 협력하여 상호 이익을 고려하는 협력관계를 구축할 수 있다. 지역사회와 협력하여 사회적인 프로그램과 기부활동을 추진하고, 환경보호를 위한 노력을 기울일 수도 있다. 기업은 이제 주주의 이익뿐만 아니라 고객, 직원, 공급업체, 지역사회, 환경 등 다양한 이해관계자들의 이익을 고려하고 사회적 가치 창출을 추구하는 경영방식을 채택하여야 할 것이다.

ESG경영 전망

이해관계자 중심 경영은 기업의 생존과 지속가능한 성장을 위해 앞으로도 더욱 중요해질 것으로 예상된다. 사회와 기업 간의 상호작용과 영향력은 계속해서 증가할 것이고, 이에 대한 적극적인 대응이 요구될 것이다. 기업들은 이해관계자들의 요구와 기대에 부응하며 사회적 책임과 지속가능성을 중심으로 경영을 해야 할 것이다. 이를 통하여 기업의 평판, 관계 형성, 창의성과 혁신력 등을 향상시키는 데 도움이 될 것이다. 이해관계자 중심 경영에 대하여 몇 가지 주요한 전망을 살펴보면 〈표 1-2〉와 같다.

이해관계자 중심 경영에서는 이해관계자의 이익을 고려하는 것이 단순히 사회적 책임만을 고려한다는 것이 아니라 기업의 경제적인 이익을 향상

〈표 1-2〉 ESG경영 전망

구분	내용
지속가능성 관련 규제 강화	정부와 규제기관은 기업의 사회적 책임과 지속가능성을 강조하기 위해 관련 규제를 강화할 것으로 예상
경영의 경쟁력 강화	소비자들은 사회적 책임을 갖춘 기업을 선호하며, 기업의 제품 및 서비스 구매 결정에 영향
사회적 책임과 지속가능성 강조	사회적 요구와 기대는 계속해서 증가할 것으로 예상되며, 기업들은 사회 및 환경적 영향을 고려하고 다양한 이해관계자들과 협력할 필요
이해관계자 참여의 확대	다양한 이해관계자들의 의견과 요구를 수용하고 존중하는 기업이 경쟁력을 가짐

시키는 것과 이를 통해 지속가능한 경영을 추구하는 것을 목표로 한다. 그렇기 때문에 장기적인 시각에서 이해관계자들의 만족도를 고려하고, 이를 통해 기업의 이미지와 신뢰도를 높이는 것으로 이어질 수 있다.

이러한 이해관계자 중심 경영은 단순히 이익 추구만을 중시하는 전통적인 경영방식과 달리, 이를 통해 장기적인 경영 성과와 지속가능성을 추구한다. ESG경영기업은 환경, 사회, 지배구조의 측면에서 책임성 있는 경영을 실천하는 기업을 의미한다. 이러한 기업들은 환경문제와 사회적 문제에 대한 적극적인 대응, 공정한 경영 구조 등을 갖추고 있어 지속가능한 경영을 할 수 있으며, 이러한 기업에 대한 투자자들의 수요도 증가하고 있다. 세계 최대 펀드인 블랙록(BlackRock)의 CEO인 래리 핑크(Larry Fink)는 지속가능한 투자에 대한 중요성을 강조하는 메시지를 발표하였다. "우리는 모든 기업이 지속가능성 문제를 고려하고, 기업의 사회적 역할과 장기적인 성장에 대한 계획을 제시해야 하며, 기업의 경영진은 그들의 경영방식과 지속가능한 경영을 위한 전략을 발표하는 것이 중요하다"고 말했다. 이어서 "지속가능한 투자는 장기적인 성장을 보장하고, 사회적 책임을 이행하며, 기업의 경영에 긍정적인 영향을 미친다"며 "미래를 예측하는 것은 어렵지만, 우리가 내린 결정이 미래를 만든다"고 강조하였다. 이러한 메시지는 블랙록을 비롯한 금융기관들이 지속가능한 투자에 대한 관심을 갖고 있다는 것을 의미하며, 전반적으로 기업들이 ESG경영을 강화하고 지속가능한 경영을 실현하도록 동기부여하는 계기가 되었다. 기업의 지속가능한 경영을 위해서는 환경문제를 최소화하고, 자원을 효율적으로 관리하며 인간존중과 노동문제 등 사회적 책임을 다해야 한다. 이를 통해 기업은 사회적 가치를 추구하면서 동시에 기업의 경제적 가치와 신뢰도를 높일 수 있다.

2. ESG경영의 이해

ESG경영은 환경(Environmental), 사회(Social), 지배구조(Governance)의 세 가지 요소를 고려하여 기업 경영을 하는 것이다. ESG경영을 실천하는 기업은 장기적으로 경쟁력을 유지하고 성장할 수 있으며 고객의 신뢰를 얻고, 사회적 이미지를 높일 수 있다. 앞으로 모든 기업은 지속가능한 성장을 위해서는 기업의 장기적인 성장과 사회적 가치 창출을 하는 ESG경영을 실천해 나가야 할 것이다.

2.1 ESG경영 개관

최근 기후변화와 환경문제는 전 세계적으로 심각해지고 있어서 인류의 생존과 지속가능한 발전에 위협이 되고 기업의 경영에도 큰 영향을 미치게 될 것이다. 지속가능한 발전은 인류의 생존과 번영을 위해 환경, 빈곤 및 불평등의 문제에 대한 해결에 관심을 가짐으로써 사회와 조화를 이루는 발전을 의미한다. 기업은 환경, 사회, 지배구조 측면에서 지속가능한 경영을 추구함으로써, 장기적인 성장과 사회적 가치를 창출하여야 한다. ESG경영의 발전과정은 크게 세 가지 단계로 나눌 수 있다.

첫 번째는 환경문제에 대한 대응이라고 할 수 있다. 1970년대 환경문제가 대두되면서 기업들은 비즈니스가 자연환경에 미치는 영향을 인식하게 되었다. 이에 따라 기업은 환경문제에 대한 대응책을 마련하게 되었다. 이때 환경문제는 단순히 기업의 이미지 문제가 아니라 기업의 생존에 대한 문제로까지 대두되었다.

두 번째는 사회적 책임 경영이라고 할 수 있다. 1990년대 후반부터 기업의 사회적 책임에 대한 요구가 증가해 왔다. 이에 따라 기업은 단순히 이윤 추구가 아니라 사회적 책임을 충실히 수행해야 한다는 요구가 대두되었다. 이때 사회적 책임이란 기업이 자연환경뿐 아니라 사회적 이슈와 인권 문제 등에 대해서도 책임을 다해야 한다는 것이다.

세 번째는 지배구조 개선이라고 할 수 있다. 2000년대 이후 기업의 지배구조에 대한 문제점이 지적되면서, 기업들은 투명성, 책임성, 공정성 등을 강화하기 위한 노력을 기울이기 시작했다. 지배구조가 개선됨으로써 기업은 회사운영의 투명성을 높일 수 있으며, 주주와 이해관계자들의 신뢰를 얻을 수 있다.

최근 국내외적으로 ESG경영이 본격적으로 확산되고 있다. 국내에서는 삼성전자, 현대자동차, LG전자 등 대기업들이 ESG경영을 선도하고 있다. 이들 기업은 탄소 배출량 감축, 에너지 효율 개선, 자원순환 확대 등 환경보호에 앞장서고 있으며, 다양성 및 포용성 증진, 일자리 창출, 지역사회 공헌 등 다양한 사회문제 해결에도 기여하고 있다. 국외에서는 애플, 구글, 마이크로소프트 등 글로벌 IT 기업들이 ESG경영에 적극적으로 나서고 있다. 이들 기업은 친환경 제품 개발, 탄소중립 달성, 공급망 관리 강화 등에 주력하고 있다. 또한 노동조건 개선, 지역사회 공헌, 인권 보호 등 사회적 책임에도 관심을 기울이고 있다. ESG경영은 향후 더욱 중요해질 전망이다. 환경오염, 기후변화, 사회적 불평등 등 전 세계적으로 다양한 사회·환경적 문제가 심각해지고 있기 때문이다. 또한 투자자, 소비자, 직원 등 다양한 이해관계자들은 기업의 ESG경영에 대한 요구를 높여가고 있다. ESG경영이 더욱 중요해짐에 따라, 기업들은 ESG경영을 위한 투자와 노력을 확대할 것으로 예상된다. ESG경영을 위한 표준과 지침이 더욱 발전하고, ESG경영을 평가하는 기관과 시스템이 활성화될 것으로 예상된다. ESG경영은 기업의 지속가능한 성장을 위한 중요한 전략이지만, 아직은 풀어야 할 과제가 있다. 먼저, ESG경영에 대한 명확한 정의와 기준이 마련되어야 한다. ESG경영은 아직도 발전 중인 개념이기 때문에, 기업마다 ESG경영을 다르게 해석하고 있다. 따라서 ESG경영에 대한 명확한 정의와 기준이 마련되어야 기업들이 ESG경영을 체계적으로 추진할 수 있다. 둘째, ESG경영을 위한 인식과 실천이 확대되어야 한다. ESG경영은 기업의 모든 이해관계자들의 참여와 협력을 통해 추진될 수 있다. 따라서 ESG경영에 대한 인식과 실천이 기업뿐만 아니라 투자자, 소비자, 직원 등 다양한 이해관계자들로 확대되어야 한다. 셋째, ESG경영을 위한 제도적 기반이 마련되어야 한다. ESG경영을 위한 제도적 기반이 마련되어야 기업들이 ESG경영을 실천할 때 불편과 비용이 줄어들 수 있으며 ESG경영을 더욱 활성화할 수 있다.

2.2 ESG체제와 내용

ESG경영은 기업이 환경(Environmental), 사회(Social), 지배구조(Governance) 측면에서 지속가능한 경영을 추구하는 것이다. 환경적 측면에서는 기업이 친환경적인 제품 생산과 배출, 에너지 효율성, 탄소 배출 감소 등의 환경보호와 관련된 활동을 추구한다. 사회적 측면에서는 기업이 사회적 책임을 다하고, 사회적 가치를 제공하는 데 주력하며, 노동자의 권리와 안전, 인권 보호 등의 사회적 이슈에 대응해야 한다. 지배구조 측면에서는 기업의 경영 투명성, 윤리적 경영, 지배구조 등에 대해 책임을 다하는 것을 의미한다. ESG경영을 효과적으로 수행하기 위해서는 〈그림 1-3〉과 같이 거버넌스 중심으로 환경과 사회문제를 해결해 나가야 할 것이다.

기업은 이해관계자와의 소통을 강화하여 환경과 사회문제에 대한 다양한 의견을 수렴하고, 이를 의사결정 과정에 반영해야 한다. 이를 위해서는 기업의 경영진이 이해관계자와의 소통에 적극적으로 나서야 하며, 의사결정 과정을 투명하게 공개해야 한다.

〈그림 1-3〉 ESG경영의 중심 거버넌스

환경(Environmental)

ESG의 'E'는 Environmental(환경)을 의미한다. ESG에서의 환경은 기업의 경영활동이 주변 환경에 미치는 영향을 말하는 것이다. 기업의 경영활동은 자원 소모, 에너지 사용, 배출물 발생 등을 포함하고, 이러한 활동은 지구 온난화, 기후변화, 대기오염 등의 환경문제에 큰 영향을 미치고 있다. 이에 따라 기업의 환경관리 역량은 기업의 지속가능성을 판단하는 중요한 요소 중 하나로 부각되고 있다.

ESG의 환경요소는 다양한 유형으로 나눌 수 있다. 예를 들면, 기후변화, 자원 소모, 물 관리, 폐기물 처리, 환경오염 및 생물 다양성 등이 있다. 이 중에서도 기후변화와 관련된 이슈가 가장 주목받고 있으며, 기업의 온실가스 배출량과 에너지 효율성 등에 대한 보고가 중요한 지표가 된다. 또한 기업이 환경오염에 대한 사회적 책임을 다하는 것도 중요한 ESG경영의 일환으로 인식되고 있다.

ESG에서의 환경은 기업의 경영활동이 지구환경에 미치는 영향을 평가하고 관리하는 것을 요구하므로, 환경보호와 관련된 모든 분야가 대상이다. 따라서 기업이 수행하는 환경관리는 에너지 사용량, 온실가스 배출, 쓰레기 처리, 수질 및 대기 오염 등과 같은 경영활동의 결과 수반되는 문제의 모든 측면에 관여된다. 이를 통해 기업은 자원의 효율적인 사용과 에너지 절약 등을 통해 비용을 절감하고, 동시에 지속가능한 경영을 추구하는 데에도 기여한다.

사회(Social)

ESG의 'S'는 사회적(Social) 책임을 의미한다. 기업은 자신의 사회적 역할을 인식하고, 이를 실천해야 한다는 요구에 의해 ESG경영을 추구하게 된다. 사회적 책임의 구체적인 유형은 매우 다양하지만, 대표적으로는 다음과 같은 것들이 있다.

(1) 노동자의 권리와 안전 : 기업은 노동자들의 안전과 건강을 보호하고, 근로자들의 권리를 존중해야 한다. 이를 위해 안전한 작업환경을 조성하고, 적절한 근로조건과 급여를 보장해야 한다.

(2) 인권 : 기업은 인권을 존중하고 보호해야 한다. 인권 침해를 방지하고, 인권을 존중하는 조직문화를 조성해야 한다.

(3) 다문화 : 기업은 다문화적인 사회에서 다양한 문화적 배경을 가진 사람들을 존중하고 포용해야 한다. 이를 위해 다양성을 존중하는 조직문화를 조성하고, 다문화 교육을 실시해야 한다.

(4) 지역사회와의 관계 : 기업은 지역사회와 좋은 관계를 형성함으로써 지역사회에 기여하고, 지속가능한 발전을 위해 노력해야 한다.

거버넌스(Governance)

ESG의 'G'는 거버넌스(Governance)로 기업 내부의 조직, 관리체계, 투명성, 이사회의 역할 등을 포함한 기업의 경영 및 운영 방식을 의미한다. 거버넌스의 역할과 기능은 다음과 같다.

(1) 기업의 투명성 강화 : 거버넌스는 기업의 투명성을 강화하고 외부 이해관계자들에게 정보를 제공함으로써 신뢰를 구축하는 역할을 한다. 투명성은 기업의 의사결정과정, 재무정보 공개, 이사회 구성 등을 포함한다. 투명성을 통해 기업은 외부 이해관계자들로부터 지지와 신뢰를 받을 수 있다.
(2) 이사회의 책임과 역할 강화 : 이사회는 기업의 거버넌스를 책임지고 경영진을 감독하며, 기업의 장기적인 목표 달성을 위한 전략을 수립한다. 이사회의 역할은 기업의 이익을 위해 주주와 이해관계자들의 이익을 균형 있게 고려하고, 기업의 이해관계자들과의 상호작용을 조화롭게 관리하는 것이다.
(3) 위험관리와 규정 준수 : 거버넌스는 기업 내부의 위험요인을 식별하고 관리하는 데 중요한 역할을 한다. 이것은 기업의 윤리적인 행동과 규정 준수를 강화하는 것을 의미하며 기업 내부에서 부패, 부정행위, 이해관계자들에게 피해를 주는 행위 등을 방지하고 예방하는 체계를 구축하는 것을 포함한다.
(4) 지배구조 개선 : 기업의 지배구조를 강화하고 개선하는 역할을 한다. 지배구조는 이사회의 독립성, 이사회 구성원의 역할과 책임, 주주의 권리 보호 등을 포함한다. 적절한 지배구조를 통해 기업은 투자자들로부터 신뢰를 얻고, 잠재적인 위험을 줄이고, 지속가능한 성장을 실현한다.

기업의 거버넌스 구조가 잘 구축되어 있다면 기업 내부의 체계적인 관리와 감시가 가능해지며, 이를 통해 기업의 경영 안정성을 높일 수 있다. 또한 기업 내부의 불법행위나 부적절한 거래 등을 사전에 예방할 수 있다. 뿐만 아니라, 기업의 거버넌스 구조가 잘 구축되어 있다면 기업에 대한 이해관계자들의 신뢰도를 높일 수 있다. 이를 통해 기업의 사회적 책임을 다하고, 지속적인 성장을 추구할 수 있다.

따라서 ESG에서 거버넌스가 가장 중요한 이유는 기업의 경영 안정성과 사회적 신뢰도를 높여 지속가능한 경영을 추구하는 것과 직접적인 관련이 있기 때문이다.

(1) 경영 안정성의 강화 : 기업의 거버넌스 구조가 잘 구축되어 있다면 경영진과 이사회의 역할과 책임이 명확해지며, 기업 내부의 체계적인 관리와 감시가 가능해진다. 이를 통해 기업 내부의 문제와 위험 요인들을 사전에 파악하고, 이를 예방하고 대응할 수 있다. 또한 외부 투자자나 기타 이해관계자들은 기업의 거버넌스 구조를 평가하여 기업의 안정성과 성장 가능성을 높일 수 있다.

(2) 사회적 신뢰도의 확보 : 기업의 거버넌스 구조가 잘 구축되어 있다면 기업이 사회적 책임을 다하고, 이해관계자들의 권익과 이익을 고려하는 경영이 가능해진다. 이를 통해 기업의 신뢰도를 높일 수 있으며, 이것은 기업의 사회적 가치와 이미지, 이에 따른 이해관계자들의 지속적인 지원을 얻을 수 있다.

(3) 지속가능한 경영의 추구 : 기업의 거버넌스 구조가 잘 구축되어 있다면, 기업은 이해관계자들의 요구와 기대를 충족시키며, 사회적 가치 창출과 환경보호, 인권 존중 등의 지속가능한 경영을 추구할 수 있다. 이를 통해 기업은 장기적인 가치 창출을 통해 경쟁우위를 유지하고, 지속적인 성장을 이룰 수 있다.

ESG에서 거버넌스는 기업의 경영 안정성과 사회적 신뢰도를 높여 지속가능한 경영을 가능하게 하기 때문에, 기업의 지속적인 성장과 이해관계자들의 이익을 보호하는 데 데 매우 중요하다.

ESG 워싱

ESG 워싱(washing)은 기업이 ESG경영을 표방하지만, 실제로는 ESG경영을 실천하지 않는 행위를 말한다. 이러한 행위는 기업의 ESG경영에 대한 신뢰를 떨어뜨리고, 투자자와 소비자의 피해를 유발할 수 있다. ESG 워싱의 문제는, 기업이 ESG경영에 대한 구체적인 액션 없이 단순한 마케팅 수단으로 ESG를 이용하기 때문에 일시적으로 기업의 이미지와 평판을 향상시킬 수는 있지만, 실제로 기업의 ESG경영이나 성과를 개선하지는 않는다. 또한 ESG 워싱은 투자자들을 속이는 행위로 인식될 수 있으며, 투자자들의 신뢰를 잃을 수 있다.

ESG 워싱을 분류하는 기준은 ESG의 세 가지 요소인 환경, 사회, 지배구조에 기반하여 Green washing, Social washing, Governance washing으로 분류할 수 있다. Green washing은 환경 측면에서의 ESG 워싱, Social washing은 사회 측면에서의 ESG 워싱, Governance washing은 지배구조 측면에서의 ESG 워싱을 의미한다. ESG 워싱의 일반적인 유형은 〈표 1-3〉과 같다.

구체적인 ESG 워싱의 사례로는, 기업이 환경문제에 대한 실천을 강조하면서 실제로는 대기업에서 매년 발생하는 대기오염, 폐수 배출 등의 환경 파괴적인 행위가 지속되는 경우가 있다. 또한 사회적 책임을 강조하면

〈표 1-3〉 ESG 워싱

구분	세부내용
Green washing	기업이 환경친화적인 이미지를 조작하거나 과장하는 것으로, 환경문제를 고려하고 있지 않음에도 불구하고 시장에서 경쟁력을 강화하려는 목적으로 환경친화적인 제품, 서비스, 또는 활동 등을 선전하는 것
Social washing	기업이 사회적 책임과 관련된 문제를 조작하거나 과장하는 것으로, 기업의 사회적 목적이나 사회적 영향력을 과시하기 위해 사회적 이슈에 대해 적극적으로 대처하는 것처럼 보이는 것
Governance washing	기업이 거버넌스 문제를 조작하거나 과장하는 것으로, 기업의 거버넌스 문제를 숨기거나 감추기 위해 노력하는 것

서도 인권 침해, 노동자권리 침해, 불공정한 임금체계 등의 문제가 지속되는 경우도 있다. 아울러 지배구조 문제를 강조하면서도 실제로는 대주주에게 지분이 과다하게 집중되거나, 지배구조와 관련된 법규의 준수가 미흡한 경우 등의 문제가 지속되는 경우도 ESG 워싱에 해당된다.

ESG 워싱을 방지하기 위해서는, 기업이 ESG경영의 구체적인 액션을 취하고, 이러한 액션의 효과를 철저하게 평가하고 보고하는 것이 중요하다. 또한 인증기관이나 평가업체 등의 외부의 제3자로부터 평가를 받는 것도 ESG 워싱 방지에 효과적인 방법 중 하나이다. 이러한 노력들이 모여 기업의 신뢰성과 투명성을 높여 투자자들의 신뢰를 얻는 데 도움을 줄 수 있다. 정부는 ESG 워싱을 규제하기 위한 법률과 제도를 마련하고, 시민사회는 ESG 워싱에 대한 감시활동을 강화할 필요가 있다.

기업이 ESG경영을 내세울 때는 실제로 그와 관련된 성과를 제시할 수 있도록 노력해야 한다. 또한 외부감사기관의 도움을 받아 신뢰성 높은 보고서를 작성하고 이에 대해 검증을 받는 것도 중요하다. 이를 통해 기업은 ESG경영을 활용하여 사회적 가치를 창출하며 동시에 신뢰성 있는 기업 이미지를 유지할 수 있다.

기업은 투명하게 자신의 ESG 성과와 관련된 정보를 제공하고, 독립적인 제3자 기관은 중립적인 입장에서 공정하게 검증하고 인증함으로써 ESG경영에 대한 투자자 등 이해관계자들에게 신뢰성을 확보할 수 있을 것이다.

2.3 ESG 성과 측정 및 공시

ESG 성과 측정과 공시는 기업의 환경, 사회, 지배구조 성과를 측정하고 이를 외부 이해관계자와 공유하는 과정을 의미한다. ESG는 기업의 지속가능성을 측정하는 중요한 지표로, 기업의 장기적인 성장과 발전을 위해서는 ESG 성과 측정과 공시가 필수적이다. 투자자가 ESG경영에 관심을 갖는 근본적인 이유는 미래에 지속적인 성장과 이익을 가져올 가능성이 높은 기업에 투자하려는 의지와 함께 기업의 사회적 책임과 지속가능성을 평가하는 요소가 더 중요해졌기 때문이다. ESG경영성과를 측정하기 위해 다양한 지표들이 사용된다. 이러한 지표들은 기업의 환경, 사회, 거버넌스 영역에서의 성과를 평가하고 비교할 수 있도록 지원해 준다. ESG 공시 의무는 유가증권시장 상장사 자산을 기준으로 2025년 2조 원 이상, 2027년 1조 원 이상, 2029년 5,000억 원 이상 기업에 적용될 것으로 보인다. 이후 2030년부터는 전체 코스피 상장사로 확대될 예정이다. 코스닥시장 상장사도 자산규모가 큰 대형사에 ESG 공시 의무를 부여하는 방안이 고려되고 있다. 그러나 산업계에서는 ESG 공시 의무화는 기업에게 부담이 크므로 기업들이 대응할 수 있도록 충분한 준비기간을 줄 것을 요구하고 있어서 시행시기에 유동적인 측면이 있다.

ESG 평가지표

ESG 평가지표는 환경(E), 사회(S), 지배구조(G)의 세 가지 영역을 기반으로 기업의 지속가능성을 평가하는 데 사용된다. 다양한 평가기관에서 다양한 ESG 평가지표를 사용하지만 일반적으로 다음과 같은 항목을 포함한다. 환경평가지표 측면에서는 온실가스 배출, 폐기물 생성, 물 사용, 에너지 효율성 등이고, 사회평가지표 측면에서는 근로자 권리, 인권, 다양성 및 포용성, 지역사회 참여 등이며, 지배구조 평가지표 측면에서는 이사회 구성, 내부통제, 위험관리, 보상 프로그램 등이다. ESG 평가지표는 기업이 환경과 사회에 미치는 영향을 측정하고 개선할 수 있는 도구가 될 수 있으며, 투자자들이 기업의 지속가능성을 평가하고 투자 결정을 내리는 데 사용될 수 있다. 세부적인 평가지표는 〈표 1-4〉와 같다.

이외에도 다양한 ESG 지표와 평가방법이 있으며, 각각의 산업이나 기업의 특성에 따라 다를 수 있다. ESG 지표들은 기업의 ESG 성과를 측정하고 비교하는 데 도움을 주며, 투자자, 이해관계자, 평가기관 등이 기업을

〈표 1-4〉 ESG 평가지표

요소	세부내용
환경	탄소 배출량, 에너지 사용량, 쓰레기 배출량, 대기 오염물질 배출량, 수질 오염물질 배출량, 생물다양성 보전정책, 재생에너지 사용량, 자원재활용 정책
사회	인권 및 노동권 보호, 균등한 사회적 기회 제공, 고객 및 공급자 보호, 지역사회에 대한 책임, 다양성 및 평등성 제고, 건강과 안전 정책, 불공정 거래 방지
지배구조	이사회 구성, 경영진 구성, 보상 및 사외이사 구성, 공정성 및 투명성, 감사 및 위험관리 정책, 기업의 윤리적 가치 및 문화

평가할 때 참고할 수 있다. 이러한 정보들은 기업의 경영활동과 관련된 모든 측면을 포함하고 있으며, 기업의 ESG 성과를 파악할 수 있도록 기업의 보고서, 공시 등을 통해 제공된다.

ESG경영 인증기관

ESG경영 인증기관이란 기업의 ESG경영 실천결과를 검증하고 인증하는 제3자 기관을 말한다. 이들은 국제적으로 인정받는 다양한 인증기준과 프레임워크를 활용하여 기업의 ESG 성과를 측정하고, 검증 및 인증을 수행한다. 이러한 인증기관들은 전 세계적으로 다수 존재하며, 그 중 대표적인 기관으로는 다음과 같은 것들이 있다.

(1) DJSI(Dow Jones Sustainability Indices World) : 미국의 다우존스지수에서 운영하는 지속가능한 경영 인증기관으로서, 세계적인 대기업의 ESG 실천결과를 측정하여 인증한다.
(2) S&P Global ESG Ratings : S&P Global이 제공하는 ESG 평가기관으로 기업의 환경, 사회, 지배구조 측면의 성과를 평가하여 점수를 부여한다.
(3) MSCI ESG Ratings : MSCI ESG Ratings는 MSCI가 제공하는 ESG

평가기관으로 기업의 환경, 사회, 지배구조 측면의 성과를 평가하여 점수를 부여한다.

이러한 인증기관들은 기업의 ESG경영성과를 평가하고 인증함으로써, 투자자들이 보다 적극적으로 ESG경영을 고려할 수 있도록 지원한다. 인증을 통해 기업의 경쟁력을 강화하고, 지속가능한 경영을 추진하는 데 도움을 준다.

국내에서는 한국 기업지배구조원 등 여러 기관들이 ESG 평가 인증을 활동하고 있다.

(1) 한국 기업지배구조원(KCGS) : KCGS는 한국의 대표적인 ESG 평가기관으로 기업의 환경, 사회, 지배구조 측면의 성과를 평가하여 등급을 부여한다. 한국거래소의 ESG 평가지표를 개발하고, ESG 관련 교육과 컨설팅을 제공하고 있다.

(2) 한국공인회계사회 : 기업의 지속가능경영보고서를 인증하는 기관으로 기업의 지속가능경영보고서가 국제 지속가능경영보고 기준(GRI)에 부합하는지 여부를 평가한다.

(3) 한국경영인증원 : 한국경영인증원은 기업의 경영시스템을 평가하고, 인증을 제공하는 기관으로 기업의 ESG경영시스템을 평가하고, ESG 경영 인증을 제공한다.

이러한 인증기관들은 기업의 ESG경영성과를 평가하고 제3자 인증을 통해 신뢰성을 높이는 역할을 하고 있다.

ESG 정보공시는 기업이 환경, 사회, 거버넌스 영역에서의 성과와 관련된 정보를 외부에 공개하는 것을 의미한다. 이러한 정보공시는 기업의 투명성과 책임감을 나타내며, 투자자, 이해관계자, 평가기관 등이 기업을 평가하고 비교할 때 중요한 자료로 활용된다. ESG 정보공시는 다양한 방식으로 이루어질 수 있다. 일반적으로는 기업의 보고서나 별도의 ESG 보고서를 작성하여 공시하는 경우가 있다. 정부와 규제기관은 ESG 정보공시를 위한 가이드라인과 요구사항을 제시하여 기업들에게 표준화된 방식으로 정보를 제공하도록 유도하고 있다.

3. 소유지배구조의 이해

기업의 소유지배구조(corporate governance)는 기업의 소유주와 경영진의 권한과 책임을 규정하는 체계로 기업의 소유권과 경영권의 분리를 바탕으로 기업의 의사결정을 효율적으로 수행하고, 기업의 투명성과 책임성을 높이는 제도이다. 기업의 소유권은 주주에게 있으며, 경영권은 이사회와 경영진에게 있다. 이사회는 주주총회에서 선출되며, 경영진은 이사회의 감독을 받으면서 기업 경영을 수행한다. 이러한 소유지배구조는 기업의 의사결정을 효율적으로 수행하고, 기업의 투명성과 책임성을 높여 기업의 장기적인 성장과 발전에 중요한 역할을 한다.

3.1 소유지배구조의 개관

거버넌스(Governance)의 어원은 라틴어 '*guberno*'로 '배를 조종하다'는 뜻으로 '통치' 또는 '지배'의 의미를 담고 있으며 국가, 사회나 조직을 운영하는 과정 등의 포괄적인 의미로 사용되고 있다. 오늘날 거버넌스는 정부, 비정부기구 및 민간 부문과 같은 다양한 이해관계자 간의 협력을 통해 복잡한 문제를 해결하는 과정이라 할 수 있다. 정부의 역할을 강조하는 통치와 구별되는 포괄적인 개념으로 민관 협력의 한 형태로 간주되며, 정부와 시민 그리고 사회 간의 협력을 통해 공공 서비스를 제공하고 공공 문제를 해결하는 것을 목표로 한다. 물론 거버넌스가 항상 성공적으로 이루어지는 것은 아니다. 이해관계자 간의 갈등이나 협력의 어려움으로 인해 거버넌스가 실패하는 경우도 있으나 거버넌스는 복잡한 문제를 해결하기 위한 효과적인 방법으로 인식되고 있으며, 점차 그 중요성이 커지고 있다.

거버넌스

거버넌스는 정부, 비정부기구 및 민간 부문과 같은 다양한 이해관계자 간의 협력을 통해 복잡한 문제를 해결할 수 있다. 이러한 이해관계자는 각자의 전문 지식과 경험을 제공하여 더 나은 결정을 내릴 수 있을 뿐 아니라 정부, 비정부기구 및 민간 부문과 같은 다양한 이해관계자 간의 협력을 통해 효율성을 개선할 수 있어서 각자의 정보와 자원을 공유하여 서비스를 제공하고 문제를 해결하는 비용을 절감할 수 있다. 또한 정부, 비정부기구 및 민간 부문과 같은 다양한 이해관계자 간의 협력을 통해 투명성과 책임성을 개선하여 서로를 감시하고 부패와 낭비를 줄일 수 있다.

이처럼 거버넌스는 복잡한 문제를 해결하고 효율성을 개선하며 투명성과 책임성을 개선하는 데 도움이 될 수 있는 포괄적이고 협력적인 접근방식이라 할 수 있다. 부연하여 설명하면 정부, 기업, 비영리단체를 포함한 모든 유형의 조직이 목표를 달성하고, 위험을 관리하고, 투명성을 유지하는 방법으로 조직 내부의 권한, 책임, 의무 등을 명확하게 정의하고 조직 구성원 간의 상호작용과 의사결정을 하는 방식 등을 규정하는 제도와 관행 전반을 의미한다. 주로 정치적인 분야에서 사용되지만, 기업 경영에도 적용되어 기업의 의사결정 구조와 그에 따른 책임과 권한을 포함한 전반적인 경영체제를 가리킨다. 기업의 거버넌스는 기업 내부의 통치체제와 지배구조라 할 수 있다. 기업의 거버넌스는 단순히 기업 내부의 의사결정 과정과 구조만을 의미하는 것은 아니다. 기업의 거버넌스는 기업이 이해관계자와의 관계를 형성하고, 기업의 활동이 사회에 미치는 영향을 고려하는 것도 포함한다. 따라서 기업의 거버넌스는 기업이 지속가능성을 달성하기 위한 종합적인 접근방식이라고 할 수 있다. 거버넌스의 유형을 살펴보면 〈표 1-5〉와 같다.

기업 경영에서 거버넌스는 기업의 행동규범, 의사결정 구조, 관리방식, 투명성, 책임성 등 기업의 내부적인 운영체제와 관련된 것이다. 기업의 이해관계자들에 대한 책임과 투명성을 제공하고, 기업의 지속적인 경제적 성

〈표 1-5〉 거버넌스 유형

유형	내용
국가중심 거버넌스	정부가 주요 역할을 하는 전통적인 형태의 거버넌스로 정책을 수립하고 집행할 책임이 있으며 다른 이해관계자는 제한된 역할을 수행
시장중심 거버넌스	시장이 주요 역할을 하는 거버넌스 모델로 정부는 시장을 규제하고 공공서비스를 제공할 책임이 있지만, 시장 메커니즘이 정책 결정을 주도
기업중심 거버넌스	이사회, 경영진 및 주주와 같은 기업 내 다양한 이해관계자의 역할과 책임체계

장과 안정적인 발전을 위해 거버넌스는 존재의미가 있다. 기업 내부의 책임과 권한의 명확한 분리와 이사회의 역할, 위임과 감독체제 등의 제도적 요소와 기업 문화, 윤리적 가치관 등의 비제도적 요소가 함께 작용하여 거버넌스가 이루어져야 한다.

지배구조

거버넌스와 지배구조는 종종 같은 의미로 사용되지만 엄밀히 말하면 다른 의미를 갖는데, 거버넌스는 의사 결정과 집행을 포함하는 프로세스를 나타내는 반면 지배구조는 권한을 행사하는 구조적인 측면을 나타낸다. 예를 들어, 이사회는 조직 내 지배구조의 주요 부분이지만 거버넌스의 유일한 부분은 아니며 경영진과 직원도 거버넌스 프로세스에 참여하여 의사 결정과 집행에 역할을 할 수 있다. 기업 거버넌스는 이해관계자들에게 가치를 창출하기 위한 기업의 구조와 프로세스라고 할 수 있다. 반면에 지배구조는 조직 내 권한을 행사하는 구조로 이사회, 경영진 및 직원의 관계를 규정하고 조직 내 권한을 분배하는 방법임과 동시에 조직의 전략과 절차를 정의하고 조직이 의사결정을 내리는 방법에 대한 것이다.

기업 거버넌스는 기업의 이해관계자들에 대한 책임과 투명성을 보장하기 위한 중요한 역할을 한다. 기업이 건전한 거버넌스 구조를 유지하면서 이해관계자들의 이익을 고려하고, 합법적이며 윤리적인 의사결정을 내린다면 이해관계자들의 신뢰를 얻을 수 있어서 지속가능성과 경쟁력을 제고할 수 있다. 기업 경영의 투명성은 외부 이해관계자들에게 자신들의 정보를 적극적으로 제공함으로써 투명하고 공정한 경영을 추구하는 것이다.

지배구조는 이사회, 경영진 및 주주가 기업이 효율적으로 운영되고 불필요한 비용을 피하도록 감독함으로써 기업의 신뢰도를 높이고 기업가치를 향상시키는 데 매우 중요한 요소이다. 효과적인 지배구조 체제를 갖춘 기업은 외부 이해관계자들에게 공정하고 투명한 경영활동을 보여주게 되며, 이는 기업의 신뢰성과 지속가능성을 높이는 데 중요한 역할을 하게 된다. 효과적인 지배체제를 갖추고 이를 통해 투명하고 공정한 경영을 추구하는 것이 기업의 신뢰성과 지속가능성을 높이는 데 중요한 역할을 한다. 일례로 코리아 디스카운트(Korea Discount)는 여러 가지가 있지만, 한국 기업의 지배구조 문제가 주요 원인 중 하나로 꼽히고 있다. 기업의 경영진이 주주의 이익을 우선시하지 않고 자신의 이익을 우선시하는 경우가 발생하거나 대주주의 소액주주의 권리 침해, 경영의 불투명성 등이 투자자들이 기업에 대한 신뢰를 잃게 만들고 기업의 가치를 저하시킬 수 있다.

소유구조에 따른 지배구조

기업의 소유구조가 어떻게 구성되어 있는지에 따라서 기업의 경영권을 누가 가지고 있고, 의사결정은 어떻게 이루어지는지 등에 관한 지배구조가 결정된다. 기업의 소유구조에 따라서 기업의 지배구조도 크게 영향을 받게 된다. 기업의 소유구조는 다양한 요소들에 의해 결정된다. 일반적으로 기업을 창업한 설립자가 기업의 소유구조를 결정한다. 설립자가 주식의 대부분을 소유하고 있는 경우, 기업의 소유권과 통제권은 설립자의 손에 집중되나 대기업은 초기에 비교적 작은 기업으로 시작하지만, 기업이 성장함에 따라 규모를 확장시켜야 할 상황에 놓이게 된다. 이를 위해 추가적인 투자가 필요하며, 외부 투자자나 금융기관과의 협력이 이루어지면서 창업자의 지분은 상대적으로 축소되게 된다. 대기업은 경쟁력 확보와 사업 다각화를 위해 M&A 및 합병을 실시하는 경우가 많은데 다른 기업을 흡수하거나 합병함으로써 창업자의 지분은 상대적으로 축소될 수 있다. 대주주가 있는 기업은 대주주가 기업의 소유권을 행사하여 이사회를 구성하고, 이사회는 경영진을 선임하게 되므로 지배구조는 대주주의 의사에 따라 좌우될 수 있다. 반면, 소액주주가 많은 기업은 대주주가 없기 때문에, 이사회와 경영진이 기업의 경영권을 행사하고 이사회는 주주총회에서 선출되며, 경영진은 이사회의 감독을 받으므로 소액주주가 많은 기업은 이사회와 경영진의 의사에 따라 지배구조가 좌우된다. 대주주나 지분이 큰 주주들이 경영에 간섭하거나 자신들의 이익을 우선시하는 경우, 소수주주들의 권익이 훼손될 수 있다. 이를 방지하기 위해 법적인 규제나 자율규제 등이 시행되고 있지만 한계성을 많이 갖고 있다.

최근에는 ESG경영의 중요성이 부각되면서 기업의 지배구조가 더욱 투명하게 공개되고, 이를 통해 기업이 지속가능한 경영을 수행하는 데 도움을 주는 역할을 하고 있다. 기업은 다양한 이해관계자들에게 영향을 받고, 이들의 다양한 이해관계를 고려해야 한다. 이에 따라 기업을 지배하는 주체는 단일적으로 정의하기 어려우며 다음과 같은 주체들 간의 상호작용과 균형을 필요로 한다.

(1) 주주 : 주주는 기업의 소유주이며, 주식을 보유함으로써 기업에 대한 소유권과 이익을 갖는다. 주주들은 주주총회를 통해 경영진을 선출하고 기업의 중요한 의사결정에 참여할 수 있다. 그러나 주주의 지배는 주주들 간의 다양한 이해관계와 이익 차이로 인해 조절과 균형이 필요하다.

(2) 이사회 : 이사회는 기업의 최고 의사결정기구로서, 기업의 전략과 정책을 결정하고, 경영진의 업무를 감독하는 역할을 한다.

(3) 경영진 : 경영진은 기업의 경영을 담당하는 전문가로서, 기업의 운영과 전략 수립, 의사결정을 주도한다. 경영진은 주주들의 이익과 기

업의 지속가능성을 고려하여 적절한 의사결정을 내리고, 기업의 성장과 경쟁력을 향상시키는 역할을 수행해야 한다.

(4) 이해관계자들 : 기업은 주주뿐만 아니라 다양한 이해관계자들과의 상호작용을 한다. 이해관계자들은 고객, 공급자, 종업원, 노동조합, 지역사회, 정부 등으로 다양하며, 기업의 활동에 영향을 받는 주체이다. 이해관계자들은 기업의 거버넌스 프레임워크에서 중요한 역할을 수행하며, 기업의 이해관계자들의 이익을 고려하고 상호작용을 통해 균형을 이루어야 한다.

따라서 기업의 정당한 지배는 주주, 이사회, 경영진, 이해관계자들 간의 상호작용과 균형을 통해 이루어져야 한다. 기업은 주주들의 이익을 보호하면서도 다양한 이해관계자들의 이익과 사회적 책임을 고려해야 하며, 투명하고 효과적인 거버넌스 구조를 구축, 운영하여야 한다.

3.2 기업가정신과 소유경영체제

기업가정신과 소유경영체제는 밀접한 관련이 있다. 기업가정신은 새로운 것을 창조하고, 위험을 감수하며, 기회를 포착하려는 의지로 소유경영체제가 결합되면 기업의 혁신과 성장을 촉진하여 성공적인 기업을 만들 수 있다.

소유경영체제

기업가정신으로 사업의 기회를 포착하고 리스크를 스스로 감내하면서 창업한 기업가는 초기 단계에는 기업의 소유와 경영권이 분리되어 있지 않고, 창업주(소유주)가 직접 기업을 경영하는 소유경영체제로 운영하게 된다. 예를 들어, 애플(Apple)은 기업가정신과 소유경영체제를 결합하여 성공한 기업 중 하나이다. 애플의 설립자인 스티브 잡스(Steve Jobs)와 스티브 워즈니악(Steve Wozniak)은 모두 기업가정신이 뛰어난 기업가였다. 그들은 새로운 아이디어를 창조하고, 위험을 감수하며, 기회를 포착하는 데 열정적이었고 소유경영체제를 가지고 있었기 때문에 잡스와 워즈니악은 애플의 혁신과 성장을 위해 자유롭게 의사결정을 내릴 수 있었다. 이로 인하여 혁신과 성장을 촉진할 수 있었고, 결국 세계에서 가장 성공적인 기업 중 하나가 되었다. 소유경영체제에서는 기업주가 자신의 재산으로서 기업을 소유하고, 경영과정에서 직접적인 책임을 지며, 기업의 이익과 손실을 모두 감수한다. 따라서 소유주는 기업의 경영에 대한 높은 관심과 책임감을 가지게 되며, 이러한 소유주의 창업가정신이 기업의 경영에 긍정적인 영향을 미친다. 소유주는 자신의 자본을 위험에 노출시키기 때문에, 경영결과에 대한 높은 관심을 가지고, 경영과정에서도 높은 투자수익률과 경쟁력을 지향한다.

반면, 소유경영체제는 기업주의 능력, 역량, 인격 등이 중요한 요소가 되며, 대주주가 경영권을 독점하는 경우 적극적인 경쟁, 이해관계자들의 이익을 고려하는 경영이 어려울 수 있다. 대주주의 책임감, 신뢰성, 객관적인 관리능력 등이 중요한 역할을 한다. 소유주의 창업가정신과 책임감은 기업의 경영과 발전에 긍정적인 영향을 미칠 수 있지만 적절한 이사회 중심의 경영체제 구성과 대주주의 책임성 확보가 필요하다.

그러나 기업가정신과 소유경영체제가 항상 성공을 보장하는 것은 아니다. 기업가정신과 소유경영체제가 성공하기 위해서는 기업가정신과 소유경영체제를 지원하는 강력한 경영진과 이사회가 필요하며 기업가정신과 소유경영체제가 기업의 장기적인 성공을 보장하도록 하는 강력한 윤리경영체제가 잘 갖추어져야 한다.

소유와 경영의 분리

기업가는 창업 초기에는 주로 경영에 집중하며, 이후 기업이 성장하고 규모가 커질수록 경영뿐 아니라 자금 조달, 인력 관리, 새로운 시장 개척 등에 대해서도 다양한 역할을 수행해야 될 필요성에 놓이게 된다. 이에 따라 기업가는 자신이 창업한 기업의 소유와 경영을 분리함으로써 경영에만 집중할 수 있다. 소유주의 창업가정신은 기업가정신과 소유주의 사상을 조화시키며, 기업가가 기업을 창업하고 성장시키는 과정에서 소유와 경영이 분리되어 가는 것이 일반적인 형태이다.

소유와 경영의 분리가 널리 이루어지면서 기업 경영의 투명성과 효율성이 향상되는 반면에 이러한 구조가 가진 문제점도 발생하고 있다. 우선, 기업의 소유와 경영이 분리되면 경영자가 기업 경영에 더 큰 영향력을 가지게 되므로, 단기적인 이익만을 추구할 경우 기업의 장기적인 성장에 방해가 될 수 있다. 경영자들이 기업 소유자보다 훨씬 더 많은 권한과 자유를 가지므로, 이를 악용할 가능성도 있다. 이러한 문제점을 해결하기 위해 기업 경영에 대한 주주들의 권리와 의무를 규정하는 법률과 규제가 필요하다. 또한 일부 대규모 기업에서는 소수의 대주주가 기업을 지배하고 있는 경우가 많은데, 기업의 운영이 대주주의 개인적인 이해와 결정에 의해 영향을 받을 가능성이 있다. 이를 해결하기 위해서는 대주주와 소수주주들의 이해관계를 균형적으로 조율하고, 대주주의 권력이 과도하게 집중되지 않도록 법적인 제한과 규제가 필요하다.

3.3 전문경영인의 지배

전문경영인의 기업지배는 기업의 경영과 관리를 전문적으로 담당하는 경영진이 주요 결정 권한을 가지고 기업을 운영하는 형태를 가리킨다. 주주들이 직접 기업을 경영하는 것이 아니라 경영을 수행하는 전문가로서의

〈표 1-6〉 전문경영인의 기업지배의 특성

구분	세부내용
전문성	경영진은 기업 경영에 대한 전문적인 지식과 경험을 갖추고 있으며, 기업의 전략 수립과 실행, 운영 및 재무관리 등을 전문적으로 수행
책임성	기업의 이해관계자들과의 관계에서 책임을 갖고, 거버넌스 원칙을 준수하여 기업 이해관계자들의 이익을 보호하고 투명한 의사결정을 추구
성과중심	기업의 경제적 가치 창출과 성과 향상을 목표로 전략적 방향성을 설정하고 실행하여 그 성과창출에 집중
이해관계자 관리	주주, 고객, 직원, 사회 및 환경 등 다양한 이해관계자들과의 관계를 관리하고, 기업의 사회적 책임을 이행하여 지속가능한 경영 추구

경영진이 기업의 운영과 성과 개선을 책임지는 모델이다. 전문경영인의 기업지배는 주주들과 경영진의 역할과 권한을 분리하는 원칙에 기반하고 있다. 주주들이 기업에 대한 투자를 통해 소유권을 가지지만, 기업의 실질적인 운영과 경영에 대한 결정권은 경영진에게 위임되는 것을 의미한다. 이를 통해 경영진은 전문적인 경영 지식과 경험을 활용하여 기업의 성과 향상과 지속가능한 경영을 추구해야 한다. 전문경영인의 기업지배는 〈표 1-6〉과 같은 특징을 가진다.

기업의 효율성과 경쟁력을 향상시키는 측면에서 전문경영자에 의한 기업지배는 정당한 것으로 여겨진다. 경영진이 전문적인 경영 지식과 경험을 활용하여 기업의 운영과 성과 개선을 추구하고, 이를 통해 주주들의 이익과 기업의 지속가능성이 더욱 높아질 수 있다.

그러나 전문경영인의 기업지배는 다양한 이해관계자들의 관점과 이익을 고려하여 주주들과 경영진, 이해관계자들 간의 상호작용과 균형을 지향하며, 적절한 체크와 균형 조절 메커니즘을 필요로 한다. 이를 통해 정당하고 투명한 기업지배를 실현할 수 있다. 다른 한편으로는 전문경영자가 경영권을 남용하여 주주들에게 피해를 줄 가능성이 있다.

경영진의 경영권 남용

경영진이 주주들의 이익을 제대로 고려하지 않거나, 자신들의 이익을 우선시하여 경영권을 남용하는 경우에 발생할 수 있다. 경영진이 경영권을 남용하는 경우에는 다음과 같은 문제가 발생할 수 있다.

(1) 자기 이익 우선 : 경영진이 주주들의 이익을 고려하지 않고 자신들의 이익을 우선시하는 경우, 기업의 경영 의사결정이 주주들의 이익을 희생시켜 주주들에게 피해를 줄 수 있다.
(2) 투명성 부족 : 경영진이 투명하지 않은 의사결정을 내리거나, 정보의 공유를 제한하는 경우 주주들은 기업의 상황과 경영결정에 대해 충분한 정보를 얻을 수 없으므로 손해를 입을 수 있다.
(3) 거버넌스 위배 : 경영진이 거버넌스 원칙을 준수하지 않고, 주주들과의 상호작용과 균형을 고려하지 않는 경우, 주주들의 권리와 이익을 보호할 수 없는 구조적인 문제가 발생할 수 있다.

이러한 문제를 방지하기 위해 기업은 적절한 거버넌스 체계를 구축하고, 경영진의 역할과 책임을 강화해야 한다. 주주들은 경영진을 선출하고 감시하는 역할을 수행하며, 경영진은 주주들의 이익을 고려하여 투명하고 효과적인 의사결정을 내릴 책임을 이행해야 한다. 외부감사와 독립적인 이사회 구성 등의 메커니즘을 도입하여 경영권의 남용을 방지할 수 있다.

대리인 문제

대리인 문제(principal-agent problem)는 주식회사의 소유주인 주주와 경영자 사이의 이해관계가 일치하지 않아 발생하는 문제이다. 소유와 경영이 분리된 현대 기업에서는, 소유주가 경영에 직접 참여하지 않고 경영자를 대리인으로 위임함으로 인한 문제가 발생하게 된다. 이로 인해 경영자는 소유주의 이익을 대표하면서도, 자신의 이익과 충돌하는 경우가 발생할 수 있다. 기업의 주주는 기업의 이익을 위해 투자를 하지만, 경영진은 자신의 이익을 위해 투자를 할 수도 있다. 주주는 경영진이 기업의 이익을 위해 투자하도록 감독함으로써 이러한 문제를 해결할 수 있으며 다음과 같은 방안을 고려할 수 있다.

(1) 이사회의 강화 : 이사회는 회사의 경영과 전략을 결정하는 핵심 기구이다. 이사회는 독립적인 이사들과 소유주 대표들로 구성되어야 하며, 경영자에 대한 감사와 평가를 수행할 수 있는 권한과 자율성을 가져야 한다. 이를 통해 경영자의 행동을 감시하고 소유주들의 이익을 보호할 수 있다.
(2) 투명성과 정보 공개 : 회사의 재무정보와 경영결과에 대한 투명성과 정보 공개는 소유주들의 정보 비대칭 문제를 해결할 수 있는 중요한 요소이다. 회사는 정기적으로 재무보고서와 경영진 보고서를 발표하고, 주주들과의 소통을 강화해야 한다. 또한 회사의 중요한 의사결정과 거래에 대한 정보를 공개하여 소유주들이 결정에 영향을 미칠 수 있도록 한다.
(3) 소유주의 참여와 효과적인 대리인 선임 : 주주총회 등을 통해 소유주들이 경영에 관여하고 의사결정에 참여할 수 있는 환경을 조성해야 한다. 경영을 대리하는 대리인을 선임할 때에는 경영자의 성과와 이익을 고려하며, 소유주들의 이익을 대변하도록 인센티브 체계를 마련해야 한다.
(4) 외부감사 및 통제 강화 : 회사의 재무정보와 내부통제 체계를 독립적인 외부감사인이 감사하고 검토해야 한다. 외부감사인은 독립성과 객관성을 유지하고, 회사의 재무정보의 정확성과 타당성을 평가하는 역할을 수행해야 하며 감사 프로세스의 투명성과 감사보고서의 공개를 강화해야 한다. 회사는 독립적인 감사위원회를 설치하여 외부감사의 집행과 결과를 모니터링해야 한다. 감사위원회는 이사회나 주

주들로부터 독립적인 구성원으로 구성되어야 하며, 외부감사의 절차와 결과에 대한 평가 및 조언을 제공한다. 감사위원회의 역할과 책임을 명확히 하고, 그들의 독립성과 자율성을 보장해야 한다.

기업의 소유와 경영이 분리되어 경영자가 기업 경영에 더 큰 영향력을 가지게 되므로, 단기적인 이익만을 추구할 유인이 있으며 이는 기업의 장기적인 성장에 방해가 될 수 있다. 경영자들이 기업의 소유자보다 훨씬 더 많은 권한과 자유를 가지므로, 이를 악용할 가능성도 있다. 이러한 문제점을 해결하기 위해 기업 경영에 대한 주주들의 권리와 의무를 규정하는 법적인 규제를 강화해야 할 것이다.

또한 일부 대규모 기업에서는 소수의 대주주가 기업을 지배하고 있는 경우가 많은데, 이는 기업의 운영에 대한 의사결정이 대주주의 개인적인 이해와 결정에 의해 영향을 받을 가능성이 있다. 이를 해결하기 위해서는 대주주와 소수주주들의 이해관계를 균형적으로 조율하고, 대주주의 권력이 과도하게 집중되지 않도록 법적인 제한과 규제가 필요하다.

2

한국 대기업집단의 소유지배구조

1. 대기업집단의 소유지배구조 개관

한국의 대부분 대기업은 경제적 규모와 영향력이 매우 큰 실정이다. 기업의 그룹화는 자본주의 경제의 발전과정에 있어서 여러 가지 형태로 출현하여 성장하고 있으며 오랫동안 어떤 형태로든 존재해 왔다. 대기업집단은 경제 성장의 주요 동력 중 하나로 다양한 산업부문에서 활동하며, 제조업, 금융, 통신, 건설 등 다양한 분야에 걸쳐 다양한 기업을 포함하고 있다. GDP 대비 점유율은 대기업집단의 총매출이나 이익이 국내총생산(Gross Domestic Product: GDP)에서 차지하는 비율이 매우 높게 나타나고 있으며 소유주 중심 경영으로 소유집중 대기업집단을 이루고 있다.

1.1 대기업집단의 특성

대기업집단은 한국 경제의 성장과정에 큰 역할을 담당해 왔다. GDP 대비 점유율은 시기, 산업부문, 경제환경 등에 따라 다르나 국내 71개 기업그룹이 벌어들인 연간 매출액이 1,600조 원을 웃도는 것으로 나타났다.[1] 이것은 국내 명목 GDP의 높은 수준이며, 삼성 등 4대 그룹이 차지하는 비중은 절반에 달했다. 71개 기업집단의 GDP 점유율은 〈그림 2-1〉과 같다.

다른 국가와 비교할 때 한국의 대기업집단의 점유율이 매우 높은 수준이다. 대기업 중심 경영체제는 오너 중심의 경영으로 대부분의 경제적 규모와 영향력이 큰 기업들이기 때문에 국내 산업과 경제를 주도하고 있으며, 한국 경제에 큰 영향력을 미치고 있다.

1) 기업분석 전문 한국 CXO '71개 기업집단(그룹) 경영 실적 및 고용 분석' 결과(2021.6.2)

〈그림 2-1〉 71개 그룹의 매출액

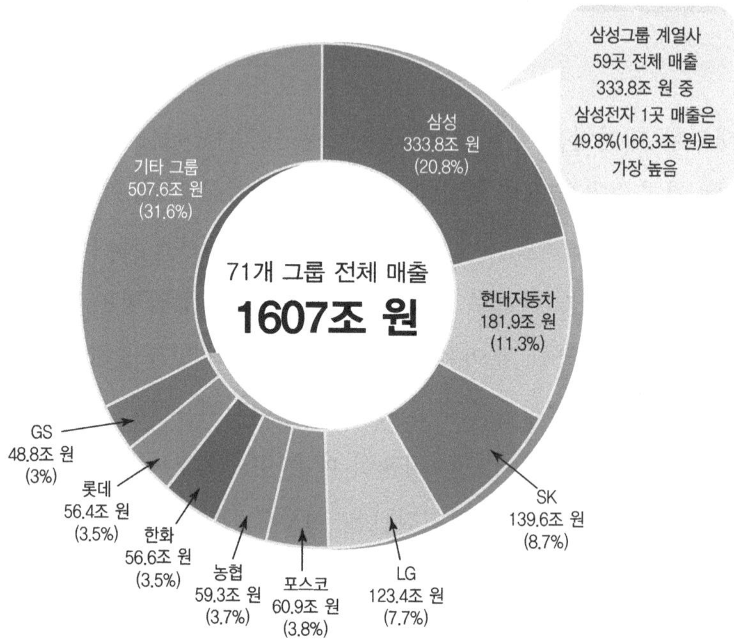

대기업집단의 특성

한국의 대기업은 규모가 크고 많은 자회사 및 협력사를 가진 기업집단으로 구성되어 있으며 다양한 산업 분야에서 활동하고 있다. 국내외에서 다양한 제품과 서비스를 제공하고 있으며 그 특성은 다음과 같다.

(1) 다각화된 사업 포트폴리오 : 대기업집단은 다양한 사업 분야에 걸쳐 사업을 하고 있다. 제조업, 보험, 통신, 건설, 유통 등 다양한 산업부문에서 활동하며, 다양한 사업 분야를 포괄하는 사업 포트폴리오를 가지고 있다.

(2) 글로벌 확장 : 대기업집단은 국내뿐만 아니라 해외에서도 광범위하게 사업을 전개하고 있다. 글로벌 시장에 진출하고 다국적기업으로 성장하기 위해 다양한 전략을 시행하고 있다. 해외 진출과 해외 투자를 통해 글로벌 경쟁력을 강화하고 있다.

(3) 수직적 통제와 그룹경영 체제 : 대기업집단은 수직적인 통제구조를 가지고 있다. 상위 계열사와 하위 계열사 간의 수직적인 경영체제가 구축되어 있으며, 중앙집중화된 의사결정과 통제가 이루어진다. 이러한 구조는 효율성과 통제력을 강화하기 위해 사용된다.

(4) 사회적 책임 : 대기업집단은 사회적 책임을 강조하는 경영 패러다임 전환에 맞추어 최근에는 지속가능한 경영, 환경보호, 사회 기여 등에 대한 관심과 노력을 보여주며, 사회적 이슈에 대한 대응과 사회적 가치 창출을 중요시하는 경향이 있다.

이러한 특성들은 대기업집단이 경제와 사회에 미치는 영향력과 중요성을 보여주고 있으나 대기업집단 전체에 일괄적으로 적용되는 것은 아니며, 기업마다 특성과 전략이 다를 수 있다.

창업주의 기업가정신

대기업집단의 중요한 성공요인 중 하나는 창업자의 기업가정신이다. 재벌기업의 창업주들은 입지전적 인물로 많은 경우 가난한 집안에서 태어나 열심히 일하고, 도전정신을 가지고, 새로운 것을 창조하는 데 몰두한 것이 글로벌한 기업을 만드는 원동력이 되었다. 기존의 방식에 얽매이지 않고, 새로운 것을 창조하는 데 몰두하고 집념을 가지고 어려움에 굴복하지 않고, 목표를 달성하기 위해 끝까지 노력했다. 한국 재벌기업은 일자리 창출, 기술 개발, 수출 증대 등 다양한 분야에서 한국 경제에 기여했으며, 한국의 경제가 세계적인 경제규모로 성장하는 데 중요한 역할을 했다. 창업자의 기업가정신은 〈표 2-1〉과 같은 특징을 가지고 있다.

이러한 창업자의 기업가정신은 한국 재벌그룹의 초기 설립과 성장에 큰 역할을 하였다. 그러나 재벌기업의 기업가정신은 한국 경제의 성장에 기여했지만, 폐쇄적인 경영구조, 부당한 경쟁, 과도한 로비 등과 같은 문제점도 가지고 있다. 이러한 문제점을 해결하고 보다 투명하고 공정한 경영을 함

〈표 2-1〉 기업가정신의 특성

구분	내용
비전과 열정	창업자는 비전을 가지고 그 비전을 실현하기 위해 강한 열정을 가지고 일함
도전과 혁신	창업자는 새로운 아이디어를 도전적으로 추구하고, 기존의 관행을 뛰어넘는 혁신을 시도함
리더십과 결단력	조직을 이끄는 데 필요한 리더십을 발휘하며, 어려운 결정을 내리고 이를 실행하는 능력을 보여줌

으로써 한국 경제의 지속가능한 성장에 기여해야 할 것이다.

1.2 대기업의 소유지배구조

한국의 소유집중 대기업은 일제강점기와 한국전쟁, 경제개발과정에서 형성되었다. 한국전쟁 이후에는 정부의 경제개발정책으로 대기업들이 성장할 수 있었다. 정부는 대기업들에게 금융, 세제, 규제 등에서 혜택을 제공하여 국가경제발전에 기여하도록 했다.

소유구조의 특성

대기업 소유지배구조는 대체로 가족주주 중심 구조로 이루어져 있다. 즉, 한 사람 또는 한 가족이 대다수의 주식을 소유하고 있으며, 이들이 기업을 지배하고 경영하고 있다. 한국 기업의 경우 대부분의 기업들이 경영과 소유가 분리되어 있지 않은 형태로 운영되고 있다. 이러한 구조는 기업의 빠른 의사결정과 유연한 경영이 가능하다는 장점이 있지만 대주주와 기업의 이해관계가 충돌하는 문제를 유발할 수 있으며, 대주주의 자본력에 의해 기업이 지배될 가능성이 높아진다는 문제점이 있다. 재벌기업의 소유구조는 다양한 형태를 가지고 있지만, 일반적으로는 〈그림 2-2〉와 같은 형태를 보이며 그 특성을 다음과 같다.

〈그림 2-2〉 대기업집단의 소유구조의 유형

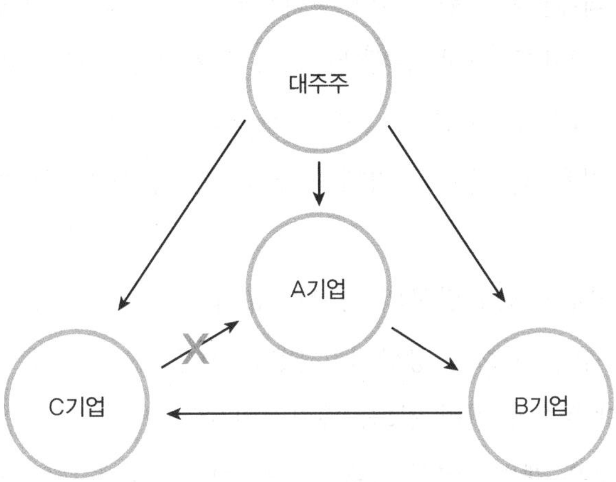

(1) 가족 소유 : 대부분의 한국 재벌기업은 창업자 가족에 의해 설립되었으며, 가족 구성원들이 주요 지분을 보유하는 가족 소유의 구조이다. 따라서 창업자와 그 가족들이 기업 지배력과 경영에 큰 영향력을 행사하는 경우가 많다.

(2) 계열출자구조 : 한국 재벌기업의 구조는 다양한 계열사들이 상호 지분 보유와 경영 참여를 통해 서로 연결되어 있는 형태이다. 이를 통해 재벌기업은 다양한 산업 분야에 걸쳐 사업 다각화를 실현하고, 경영 자원과 시너지를 활용할 수 있다. 재벌기업들이 경영권 안정을 위해 활용하고 있는 순환출자를 통해 기업이 자사의 지분을 다른 기업의 지분으로 사들이는 것으로 경영권을 안정시키고, 적대적 인수합병(M&A)을 방어할 수 있다. 순환출자는 경영권을 안정시키는 데 효과적인 방법이지만, 기업의 지배구조를 악화시킬 수도 있다는 문제점이 있다.

이로 인해 순환출자를 개선하기 위한 여러 가지 정책들이 시행되어 오면서 30대 대기업집단의 경우에는 현대자동차그룹을 제외하고는 순환출자를 해소하였다. 2022년 말 기준으로 15개 대기업집단이

지주회사체제로 전환되었다.

(3) 수직계열화 : 원자재의 생산부터 가공, 제조, 판매에 이르기까지 모든 단계를 직접 수행함으로써 원가절감, 품질관리, 신속한 대응 등을 달성할 수 있다. 그러나 경쟁을 제한하고, 일감 몰아주기, 부당한 이익을 취하는 등 경제에 부정적인 영향을 미치기도 한다.

최근 정부와 금융당국의 정책과 규제에 따라 대기업의 소유구조에 대한 투명성과 주주 보호가 강화되고 있다. 예를 들어, 대주주 지분보유 현황의 공개, 소액주주의 권리 강화, 독립적인 이사회 구성 등의 방안이 시행되고 있다. 이것은 재벌기업의 소유구조와 경영체계에 대한 투명성과 공정성을 높이기 위한 노력으로 평가된다.

소유집중기업의 장점 및 단점

한국의 소유집중 대기업집단은 한국 경제의 성장에 기여했지만, 경제력 집중 등 여러 가지 문제점도 있다.

소유집중기업의 대표적인 문제점으로는 〈표 2-2〉와 같은 것들이 있다. 이러한 문제점을 해결하기 위해서는, 대주주와 소수주주의 이해관계를 조화롭게 조정하고, 기업의 투명성과 지배구조의 강화, 대주주의 이해관계와 이해관계자들의 이익충돌에 대한 제재 등이 필요하다. 소유집중기업의 장

〈표 2-2〉 소유집중기업의 단점

구분	세부내용
경영의 불투명성	대주주의 결정에 따라 기업의 경영과정과 결과가 크게 좌우될 수 있으며 외부 투자자나 이해관계자들의 이익보호가 어려움
대주주이익 중심	대주주와 소수주주의 이해관계는 대체로 상반된 경우가 많기 때문에, 대주주가 자신의 이익을 우선시하여 소수주주의 권리가 제한되는 경우 발생
경제력 집중과 불공정 경쟁	소유집중 대기업은 막대한 경제력을 바탕으로 시장 지배력 강화 및 불공정 경쟁 심화

〈표 2-3〉 소유집중기업의 장점

구분	세부내용
빠른 의사결정과 실행력	소유주가 주도하는 기업에서는 소유주가 직접 의사결정을 내리고 이를 신속하게 실행할 수 있기 때문에 빠른 의사결정 및 실행이 가능
장기적인 시각과 투자	기업이 미래에도 지속적으로 발전하고 성장할 수 있는 전략방향으로 장기적인 관점의 투자 가능
경영의 안정성	기업 경영 상황을 실시간으로 파악할 수 있고, 이에 대한 적극적인 대응이 가능하여 기업의 경영 안정성 유지에 도움
기업지속성	일관된 비전이나 전략의 일관성으로 지속성에 유리하나, 대주주의 이익에만 부합하는 경우에는 기업의 지속성에 대한 우려가 커질 수 있음

점으로는 〈표 2-3〉과 같은 것들이 있다.

정부는 소유집중 대기업의 지배구조 개선, 공정거래 강화, 정치 개입 방지 등을 위해 노력하고 있다. 그러나 소유집중 대기업의 문제점을 해결하는 것은 쉽지 않다. 소유집중 대기업은 한국 경제의 중요한 축이기 때문에, 소유집중 대기업의 문제점을 해결하면서도 경제성장을 유지해야 하는 과제를 안고 있다. 한국 기업의 소유 및 지배구조에서 가장 큰 문제점은 대주주 중심의 구조로 인한 기업의 투명성 부족이다. 대주주가 과도한 지배력을 행사할 경우, 기업의 이익을 대주주 개인의 이익과 동일시하거나, 이익의 분배가 불공정하게 이루어질 가능성이 있다. 이러한 문제점에 대한 해결책으로는 대주주의 지배력을 제한하거나, 소외된 주주들의 권리 보호 강화, 기업의 투명성 제고 등이 있다.

1.3 IMF 이후 지배구조의 변화

IMF 외환위기는 1997년 12월 한국이 국제통화기금(IMF)에 구제금융을 요청하면서 시작된 한국의 경제위기의 상황으로 그 주요 원인은 한국 경제의 구조적 문제와 재벌의 과도한 부채가 꼽혔다. 재벌은 한국 경제의 성장에 큰 기여를 한 반면, 과도한 부채와 비효율적인 경영으로 경제위기를 초래했다는 비판을 받았다. IMF 외환위기 당시 한국 기업의 소유지배구조는 매우 취약했다. 소수의 대주주가 기업지배권을 장악하고 있었고, 투명성과 책임성이 부족했다. 이로 인해 기업의 경영 효율성이 떨어지고, 부실기업이 증가했다. IMF 외환위기 당시 재벌기업의 부채비율은 매우 높았고, 서로 다른 기업 간에 부채를 보증하는 상호지급보증을 통해 과도한 부채를 조달하고 있었다. 이로 인해 한 재벌의 부도가 다른 재벌의 부도로 연쇄적으로 확산되면서 경제위기가 발생했다.

재벌그룹은 계열사 수를 늘리고 무리하게 사업을 확장하는 등 비효율적인 경영으로 경제위기를 초래했다. 재벌그룹 총수의 일가가 경영권을 독점하고 있어 일반주주들의 의사를 반영한 경영이 이루어지지 않았다. 이로 인해 수익성이 낮고 경쟁력이 떨어지는 기업으로 전락했다. 수많은 기업이 파산하고 대량 실업이 발생했다. IMF 외환위기는 한국 경제의 체질을 개선하는 계기가 되었지만, 재벌의 과도한 부채와 비효율적인 경영, 불투명한 지배구조 등은 한국 경제의 문제로 대두되었다. IMF 당시 한국의 재벌그룹 소유경영체제의 문제점은 〈표 2-4〉와 같다.

IMF 외환위기 이후, 한국의 기업 지배구조가 사외이사제 등 다양한 제

〈표 2-4〉 소유경영체제의 문제

구분	내용
총수 일가의 경영권 독점	총수 일가가 경영권을 독점하고 있어 일반주주의 의사를 반영한 경영이 이루어지지 않음
계열사 간의 상호지급보증 및 투자	계열사 간의 상호지급보증 및 투자를 통해 과도한 부채를 조달하여, 한 기업의 부도가 다른 기업의 부도로 연쇄적으로 확산되면서 경제위기가 발생
투명성의 부족	재무제표의 신뢰성 및 투명성의 문제로 투자자들이 기업의 재무상태를 파악하기 어려움
책임성의 부족	경영 실패에 대한 책임을 지지 않아 과도한 위험을 감수하는 경영으로 인해 부채 위기에 빠져 경제위기를 초래

〈표 2-5〉 IMF 외환위기 후 지배구조 등 제도 개선

구분	내용
구조조정 및 지배구조 개선	사업구조 조정, 지배구조 개선, 사외이사제도 및 감사위원회제도 도입, 소액주주권 강화 등으로 경영 투명성과 투자자 보호 증진
순환출자 및 부당내부거래억제	기업의 관계 기업에 대한 상호출자를 제한하고 계열기업에 대한 일감 몰아주기 거래를 억제함
상호지급보증 해소	계열사 간의 상호지급보증 문제를 해소하고 재무상태를 개선하여 재무건전성을 유지함
업종전문화와 책임경영 강화	기업이 특정 업종에 집중하여 경쟁력을 강화하고 책임경영 강화로 기업의 건전한 경영을 촉진함

도 개선과 법적 규제 강화 등으로 개선되었으며, 그 중 대표적인 것들은 〈표 2-5〉와 같다.

이러한 법적 제도 개선의 결과, 한국 기업의 지배구조는 사외이사 비율이 증가하고, 공정거래위원회의 기업집단 규제가 강화되면서, 대주주가 기업의 경영에 대한 책임을 지는 방향으로 변화되었고 소액주주 보호를 위한 제도 개선으로 소액주주의 권리가 강화되었다. 그러나 한국 기업의 지배구조는 완전히 개선되었다고 보기는 어렵다. 일부 기업에서는 여전히 대주주 중심의 지배구조가 유지되고 있고, 소액주주의 권리가 제대로 보호되지 않는 경우가 있으며 기업의 경영 투명성도 여전히 개선될 여지가 있다.

앞으로도 정부와 기업은 기업의 지배구조 개선을 위한 노력을 지속해야 할 것이다. 이를 통해 기업의 건전한 경영을 촉진하고, 장기적인 가치를 제고해야 하는 과제가 남아 있다.

2. 소유집중 대기업집단의 소유지배구조

대기업집단은 계열출자를 이용하여 지배주주의 소유지분보다 많은 지분을 보유하는 효과를 가지게 된다. 계열출자와 순환출자는 모두 특정 기업이 계열사 간의 출자를 통해 지배력을 강화하는 형태의 출자로 재무구조가 취약해질 수 있고, 경영 투명성이 떨어질 수 있다는 우려가 있으며 경제력 집중을 심화시키고, 시장경쟁을 왜곡할 수 있다. 공정거래법 제22조에서는 "상호출자제한 기업집단에 속하는 국내 회사는 순환출자를 형성하는 계열출자를 하여서는 안 된다."라고 규정하고 있다. 현대자동차그룹을 제외한 30대 대기업 대부분이 지배구조 개편을 통해 그동안 지적받아 왔던 순환출자 문제를 해소했으나 계열출자 형태로 소유지배구조를 갖추고 있다. 국내 주요 그룹의 소유지배구조에 대해 사업보고서와 지배구조 보고서 등의 분석을 통해 세부적으로 살펴보고자 한다.

2.1 삼성그룹

삼성그룹은 대한민국의 대표하는 다국적 기업집단으로 이병철 창업주가 삼성물산이라는 이름으로 회사를 창업하여 현재의 삼성그룹으로 발전하였다. 주요 사업은 반도체, 스마트폰, 가전, 전자제품, 건설, 금융, 보험, 의료, 스포츠, 패션 등 다양한 산업에서 국내외적으로 사업을 전개하고 있다. 삼성그룹은 대한민국의 대표적인 기업집단으로서 대한민국의 경제에서 큰 비중을 차지하고 대한민국의 경제성장과 발전에 큰 기여를 해오고 있다.

소유지배구조

삼성그룹은 2015년 삼성물산과 제일모직의 합병을 통하여 지배구조를

〈그림 2-3〉 삼성물산의 지분구성

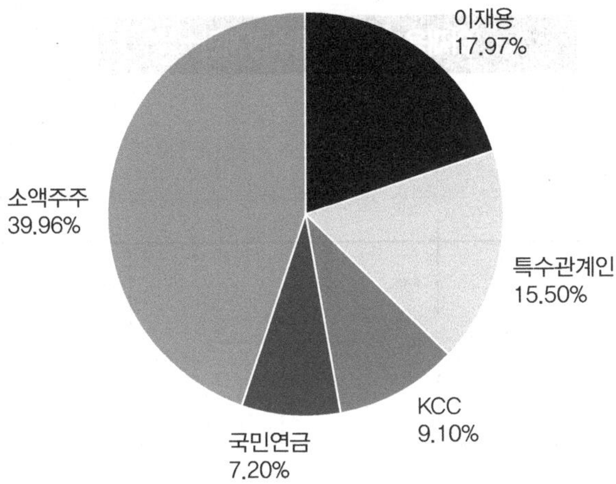

출처 : 사업보고서 활용 재작성

개선하고, 삼성물산이 삼성그룹의 소유지배구조의 중심회사가 되었으며, 삼성전자, 삼성생명, 삼성카드 등 삼성의 주요 계열사들은 삼성물산의 자회사로 소속되어 있다. 이 과정에서 삼성물산과 제일모직의 합병은 삼성 오너 일가가 삼성의 지배력을 강화시켰다는 비판과 더불어 재벌 특혜 논란도 불러 일으켰다. 삼성그룹의 소유지배구조는 소유주 일가가 지주회사인 삼성물산을 통해 그룹의 핵심 계열사를 지배하는 구조이다. 삼성물산의 지분은 이재용 및 특수관계인이 33.47%를 보유하고 있으며, KCC(9.10%), 국민연금(7.20%) 등이 주요 주주로 있다. 삼성물산의 주주별 지분율은 〈그림 2-3〉과 같다.

삼성그룹의 삼성물산을 중심으로 한 지배구조체계는 그룹 내 계열사들 간의 관계를 조정하고 조직적인 통제를 가능하게 하는 구조로 〈그림 2-4〉와 같다.

삼성그룹의 소유구조는 삼성물산을 최상층에 위치하고 아래로 계열사들을 소유하는 식으로 이루어져 있다. 이재용 회장과 특수관계인들이 그룹의 지주회사 격인 삼성물산의 지배주주로 하여 핵심 회사로 삼고, 다른 계

〈그림 2-4〉 삼성그룹의 계열사 지분구성

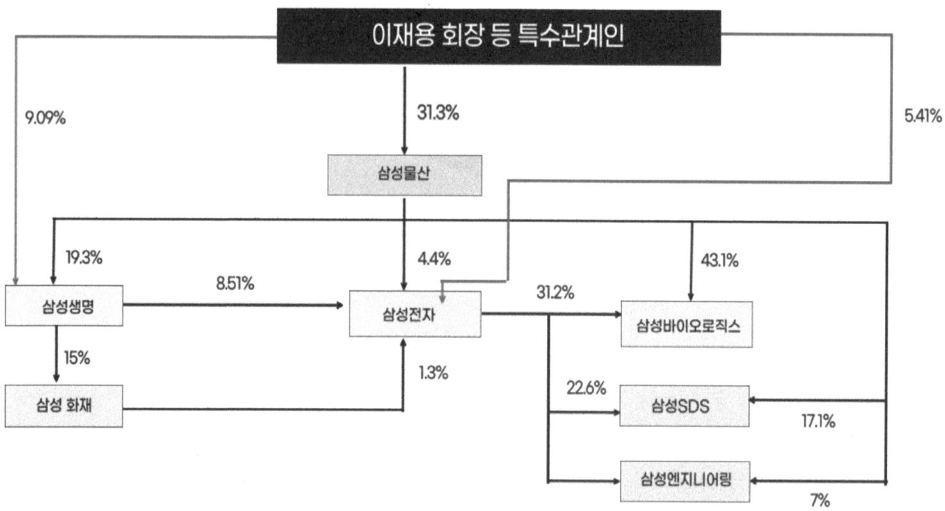

출처 : 공정거래위원회, 2022기업집단별 소유지분도 재작성

열사들과의 연결과 통제를 통해 그룹 전반의 성과와 경쟁력을 향상시키는 체계를 가지고 있다. 삼성물산은 삼성생명, 삼성전자, 삼성SDI, 삼성전자 등 삼성의 주요 계열사들을 소유하고 있다. 삼성전자는 삼성바이오로직스, 삼성SDI, 삼성디스플레이, 삼성전기 등 계열사들을 소유하고 삼성생명은 삼성전자, 삼성카드, 삼성화재 등 삼성의 주요 계열사들을 소유하고 있다. 삼성물산은 삼성생명과 삼성전자의 지분을 보유하고 있어 삼성그룹의 핵심 계열사를 지배할 수 있다. 이로써 삼성그룹은 소유주 일가의 경영권을 안정적으로 유지할 수 있다.

이러한 삼성물산 중심의 지배구조체계는 다음과 같은 특징을 갖는다.

(1) 삼성물산의 지배력 : 삼성물산은 그룹 내에서 최상위에 위치하며, 다른 계열사들에 대한 지배력과 통제권을 갖는다. 삼성물산은 다른 계열사들의 경영 방침과 전략을 결정하고, 투자 및 자금 조달, 인력 배치 등의 중요한 의사결정을 수행한다.

(2) 주식 소유와 경영권 행사 : 삼성물산은 다른 계열사들의 주식을 소유하고, 이를 통해 경영권을 행사한다. 주식 소유를 통해 삼성물산은 다른 계열사들의 경영에 영향력을 행사하고, 전략적인 결정에 참여할 수 있다.

(3) 이사회와 경영진의 연결 : 삼성물산의 경영진과 이사회는 다른 계열사들의 이사회와 경영진과 연결되어 있다. 이를 통해 삼성물산은 계열사들 간의 의사소통과 협력을 조율하고, 전략적인 방향성을 제시하며, 그룹 전반에 걸쳐 일관된 경영을 추진할 수 있다.

(4) 자회사 간의 계열출자 : 삼성물산은 다른 계열사들과의 계열출자를 통해 자금 조달과 사업 지원을 수행한다. 이를 통해 자회사들은 자금 부족 문제를 해결하고, 사업 확장이나 기술 개발에 필요한 자금을 지원받을 수 있다.

(5) 사업 분야별 협력과 시너지 창출 : 삼성물산은 그룹 내 다양한 사업 분야의 계열사들 간의 협력을 유도하고, 시너지 효과를 창출한다. 삼성물산을 중심으로 한 삼성그룹의 지배구조에는 다양한 상호 연결된 계열사들이 있다. 이러한 계열사들은 다양한 산업 분야에서 활동하며, 상호 협력과 시너지를 창출하여 전반적인 경쟁력을 향상시키고 있다.

그러나 삼성그룹의 지배구조는 계열출자구조와 복잡한 지분구조로 인해 투명성이 떨어지고, 경영 효율성이 저하된다는 지적을 받고 있다. 삼성그룹은 다양한 계열사들로 구성된 대기업 그룹으로, 각 계열사들 간의 계열출자구조를 구축하고 있다. 이를 통해 자금과 비즈니스 활동을 조정하고 협력을 강화하여 전반적인 경쟁력을 향상시키는 목표를 가지고 있다. 삼성그룹의 계열출자구조는 계열사 간의 시너지 창출을 통해 경쟁력을 높이며 그 효과는 다음과 같다.

(1) 주요 계열사 간의 자금 유출 : 삼성그룹의 주요 계열사들은 자회사 간에 자금을 출자하고 유출하는 구조를 가지고 있다. 삼성전자는 다른 계열사들에게 자금을 제공하고, 이를 통해 다양한 사업 분야에서의 성장을 지원한다.

(2) 기술 및 R&D 지원 : 삼성그룹은 기술 및 연구개발(R&D) 분야에서의 혁신과 성장을 위해 계열사들 간에 기술 지원을 제공한다. 이는 주로 삼성전자를 중심으로 이루어지며, 다른 계열사들은 삼성전자의 기술을 활용하여 제품을 개발하거나 기술적인 지원을 받을 수 있다.

(3) 마케팅 및 판매 지원 : 삼성그룹은 각 계열사들 간에 마케팅 및 판매 지원을 제공하여 상호 협력을 촉진한다. 이는 제품의 공동 마케팅 활동, 판매 네트워크의 공유, 고객 서비스의 향상 등을 포함할 수 있다.

(4) 자회사 간의 사업 공동 참여 : 삼성그룹은 자회사들 간에 사업 공동 참여를 통해 서로의 경쟁력을 강화하고 시너지를 창출한다. 예를 들어, 삼성화재와 삼성생명은 보험시장에서의 경쟁력을 향상시키기 위해 공동 사업을 추진할 수 있다.

(5) 자회사 간의 인력 이동 및 지원 : 삼성그룹은 자회사 간에 인력 이동 및 지원을 통해 인재의 유출과 유입을 관리한다. 이는 다양한 경력 개발 기회를 제공하고, 전문성과 역량을 공유하여 인력의 효율적인 활용을 도모한다.

이사회 구성 운영

삼성물산의 경우 이사회는 회사의 최고의사결정기구로, 회사의 경영전략, 예산, 사업계획 등을 심의・의결하고 있다. 회사에 대한 독립성 및 다양한 분야의 전문성을 갖춘 사외이사 5명과 각 사업부문의 경영을 책임지는 사내이사 4명 등 총 9명으로 구성되어 있다. 사외이사는 주주총회에서 선임되며, 독립성이 보장된 전문가로 구성되며 내부이사는 삼성 임원으로 구성된다.

(1) 대표이사 선임 : 최고경영자인 대표이사는 풍부한 경험과 지식, 경영 능력을 갖추고 주주와 이해관계자의 이익을 위해 회사에 확고한 비전을 제시할 수 있어야 하므로 최고경영자 육성전략에 따라 후보자를 발굴하고 보직을 관리하는 준비과정을 상시운영하고 있다. 대표이사를 포함한 주요 경영진의 협의를 거쳐 최고경영자 후보군을 선정하고, 임기만료 또는 사임, 기타 사유 등으로 경영승계 절차를 개시할 합당한 사유 발생 시 양성된 후보군 중 가장 적합한 인물이 대표이사 후보로 이사회에 추천되면, 이사회가 추천받은 후보자에 대해 대표이사로서의 적격성을 심의하여 대표이사 내정자로 확정하고 해당 후보를 사내이사 후보로 확정한다. 이사회에서 확정된 사내이사 후보가 주주총회에서 사내이사로 선임되면, 이사회는 대표이사로 선임하게 된다.

(2) 사외이사 선임 : 사외이사 후보에 대해 회사에 대한 독립성 여부, 글로벌 기업에 맞는 자질, 역량 등을 종합적으로 검토하여 사외이사후보추천위원회에서 사외이사를 선정한다. 사외이사 선임이 필요할 경우, 이사회의 전문성 및 다양성 제고를 위한 이사진 역량 분석을 바탕으로 이사회 구성에 필요한 분야 및 외부 이해관계자의 요구사항, 법적 요건 등을 감안하여 사외이사후보추천위원회의 평가를 거쳐 우선순위 후보자를 도출한다. 복수의 후보자에 대한 사외이사후보추천위원회의 심층평가를 통해 최종 후보자를 선정하고 주주총회에서 승인받아 선임하고 있다. 우수 후보군 발굴을 위해 사외이사 전문 채용기관을 통해 매년 후보 발굴을 정기적으로 진행하고 있으며, 이사진, 주요 주주, 외부기관 등 다양한 경로를 통해 추천받은 사외이사 후보군(회계·재무·인사 등 기업 경영 관련 전문가 및 주요 기업 경영진 등의 산업 전문가 등)도 상시 관리하고 있다. 이러한 사외이사 후보군은 경영, 경제, 회계, 법률 또는 사업 관련 기술에 대한 전문 지식이나 경험 등의 전문성을 보유하고 있어야 하며 독립성 요건과

〈그림 2-5〉 이사회 구성

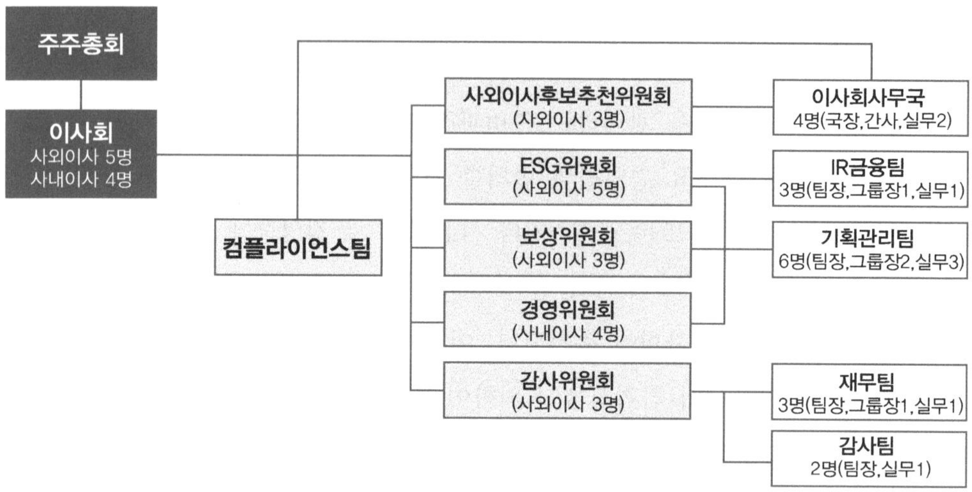

출처 : 삼성물산 지배구조 보고서

기타 법규 등에서 정하여진 자격요건을 구비한 자로 발굴하여 관리하고 있다.

(3) 이사회 구성 운영 : 이사회는 정기적으로 회사의 경영전략, 예산, 사업계획 등 중요한 사항을 심의・의결하고, 회사의 경영에 대한 보고를 받는다. 이러한 견제와 균형 기능을 통해 이사회는 회사의 경영을 효율적으로 감독하고, 기업의 사회적 책임을 이행하고 있다.

삼성물산을 중심으로 한 주요 회사들의 이사회 구성은 〈그림 2-5〉와 같다. 삼성물산의 이사회의 구성과 그 운영의 특성은 다음과 같다.

(1) 이사회의 독립성 : 사외이사가 과반수를 차지하여 독립성이 보장되어 있다. 이사회 의장은 사외이사가 맡아 이사회의 독립성을 더욱 강화하고 있다.

(2) 이사회의 투명성 : 이사회 회의는 정기적으로 개최되며, 의사결정은 투명하게 이루어지고 있으며 이사회 구조는 독립성과 투명성을 강

화하여 주주의 권리를 보호하고 있다. 회사의 경영을 효율적으로 감독하고, 기업의 사회적 책임을 이행하는 데 기여하고 있다.

(3) 사외이사 중심의 전문위원회 운영 : 이사회 내에는 ESG위원회, 보상위원회, 경영위원회, 감사위원회 등 다양한 위원회를 설치하여 회사의 경영을 감시하고 있다.

감사위원회

삼성물산의 경우 상법, 정관 등 규정에 근거하여 감사위원회를 구성하고 운영, 권한과 책임 등을 감사위원회 규정에 명시하여 감사업무를 수행하고 있다. 감사위원회는 주주총회에서 선임한 사외이사 3인으로 구성되어 있다. 감사위원회의 효율적인 감사업무 수행 지원을 위하여 내부감사부서인 감사팀을 감사위원회 산하 조직으로 운영하여 경영진으로부터 독립성을 확보하고 있다. 감사팀 및 경영기획실, 재무팀 중심으로 감사위원회 업무감사 및 회계감사 등 감사위원회 활동을 지원하고 있다. 감사팀은 연초 감사위원회에 보고한 감사계획에 따라 운영감사 및 준법감사를 수행하고, 주요 감사실적을 연 2회 감사위원회에 보고하고 있다.

지배구조 평가

삼성그룹의·지주회사 격인 삼성물산은 지배주주, 최고경영진, 이사회, 감사위원회로 구성되어 네 개의 주체가 참여하는 다중주체 지배구조이다. 지배주주는 회사의 소유주로서 최대 의사결정권을 가지며, 이사회는 주주로부터 위임받은 권한을 통해 회사의 주요 경영사항에 대한 의사결정과 경영진에 대한 견제와 감시기능을 수행한다. 최고경영진은 이사회에서 결정된 경영전략과 과제 등에 대하여 집행기능을 수행하고 그 결과에 책임을 지게 된다. 감사위원회는 이사회와 최고경영진을 견제하고 감시하는 역할을 수행한다. 삼성물산의 지배구조 핵심지표의 준수 여부는 〈표 2-6〉과 같다. 그 중 ① 집중투표제 미채택, ② 내부감사기구가 경영진 참여 없이 외부감사인

〈표 2-6〉 지배구조 핵심지표 준수 여부

구분	핵심지표	준수 여부	
		O	X
주주	① 주주총회 4주 전에 소집공고 실시	O	
	② 전자투표 실시	O	
	③ 주주총회의 집중일 이외 개최	O	
	④ 배당정책 및 배당실시 계획을 연 1회 이상 주주에게 통지	O	
이사회	⑤ 최고경영자 승계정책(비상시 선임정책 포함) 마련 및 운영	O	
	⑥ 내부통제정책 마련 및 운영	O	
	⑦ 이사회 의장과 대표이사 분리	O	
	⑧ 집중투표제 채택		X
	⑨ 기업가치 훼손, 주주권익 침해에 책임이 있는 자의 임원 선임을 방지하기 위한 정책 수립 여부	O	
	⑩ 6년 초과 장기재직 사외이사 부존재	O	
감사기구	⑪ 내부감사기구에 대한 연 1회 이상 교육 제공	O	
	⑫ 내부감사부서(내부감사업무 지원조직) 설치	O	
	⑬ 내부감사기구에 회계, 재무 전문가 존재 여부	O	
	⑭ 내부감사기구가 분기별 1회 이상 경영진 참석 없이 외부감사인과 회의 개최		X
	⑮ 경영 관련 중요정보에 내부감사기구가 접근할 수 있는 절차를 마련하고 있는지 여부	O	

출처 : 삼성물산 지배구조 보고서

과 회의 개최(분기별 1회) 미실시 등의 지배구조 이슈가 있다.

ESG경영시대에 맞추어 삼성물산도 지배구조 개선을 위해 지속적으로 노력할 필요가 있다. 주주가 회사의 경영에 참여할 수 있는 기회를 확대하고, 이사회의 독립성을 강화할 필요가 있다. 감사위원회의 권한을 강화하고, 감사기구와 최고경영진 등이 지배주주의 눈치를 보지 않고 독립적으로 업무를 수행한다면, 기업의 지배구조가 개선되고 소액주주의 이익을 보호할 수 있다. 이러한 지배구조의 취약점을 개선하여 회사의 가치와 사회적 가치를 더 높임으로써 주주와 사회의 신뢰를 얻을 수 있을 것으로 기대된다.

2.2 현대자동차그룹

현대자동차그룹은 대한민국의 대표적인 자동차 제조 기업으로, 전 세계적인 자동차 제조 다국적기업으로 성장하고 있다. 현대자동차를 중심으로 한 자동차 전문그룹으로서 승용차, SUV, 상용차, 전기차 등 다양한 자동차를 생산하고 있으며 자동차 부품, 자동차 금융, 자동차 서비스 등 자동차 산업 관련 사업도 영위하고 있다. 현대자동차그룹은 한국뿐만 아니라 미국, 유럽, 중국 등 전 세계에 진출해 다국적기업으로 경영활동을 하고 있다.

소유지배구조

현대자동차그룹은 현대모비스를 중심으로 순환출자구조를 갖추고 있다. 현대모비스는 다수의 계열사와 지분관계를 맺고 있으며, 각 계열사들은 자동차, 첨단자재, 금융, 부동산, 미디어, 서비스 등 다양한 분야에서 사업을 전개하고 있다. 현대자동차의 중심적인 회사인 현대모비스의 지분구조는 〈그림 2-6〉과 같다.

현대자동차그룹의 지배구조는 4개의 순환출자 고리로 형성되어 있다. 현대자동차그룹의 순환출자구조는 크게 두 가지 유형으로 나눌 수 있다. 현대자동차그룹은 현대모비스를 핵심회사로 현대자동차, 현대글로비스, 현대제철이 수평적 순환출자구조로 연결되어 있다. 즉, 현대자동차가 기아의 지분을 보유하고 있고, 기아가 현대모비스의 지분을 보유하고 있으며, 현대모비스가 현대자동차의 지분을 보유하고 있다. 이러한 수평적 순환출자구조는 그룹의 지배력을 강화하는 데 도움이 되지만, 재무건전성을 악화시키고 경영 투명성을 떨어뜨릴 수 있다는 우려도 있다. 또한 현대모비스, 현

〈그림 2-6〉 현대모비스의 지분구조

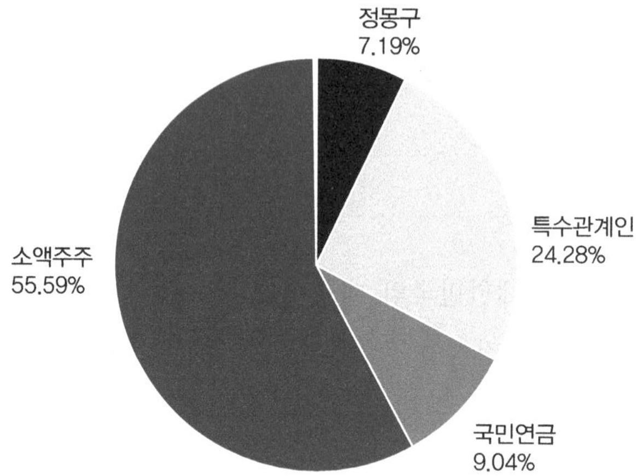

출처 : 사업보고서 활용 재작성

대자동차, 기아로 이어지는 수직적 순환출자구조로도 연결되어 있다. 즉, 현대모비스가 현대자동차의 지분을 보유하고 있고 현대차동차가 기아차의 지분을 보유하고 있다. 현대자동차그룹의 지분구조는 〈그림 2-7〉과 같다.

현대자동차그룹은 수평적 순환출자구조와 수직적 순환출자구조가 복합적으로 혼재되어 있다. 이러한 순환출자구조는 그룹의 지배력을 강화하는데 도움이 되지만, 재무건전성을 악화시키고 경영 투명성을 떨어뜨릴 수 있다는 우려도 있다.

현대자동차그룹의 순환출자구조는 최대주주인 정몽구 회장 등 특수관계인이 지배력을 유지하는 데 도움이 되며, 현대자동차그룹의 순환출자구조는 다음과 같은 특성을 가지고 있다.

(1) 지배구조의 불투명성 : 순환출자구조는 기업의 지배구조를 불투명하게 만들 수 있다. 기업이 다른 기업의 지분을 취득하면, 그 기업의 경영에 간섭할 수 있는 권한을 얻게 된다. 따라서 순환출자구조를 통해 기업은 다른 기업의 경영에 간섭하여 자신의 이익을 추구할 수 있다.

(2) 경영권 방어의 어려움 : 순환출자구조는 경영권 방어에도 어려움을

〈그림 2-7〉 현대자동차그룹의 지분구조

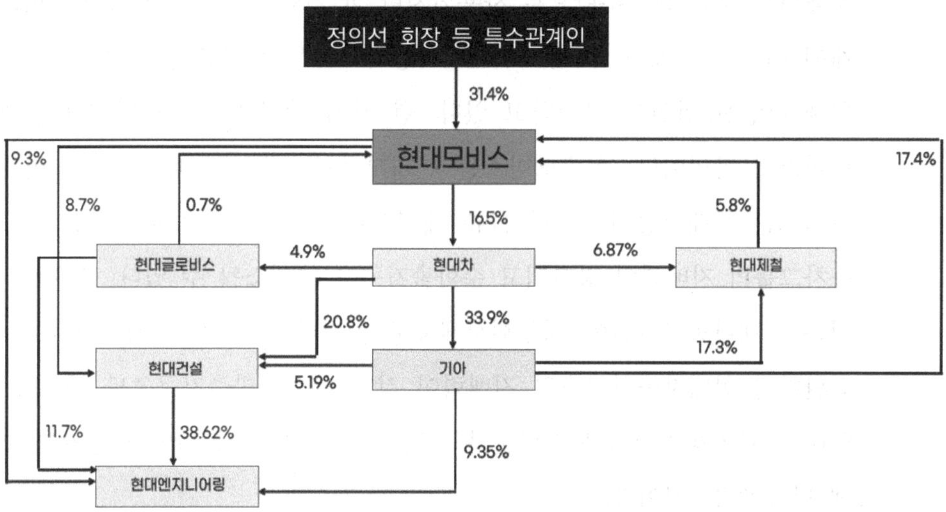

출처 : 공정거래위원회, 2022기업집단별 소유지분도 재작성

초래할 수 있다. 기업의 지배구조를 복잡하게 만들고, 기업의 경영권을 공격하기가 더 쉬워진다.

(3) 재무건전성의 악화 : 순환출자구조는 기업의 재무건전성을 악화시킬 수도 있다. 기업이 다른 기업의 지분을 취득하면, 그 기업의 경영에 대한 책임을 져야 한다. 순환출자구조를 통해 기업은 다른 기업의 경영실적에 영향을 받을 수 있으며, 이는 재무건전성의 악화로 이어질 수 있다.

현대자동차그룹의 순환출자구조는 지배구조의 불투명성, 경영권 방어의 어려움, 재무건전성의 악화와 같은 문제점을 가지고 있다. 따라서 현대자동차그룹은 순환출자구조를 개선하여 이러한 문제점을 해결해야 할 것이다. 현대자동차그룹은 2018년 현대모비스와 현대글로비스의 분할·합병을 통한 지배구조 개편을 시도했지만, 미국계 행동주의 펀드 엘리엇 매니지먼트(Elliott Management) 등 주주들의 반발로 무산되었다. 순환출자는 기업이 자사 주식을 보유하거나 계열사가 서로의 주식을 보유하는 구조로, 기업의 지배력을 강화하는 수단으로 사용되지만 한 기업이 부실해질 경우 그룹 전체에 위기를 초래할 수 있다. 현대자동차그룹은 순환출자구조를 해소하기 위해 다양한 방안을 모색하고 있다. 한 가지 방법은 현대모비스와 현대글로비스의 합병이다. 현대모비스는 현대자동차그룹의 지배주주이며 현대글로비스는 현대자동차그룹의 물류 계열사이다. 두 회사를 합병하면 현대자동차그룹의 지배력이 강화되고 순환출자구조도 해소될 수 있다. 또 다른 방법은 현대자동차그룹이 지주회사체제로 전환하는 것이다. 지주회사체제로 전환하면 현대자동차그룹의 지배력이 강화되고 순환출자구조도 해소될 수 있다. 현대자동차그룹은 순환출자구조를 해소하기 위해 다양한 방안을 모색해 나가야 할 것이다.

이사회 구성 운영

현대모비스의 이사회는 총원 9명에 사외이사 5명, 사내이사 4명 등으로 구성되며, 사외이사의 임기는 3년이며, 사외이사 임기를 최대 6년으로 제한하고 있다. 이사회는 회사의 경영전략, 예산, 사업계획 등을 심의・의결하고 최고경영자에 대한 견제와 감시기능을 수행하게 된다.

(1) 최고경영자 선임 : 최고경영자는 경영성과 창출을 위한 탁월한 리더십 및 전문성 등 역량을 보유해야 하며, 이러한 역량과 잠재력을 갖춘 최고경영자 후보군을 발굴하여 전략적, 체계적으로 검증하고 있으며 그 프로세스는 다음과 같이 진행된다.

① **대표이사 자격요건** : 사내 주요 직책에 대해 미션, 주요 역할 및 책임, 요구되는 경험 및 요구역량 등을 별도로 관리하고 있으며, 대표이사는 특히 경영성과 창출을 위한 탁월한 리더십 및 전문성 등을 필요로 한다.

② **대표이사 후보군 선발 등 관리방법** : 최고경영진과 인사담당 임

원이 협의하여 대표이사 후보군을 선정하고 있다. 후보군에 대한 포지션 프로파일(Executive Position Profile)을 통해 주요 직책 포지션의 요건을 정립하고 있다.

③ **최종 후보자 추천 절차** : 대표이사 후보군 중 승계 시점의 당사 대표이사로서의 사업전략, 리더십 등에 대한 종합적인 고려를 바탕으로 최종 후보자를 선정한다.

④ **경영승계 절차** : 이사회는 최종적으로 추천받은 대표이사 후보자에 대해 그 적격성을 심의·결의하여 대표이사 후보자로 확정한다. 이사회에서 확정한 대표이사 후보가 주주총회에서 사내이사로 선임되고, 후속 이사회 결의에서 대표이사로 선임됨으로써 경영승계 절차가 종료된다.

(2) 사외이사 선임 : 사외이사는 경영, 경제, 법률 또는 관련 기술 등에 관한 전문적인 지식 또는 경험이 있거나 사회적으로 명망이 있는 자 중에서 선임하고 있다. 지배구조의 건전성과 안정성을 확보하기 위하여 다양한 분야에서 전문성을 갖춘 사외이사를 선임하고자 하며, 정관, 기업지배구조헌장을 통해 사외이사 선임 시 경영, 경제, 법률, 회사가 영위하고 있는 사업과 관련된 기술 등에 전문성을 갖춘 자를 선임하도록 명문화하였다. 특정 성(性)의 이사로 구성하지 않도록 명문화하여 이사 선임 시 성별, 인종 또는 민족, 국적, 출신 등의 다양성 요소를 적극적으로 고려함으로써 특정 배경과 직업군에 편중되지 않도록 하고 있다. 사외이사 5인 중 1인에 대해서 지분율에 관계없이 다양한 주주들로부터 사외이사 후보를 추천받아 선임하는 주주추천 사외이사 선임제도를 마련하여 2020년 3월 처음으로 주주추천 사외이사 선임제도를 통해 새로운 사외이사를 선임하였다. 우선 다양한 주주들로부터 사외이사 후보자들을 추천받은 후, 회사와 이해관계가 없는 독립적인 외부 자문단 3인을 구성하여 후보자들에 대한 평가를 받는다. 해당 평가결과를 고려해 위원회에서 최종 사외

〈그림 2-8〉 이사회 구성

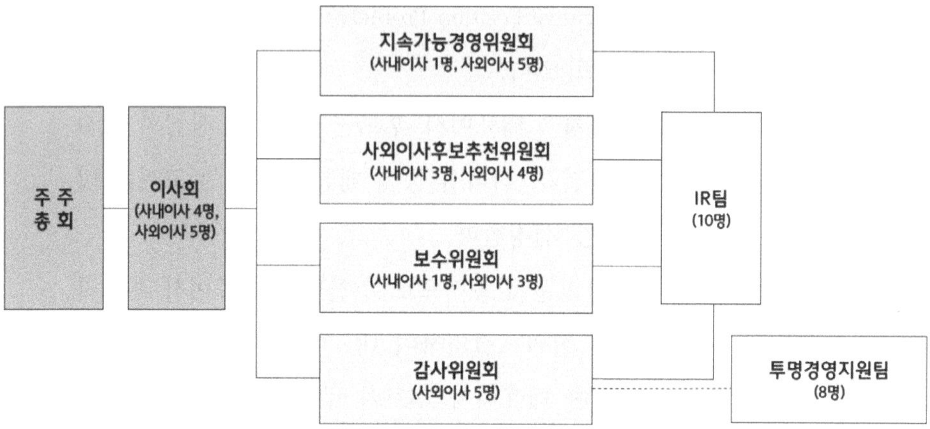

출처 : 현대모비스 지배구조 보고서

이사 후보를 확정하고, 이사회 승인 및 주주총회 결의를 거쳐 사외이사가 주주추천에 의해 선임되게 된다.

(3) 이사회 구성 운영 : 이사회 산하에 4개의 위원회를 운영하고 있으며 이사회의 독립성을 보장하기 위해 경영 전반에 대한 감독을 담당하는 감사위원회는 전원 사외이사로 구성하고 있고, 지속가능경영위원회, 사외이사후보추천위원회 및 보수위원회는 과반수 이상을 사외이사로 구성하였으며, 모든 위원회의 위원장은 사외이사로 선임하고 있다. 이사회의 구성은 〈그림 2-8〉과 같다.

이사회 및 위원회의 전반적인 지원은 IR팀에서 담당하고 있으며, 감사위원회의 경우 투명경영지원팀에서 추가로 지원을 담당하여 감사위원회 보고 및 심의안건 자료준비, 위원회 운영 지원 등의 역할을 수행하고 있다.

감사위원회

감사위원회 위원은 정관 및 감사위원회 운영규정에 따라 주주총회 결의로 선임되고 3인 이상의 이사로 구성하되, 사외이사의 수가 위원 총수의 3분의 2 이상이어야 하나 현재 5명 전원 사외이사로 구성 운영되고 있다. 감사위원회의 독립성과 전문성을 확보하기 위한 감사위원의 선출기준 주요요건을 준수하고 경영진 및 지배주주로부터 독립적인 입장에서 성실하게 감사업무를 수행하고 있으며, 내부감사기구의 주요 활동내역은 공시되고 있다.

내부감사기구의 독립성과 전문성을 확보하기 위해 재무분야의 전문가인 사외이사를 감사위원회 위원장으로 선임하고 외부감사인이 감사대상 기업과 그 경영진 및 지배주주 등으로부터 독립적인 입장에서 공정하게 감사업무를 수행할 수 있도록 하고 있다. 외부감사인 선임 시 독립성과 전문성을 확보하기 위하여 전원 사외이사로 구성된 감사위원회는 자동차 산업에 대한 높은 이해도, 외감법 개정에 따른 감사품질 강화, 종속회사 커뮤니케이션에 강점을 기반으로 업무효율성 증대 등을 함께 고려하여 선임하게 된다.

지배구조의 평가

현대자동차그룹의 지주회사 격인 현대모비스의 지배구조 핵심지표 준수 여부는 〈표 2-7〉과 같다. 그 중에 ① 이사회 의장과 대표이사가 분리되어 있지 않고 ② 집중투표제를 실시하지 않으며 ③ 감사위원회를 지원할 독립적인 내부감사부서 미설치(최고경영진 산하 감사부서) 등의 3가지 지배구조 이슈가 있다. 이사회와 대표이사가 분리되어 있지 않으면, 이사회가 대표이사를 감독하고 책임을 묻기 어려워 이사회의 결의를 거치지 않고 독단적으로 경영을 할 수 있고, 이로 인해 기업의 재무건전성이나 경영의 투명성이 악화될 수 있다. 집중투표제를 실시하지 않으면, 소수주주는 경영권에 참여하기 어렵게 되고 경영권을 장악하고 있는 대주주가 의결권을 행사하고 회사 경영을 지배하게 되어 견제와 균형의 기능이 취약해지므로 최악의 경우에는 기업가치가 훼손될 수 있다.

감사위원회를 지원할 독립적인 내부감사부서 미설치(최고경영진 산하 감사부서)는 감사위원회의 독립성을 침해할 수 있다. 기업의 재무건전성과 경영의 투명성을 확보하기 위해 설립된 감사위원회가 최고경영진으로부터 독립

〈표 2-7〉 현대모비스 지배구조 핵심지표 준수 여부

구분	핵심지표	준수 여부	
		O	X
주주	① 주주총회 4주 전에 소집공고 실시	O	
	② 전자투표 실시	O	
	③ 주주총회의 집중일 이외 개최	O	
	④ 배당정책 및 배당실시 계획을 연 1회 이상 주주에게 통지	O	
이사회	⑤ 최고경영자 승계정책(비상시 선임정책 포함) 마련 및 운영	O	
	⑥ 내부통제정책 마련 및 운영	O	
	⑦ 이사회 의장과 대표이사 분리		X
	⑧ 집중투표제 채택		X
	⑨ 기업가치 훼손, 주주권익 침해에 책임이 있는 자의 임원 선임을 방지하기 위한 정책 수립 여부	O	
	⑩ 6년 초과 장기재직 사외이사 부존재	O	
감사기구	⑪ 내부감사기구에 대한 연 1회 이상 교육 제공	O	
	⑫ 내부감사부서(내부감사업무 지원조직) 설치		X
	⑬ 내부감사기구에 회계, 재무 전문가 존재 여부	O	
	⑭ 내부감사기구가 분기별 1회 이상 경영진 참석 없이 외부감사인과 회의 개최	O	
	⑮ 경영 관련 중요정보에 내부감사기구가 접근할 수 있는 절차를 마련하고 있는지 여부	O	

출처 : 현대모비스 지배구조 보고서

성을 유지해야 하나 최고경영진 산하의 감사부서에서 지원을 받으면 독립성을 유지하기 어려울 수 있다.

현대자동차그룹은 위의 3가지 문제 외에 지배주주에 의한 소액주주의 이익이 침해되지 않도록 지배구조를 지속적으로 개선해 나가야 한다. 지배구조를 개선하면 기업의 재무건전성, 경영의 투명성, 투자자 보호가 강화될 수 있다.

2.3 한화그룹

한화는 1952년 설립된 이후 화학, 기계 · 항공 · 방산, 태양광, 금융 등 다양한 분야에서 사업을 영위해 오고 있다. 최근에는 태양광, 항공우주 등 미래형 첨단산업부문에 집중적으로 투자하며 글로벌 한화의 비전을 실현하기 위해 노력하고 있다. 특히, 태양광 사업은 그룹이 지구와 인류의 지속가능한 미래에 기여하고자 하는 적극적으로 추진 중인 미래 성장사업이다. 금융사업군은 한화생명, 한화투자증권, 한화손해보험을 중심으로 한화금융 네트워크를 구축하여 사업부문 간 시너지를 극대화함으로써 금융 관련 토털 솔루션을 제공하고 있다.

소유지배구조

한화그룹 창업자 가족 일가가 지배하는 대기업집단으로 현재 김승연 회장이 한화그룹을 이끌고 있으나, 그의 세 아들이 경영승계 준비를 하고 있다. 한화그룹은 소유주 일가가 ㈜한화를 통하여 계열사들을 지배하고 있으며 ㈜한화의 지분구성은 〈그림 2-9〉와 같다.

〈그림 2-9〉 한화 지분구성

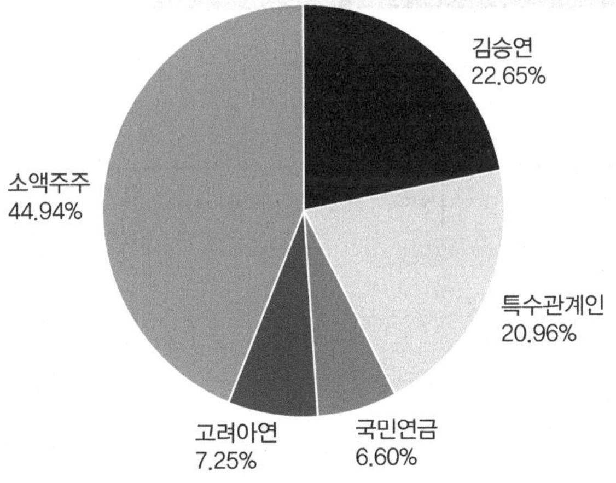

출처 : 사업보고서 활용 재작성

한화그룹의 실질적 지주사인 ㈜한화의 지분율은 김승연 회장 22.65%, 김동관 부회장 4.44%, 김동원 부사장 1.67%, 김동선 1.67%이다. ㈜한화는 한화솔루션, 한화시스템, 한화에어로스페이스, 한화생명보험, 한화호텔앤드리조트 등 주력 계열사를 지배하고 있으나 삼형제의 ㈜한화의 지분율이 매우 낮은 상태이다.

대기업집단의 경영권 승계 과정에서 갈등이 발생할 수 있으므로 한화그룹은 현재 김승연 회장의 장남인 김동관 한화솔루션 부회장을 후계자로 내정하고 지배구조 개편을 진행하고 있다. 김승연 회장이 김동관·김동선·김동원 삼형제의 경영권을 둘러싼 그룹 개편을 끝내면서 차기 승계구도를 명확히 하고 있다. 장남인 김동관 한화솔루션 부회장이 방산·태양광·화학 부문, 차남 김동원 한화생명 부사장이 금융, 삼남 김동선 한화호텔앤드리조트 전무가 호텔·유통을 맡는 방식으로 크게 세 부문으로 경영권 분리가 진행 중이다. 김동관 부회장이 김승연 회장 다음 한화그룹 회장에 올라서기 위해선 지주회사 격인 ㈜한화 지분율을 늘려야 할 것이다. 한화그룹의 ㈜한화를 중심으로 소유지분구조는 〈그림 2-10〉과 같다.

〈그림 2-10〉 한화그룹의 소유지분구조

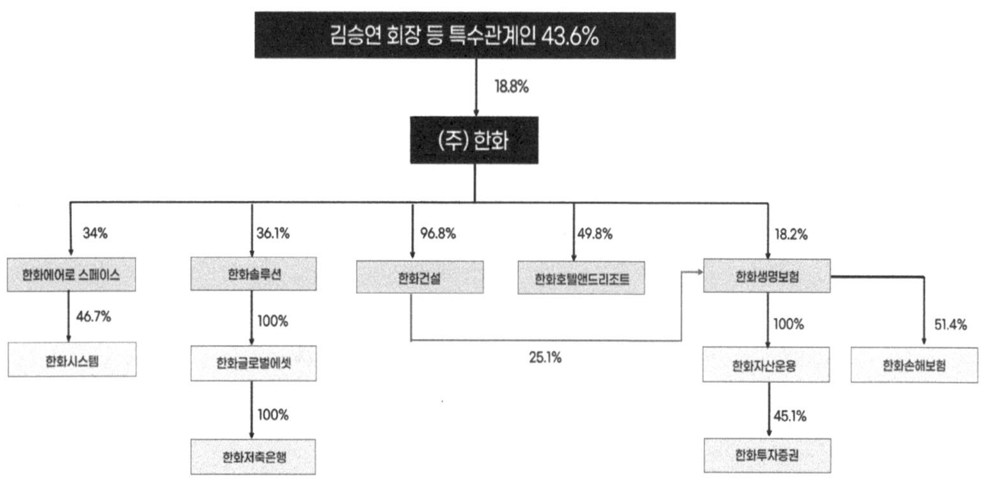

출처 : 공정거래위원회, 2022년 기업집단별 소유지분도 재작성

앞으로 한화그룹의 소유지배구조 개편은 김 부회장의 ㈜한화 지분율 4% 수준을 끌어올리기 위해 지분 50%를 보유한 한화에너지를 활용하여 이루어질 것으로 예상되고 있다. 현재 한화에너지는 김동관 부회장이 지분 50%, 김동원 한화생명 부사장과 김동선 한화솔루션 갤러리아부문 전무가 각각 25%를 보유하고 있다. 또한 한화에너지는 ㈜한화 지분 9.7%를 보유하고 있어서 김승연 회장에 이은 2대주주다. ㈜한화에 대한 지배력 확대를 위한 접근방법으로는 ㈜한화와 한화에너지 합병 가능성이 높을 것으로 예상되고 있다.

두 회사가 합병되면 ㈜한화를 인적 분할해 방산・태양광・화학부문, 금융, 호텔・리조트・유통부문 등 3개 부문으로 분할해 삼형제 경영권을 분리하는 구조로 소유지배구조의 개편이 이루어질 것으로 전망되고 있다. 소유지배구조 개편을 통해 경영권 승계의 투명성과 안정성을 높이고 계열사 간의 계열출자구조를 해소하며, 경영 효율성을 높이고 있다.

이사회 구성 운영

이사회는 총 9인의 이사(사내이사 3인, 사외이사 6인)로 구성되어 있다. 이사회 규정에 의거, 이사회 의장을 이사회에서 선임하도록 하고 선임사외이사는 별도로 선임하고 있지 아니하며 가장 먼저 선임된 사외이사가 사외이사 간의 커뮤니케이션을 주도하고 있다.

(1) 최고경영진의 선임 : 지속가능한 경영이 구현될 수 있도록 회사 운영의 건전성 및 성과창출 능력을 확보하고자 최고경영자 승계와 관련된 내부 프로세스 등을 구축 및 운영하고 있다. 경영환경에 따라 최고경영자의 변동이 필요할 때에는 관리 중인 최고경영자 후보자들을 면밀히 검토하여 최적임자를 이사회에 추천하게 되고, 이사회는 추천 후보자에 대해 최고경영자로서 경영능력과 자질을 최종 검토하여 사내이사 후보로 확정한다. 이후 주주총회를 통해 사내이사 선

임이 확정되며, 주주총회에서 사내이사 선임이 확정된 이후 이사회는 선임된 사내이사에 대하여 대표이사로 선임하게 된다. 최고경영자 승계를 충실히 준비하고 승계상황 발생 시 안정적인 승계를 통해 회사의 원활한 경영환경을 지원하고자 인사부서 등 관련 조직을 중심으로 최고경영자에게 요구되는 역할과 역량을 분명히 정의하고 그에 따라 최고경영자 후보자로서 갖춰야 할 역량, 경험, 태도 등의 자질과 능력을 종합적으로 검토하여 후보적임자를 상시 관리하고 있으며 복수 후보자 확보를 통해 최고경영자 승계에 있어서 최적임자에게 승계가 이루어질 수 있도록 관련 프로세스를 이행하고 있다. 최고경영자 후보의 선정은 최고경영자로서 요구되는 역할을 충실히 이행하기 위해 필요한 역량, 경험 등을 기준으로 즉시 승계가 가능한 “Ready Now 후보군”, 일정기간을 가지고 육성을 통해 역할 수행이 가능한 “차기 후보군”을 선정하고 있으며 이외 다양한 경영관점 및 전문성 확보를 위해 필요시 “외부 후보군”도 관리하고 있다.

(2) 사외이사 선임 : 사외이사후보추천위원회의 추천을 통해 이사회에서 후보자로 선정되며, 최종적으로 주주총회의 의결을 통해 투명하게 선임된다. 다양한 분야에서 전문 지식과 경험을 보유한 사외이사를 선임하여 이사회의 다양성과 전문성을 강화하고 있다.

한화그룹의 주요 계열사 및 이사회의 구성에 대해 살펴보면 〈그림 2-11〉과 같다. 한화의 이사회는 독립성, 다양성, 전문성을 바탕으로 구성되어 있다. 이사회의 과반수는 사외이사로 구성되어 있으며, 지배구조 선진화를 위해 지속적으로 노력하고 있다. 이사회는 한화의 경영을 투명하고 효율적으로 감독하는 데 중요한 역할을 하고 있다.

〈그림 2-11〉 한화의 이사회 구성

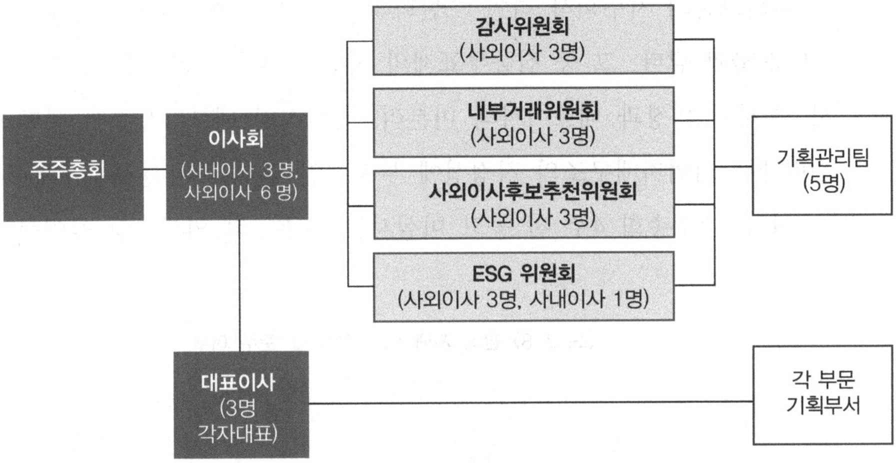

출처 : 한화 지배구조 보고서

감사위원회

감사위원회는 경영진으로부터의 독립성을 확보하기 위해 전원 사외이사로 구성되어 있으며 감사 분야에 있어 다양한 전문성을 확보하기 위해 경영, 재무, 감사 분야의 경력을 보유한 위원들로 구성되어 있다. 독립적이고 전문적인 인사로 구성된 감사위원회는 경영진이나 이사회와의 관계에서 독립성을 확보할 수 있고 회사의 경영에 대한 실질적인 감사 권한을 행사할 수 있어야 한다. 감사위원회의 간사는 감사위원회의 업무를 지원하고, 감사위원회의 결정을 실행하는 역할을 하므로 감사업무의 전문성과 독립성을 확보하여야 한다. 그러나 기획관리부서에서 감사위원회의 간사를 수행하고 있어서 전문성과 독립성 측면에서 적절하지 않다고 할 수 있다. 외부감사인을 감사위원회에서 선임하고 있으며 외부감사인 선임 시 독립성 및 전문성 등을 확보하기 위해 외부감사인 선임 지침을 수립하여 선임절차에 활용하고 있다.

지배구조 평가

한화그룹의 지주회사 격인 ㈜한화의 지배구조 핵심지표의 준수 여부는 〈표 2-8〉과 같다. 그 중 집중투표제의 미실시, 주주총회 4주 전 공고 미실시, 이사회 의장과 대표이사의 미분리, 독립적인 내부감사부서 부재 등의 측면에서 기업지배구조의 적정성에 부정적인 영향을 미칠 수 있다.

먼저, 주주총회 4주 전 공고 미실시는 주주들의 의사결정 참여를 저해

〈표 2-8〉 한화 지배구조 핵심지표 준수 여부

구분	핵심지표	준수 여부	
		O	X
주주	① 주주총회 4주 전에 소집공고 실시		X
	② 전자투표 실시	O	
	③ 주주총회의 집중일 이외 개최	O	
	④ 배당정책 및 배당실시 계획을 연 1회 이상 주주에게 통지		X
이사회	⑤ 최고경영자 승계정책(비상시 선임정책 포함) 마련 및 운영	O	
	⑥ 내부통제정책 마련 및 운영	O	
	⑦ 이사회 의장과 대표이사 분리		X
	⑧ 집중투표제 채택		X
	⑨ 기업가치 훼손, 주주권익 침해에 책임이 있는 자의 임원 선임을 방지하기 위한 정책 수립 여부	O	
	⑩ 6년 초과 장기재직 사외이사 부존재	O	
감사기구	⑪ 내부감사기구에 대한 연 1회 이상 교육 제공	O	
	⑫ 내부감사부서(내부감사업무 지원조직) 설치		X
	⑬ 내부감사기구에 회계, 재무 전문가 존재 여부	O	
	⑭ 내부감사기구가 분기별 1회 이상 경영진 참석 없이 외부감사인과 회의 개최	O	
	⑮ 경영 관련 중요정보에 내부감사기구가 접근할 수 있는 절차를 마련하고 있는지 여부	O	

출처 : 한화 지배구조 보고서

할 수 있다. 공고를 받지 못하거나 안건의 검토시간의 부족 등으로 주주들은 주주총회에 의사표시를 제대로 할 수 없게 된다.

둘째, 집중투표제의 미실시는 주주들의 권리를 침해할 수 있다. 이 제도가 실시되지 않으면, 경영진은 자신들에게 유리한 후보자를 선출하기 위해, 주주들에게 그 후보자에게만 의결권을 행사하도록 유도할 수 있다.

셋째, 이사회 의장과 대표이사의 미분리는 주주권을 침해할 수 있다. 이사회 의장과 대표이사가 동일인이면, 이사회 의장이 대표이사의 경영을 견제할 수 없게 될 수 있다.

넷째, 감사부서는 경영진의 비리를 예방, 발견하는 기능을 수행한다. 내부감사부서가 독립적이지 않으면, 경영진의 비리를 탐지하고 예방하기 어렵다. 한화그룹은 이러한 문제를 해결하기 위해 노력해야 할 것이다. 이외에도 지배주주에 의한 소액주주의 이익을 침해하는 사례가 발생하지 않도록 지배구조의 투명성과 공정성을 확보해 나가야 한다.

2.4 LG그룹

락희화학공업에서 시작하여 럭키금성그룹, LG그룹으로 이름을 바꾸며 성장해 왔다. LG그룹은 1999년 말부터 본격적으로 지주회사체제로의 전환 작업에 들어가 외자유치와 기업공개를 통한 재무구조 개선에 이어 단계적 사업구조 개편으로 지주회사와 자회사 간 수직 출자구조로 단순화했다. 2003년 3월에 지주회사로 전환되어 전자계열, 화학계열, 통신서비스 계열 등 3개 계열별 자회사를 보유하고 있다. 전자계열은 LG그룹의 주력 계열로, TV, 스마트폰, 가전제품 등 전자제품 분야에서 세계적인 경쟁력을 보유하고 있다. 화학계열은 LG그룹의 2대 주력 계열로, 석유화학, 배터리 제조, 생명과학 등 다양한 분야에서 사업을 영위하고 있다. 통신서비스 계열은 이동통신, 인터넷, IPTV 등 통신 서비스를 제공하고 있다. LG그룹은 지주회사체제를 통해 국내 대기업집단 중 최초로 자회사는 사업에 전념하고 지주회사는 사업포트폴리오 등을 관리하는 선진적 지배구조 시스템을 구축했다.

소유지배구조

㈜LG는 LG그룹의 지배구조를 개선하고 투명성을 높여 왔으며 계열회사의 경영 효율성을 제고하고, 시너지 효과를 창출하는 데에도 기여해 왔다. LG그룹의 주요 사업장은 한국, 미국, 유럽, 중국, 일본 등으로 전 세계에 위치하고 있다. LG그룹은 세계적인 기업으로 성장해 왔으며, 앞으로도 지속적인 성장을 통해 고객과 사회에 기여할 것으로 기대된다. LG지주회사의 지분구성은 〈그림 2-12〉와 같다.

㈜LG는 LG그룹의 지주회사로서 LG그룹의 계열회사에 대한 지배력을 행사할 수 있고, LG그룹의 계열회사의 주식을 소유함으로 인해 LG그룹의 경제력 집중을 초래할 수 있다. 경제력 집중이란 지적에도 불구하고 LG그룹은 지배구조를 개선하고 투명성을 높이는 데 중요한 역할을 하고 있으며, LG그룹의 이러한 노력들은 앞으로도 LG그룹의 성장과 발전을 이끌어

〈그림 2-12〉 지분구성 비율

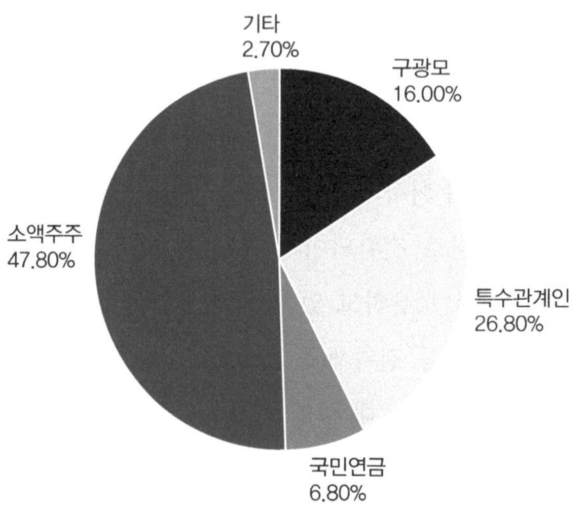

출처 : 사업보고서 활용 재작성

〈그림 2-13〉 LG지주회사의 계열사 지분구성

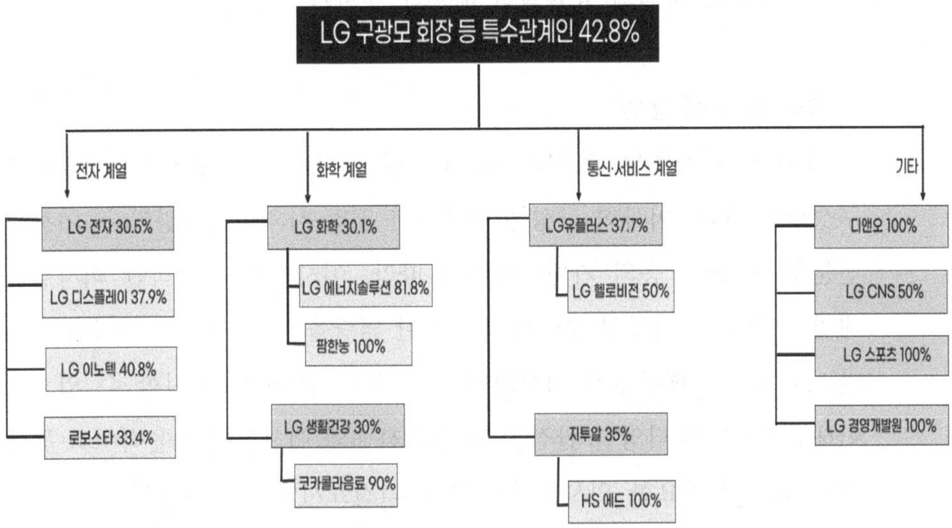

출처 : 공정거래위원회, 2022기업집단별 소유지분도 재작성

갈 것으로 전망된다. 지주회사에 속한 주요 계열사의 소유지분은 〈그림 2-13〉과 같다.

LG그룹의 지배구조는 한국 기업지배구조의 모범 사례로 언급되며, 지주회사체제를 통해 소유와 경영의 분리, 투명성, 효율성을 높여왔다는 평가를 받고 있다.

LG그룹의 지배구조의 특성은 다음과 같다.

(1) 지주회사체제 : 지주회사인 ㈜LG는 LG그룹의 지배권을 행사하지만, 경영에는 직접 관여하지 않는다. 경영은 ㈜LG의 자회사인 LG전자, LG화학, LG유플러스 등이 담당한다.

(2) 투명성 : LG그룹은 지주회사체제를 통해 지배구조를 투명하게 공개하고 있다. ㈜LG는 주주총회, 이사회, 감사위원회 등 다양한 의사결정 구조를 갖추고 있으며, 지배구조 관련 정보를 투명하게 공개하고 있다.

(3) 효율성 : LG그룹은 지주회사체제를 통해 경영 효율성을 높였다. 지

주회사는 자회사의 지분을 소유하고 자회사를 통해 사업을 영위함으로써 자원의 효율적인 배분과 투자가 가능해졌다.

이사회 구성 운영

㈜LG의 이사회는 총 7명으로 LG그룹 창업주의 일가와 전문경영인으로 구성되어 있다. 이사회 구성은 사내이사 3명, 사외이사 4명이다. 이사회는 전문성·다양성 등의 가이드라인에 따라, 이사회가 합리적인 의사결정을 내릴 수 있도록 다양한 분야에서 충분한 역량을 갖춘 자들로 구성되어 있지만, LG그룹 지배주주가 이사회에 참여하여 지배력을 행사할 수 있으므로 이해관계자들의 다양한 관점을 고려해 사내외 이사들이 자율적이고 독립적으로 회사의 중요한 의사결정에 대한 의견표시에는 한계성이 있다.

또한 ㈜LG는 대표이사와 이사회 의장이 분리되지 않는 일원적인 이사회 구조로 운영하고 있다. 이사회는 과반수가 사외이사이고, 감사위원회는 전원 사외이사로 구성되어 있다. 사외이사후보추천위원회, 내부거래위원회, ESG위원회는 1명을 제외하고는 모두 사외이사로 구성되어 있고 이사회 및 이사회 내 위원회는 실질적으로 사외이사 중심으로 운영되고 있다. LG의 이사회 및 내부 위원회 구성은 〈그림 2-14〉와 같다.

〈그림 2-14〉 이사회 및 내부 위원회 구성

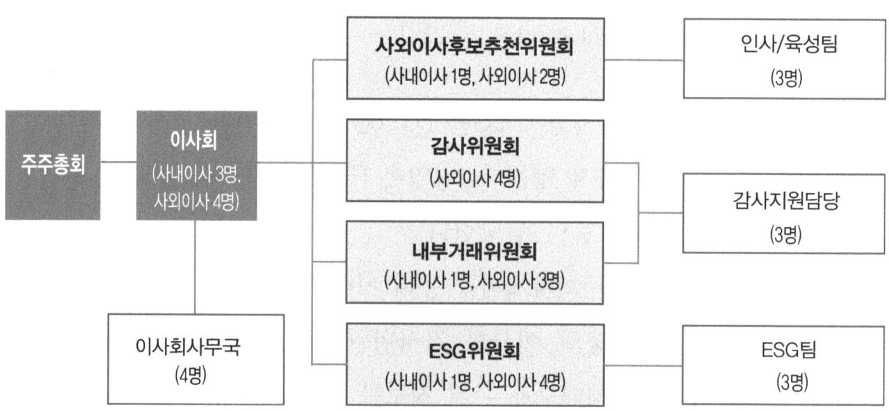

출처 : LG지주회사 지배구조 보고서

LG의 지주회사 이사회는 LG의 경영에 중요한 역할을 한다. 이사회는 LG의 경영방침을 결정하고, LG의 경영진을 감독하는 역할을 한다. 한편, LG그룹이 지주회사체제로 전환한 후에, 지주회사와 자회사 또는 자회사와 자회사 간의 이해관계가 복잡하게 얽혀 있어 의사결정이 어려울 수 있다. 예를 들어, 지주회사가 자회사의 경영에 개입할 경우에는 자회사의 주주와 이해관계가 상충될 수 있다. 또한 지주회사는 자회사의 지분을 소유하고 자회사를 통해 사업을 영위함으로써 과도한 지배력을 행사할 수 있다. 이것은 자회사의 경영을 독단적으로 결정하거나, 자회사의 이익을 지주회사의 이익보다 우선시할 가능성이 있음을 의미한다. 이와 같은 여러 가지 발생 가능한 문제점들을 합리적으로 해결하기 위해서는 사외이사들이 견제와 균형 기능을 잘 수행하여야 할 것이다. 사외이사의 원활한 직무수행을 위해 이사회 사무국 내 별도 지원조직을 운영하고 있으며, 지원조직은 이사회 안건 분석 및 사외이사에 대한 지원 등의 업무를 수행하고 사외이사가 직무를 충실히 이행할 수 있도록 지원하고 있다.

최고경영자 선임

지속가능한 경영의 일환으로 최고경영자 승계를 위한 내부 프로세스를 자체적으로 구축하여 운영하고 있다. 주요 경영진, 인사 임원 등으로 구성된 「경영진 인사협의체」를 매년 정기적으로 실시하여 주요 계열사 최고경영진 및 주요 사외 인사들을 대상으로 그룹 최고경영자 후보군(Pool)을 선정한 후, 해당 인원들의 육성현황 및 준비도를 평가하고 있다.

최고경영자 선임은 적합한 후보 선발을 위해 경영환경과 사업전략 등을 고려하여 최고경영자의 요건을 정의한 후, 해당 요건을 바탕으로 즉시 보임이 가능한 차기 후보와 3~5년 후에 보임이 가능한 장기 후보를 각 2~3배수 규모로 선발하고 있다. 선발된 인원에 대한 연중 평가를 통해 역량과 경험, 성과를 검증하고 필요시 후보군의 조정(Pool In/Out)을 실시하게 된다. 최고경영자 변경 시 경영진 인사협의체와 지원부서의 검증을 거쳐 관리 중인 후계자 후보군 중에서 최종 후보자를 선정하여 이사회에 해당 안건을 상정하고, 이사회는 후보자에 대해 회사와 주주이익에 부합하는 방향으로 회사를 경영하고, 회사의 핵심가치와 비전을 실행할 수 있는 역량을 갖춘 후보자인지 여부를 심의 후 사내이사 후보자로 확정하게 된다. 이사회에서 확정한 사내이사 후보가 주주총회에서 사내이사로 선임되면, 후속 이사회에서 대표이사에 선임됨으로써 경영승계 절차가 종료된다.

사외이사 선임

사외이사 독립성 가이드라인에 따라, 최대주주 및 경영진과 이해관계가 없는 경우에만 사외이사로 선임하고 있다. 사외이사후보추천위원회는 이사 직무수행의 적합성 여부에 대해 사외이사 후보자를 엄격하게 심사하고 있으며, 주주총회에서 최종적으로 선임하고 있다. 회사와 사외이사 간 중대한 이해관계가 없도록 사외이사 선임 시 법무/인사 등 관련 부서에서 사외이사 후보자에 대한 자격요건(상법 제382조, 제542조의8, 정관 제23조의2 등)을 철저히 검증하여 중립적인 인사를 사외이사로 선임하도록 하고 있다.

감사위원회

감사위원회 위원은 주주총회 결의에 의하여 선임되며, 감사위원회는 3인 이상의 이사로 구성하도록 규정되어 있다. 감사위원회는 회계 또는 재무전문가 1명을 포함하여 4명 전원이 사외이사로 구성되어 있다.

감사위원회는 회사의 재무건전성에 대한 감사 기능뿐만 아니라 준법경영 측면에서 업무의 적정성을 독립적으로 감독하는 역할을 수행하고 있다. 감사위원회를 보좌하고 업무 수행을 지원하는 독립적인 내부감사부서를 설치하여 운용하고 있다. 회사의 회계와 업무를 감사하는 감사위원회는 언제든지 이사에 대하여 영업에 관한 보고를 하거나 회사의 업무와 재산상태를 조사할 수 있고, 경우에 따라서는 임시 이사회의 소집을 청구할 수 있다. 외부감사인 선임 승인 시 감사업무 수행팀의 역량은 물론 해당 감사법인의 산업전문성 및 글로벌 역량, 독립성 및 법규 준수 여부, 감리 지적사항 등을 감사위원회에서 종합적으로 평가하고 그 검토 결과에 따라 감사인을 선임하고 있다.

소유지배구조 평가

LG그룹 지주회사인 ㈜LG홀딩스의 지배구조 핵심지표의 준수 여부는 〈표 2-9〉와 같다. 그 중 집중투표제의 미실시, 주주총회 4주 전 공고 미실

〈표 2-9〉 LG지주 지배구조 핵심지표 준수 여부

구분	핵심지표	준수 여부	
		O	X
주주	① 주주총회 4주 전에 소집공고 실시		X
	② 전자투표 실시	O	
	③ 주주총회의 집중일 이외 개최	O	
	④ 배당정책 및 배당실시 계획을 연 1회 이상 주주에게 통지		X
이사회	⑤ 최고경영자 승계정책(비상시 선임정책 포함) 마련 및 운영	O	
	⑥ 내부통제정책 마련 및 운영	O	
	⑦ 이사회 의장과 대표이사 분리		X
	⑧ 집중투표제 채택		X
	⑨ 기업가치 훼손, 주주권익 침해에 책임이 있는 자의 임원 선임을 방지하기 위한 정책 수립 여부	O	
	⑩ 6년 초과 장기재직 사외이사 부존재	O	
감사기구	⑪ 내부감사기구에 대한 연 1회 이상 교육 제공	O	
	⑫ 내부감사부서(내부감사업무 지원조직) 설치	O	
	⑬ 내부감사기구에 회계, 재무 전문가 존재 여부	O	
	⑭ 내부감사기구가 분기별 1회 이상 경영진 참석 없이 외부감사인과 회의 개최	O	
	⑮ 경영 관련 중요정보에 내부감사기구가 접근할 수 있는 절차를 마련하고 있는지 여부	O	

출처 : LG지주회사 지배구조 보고서

시, 이사회 의장과 대표이사의 미분리 등의 측면에서 기업지배구조의 적정성에 부정적인 영향을 미칠 수 있다.

먼저, 집중투표제의 미실시는 주주들의 권리를 침해할 수 있다. 이 제도가 실시되지 않으면, 경영진은 자신들에게 유리한 후보자를 선출하기 위해, 주주들에게 그 후보자에게만 의결권을 행사하도록 유도할 수 있다.

둘째, 주주총회 4주 전 공고 미실시는 주주들의 의사결정을 저해할 수 있다. 이 공고가 실시되지 않으면, 주주들은 주주총회의 안건을 검토할 시간의 부족 등으로 의결권 행사에 지장을 초래할 수 있다.

셋째, 이사회 의장과 대표이사의 미분리는 주주권을 침해할 수 있다. 이사회 의장은 이사회의 의사결정을 주관하는 자로, 대표이사는 회사의 경영을 책임지는 자이다. 이 두 사람이 동일인이면, 이사회 의장이 대표이사의 경영을 견제할 수 없게 되고, 대표이사는 주주권을 침해할 수 있다. LG홀딩스는 이러한 문제의 해결과 소액주주의 권익보호를 위해 노력해야 할 것이다.

2.5 SK그룹

SK그룹은 선경직물로 설립된 기업집단으로 1960년대에는 섬유, 석유화학, 정유, 건설 등에서 사업을 영위하고 있었으며 1970년대에는 전자, 통신, 에너지, 금융 등 다양한 분야로 사업을 확장했다. SKC, SK텔레콤, SK에너지, SK케미칼, SK이노베이션, SK하이닉스 등 주요 계열사들이 급성장했다. SK그룹은 많은 계열사를 거느리고 있으며, 통신, 반도체, 에너지, 석유화학, 건설, 바이오, 전자상거래, 환경 등 다양한 분야에서 사업을 영위하고 있다.

소유지배구조

SK그룹은 지주회사인 SK㈜와 중간 지주회사체제로 되어 있다. 지주회

〈그림 2-15〉 SK지주회사 지분구성

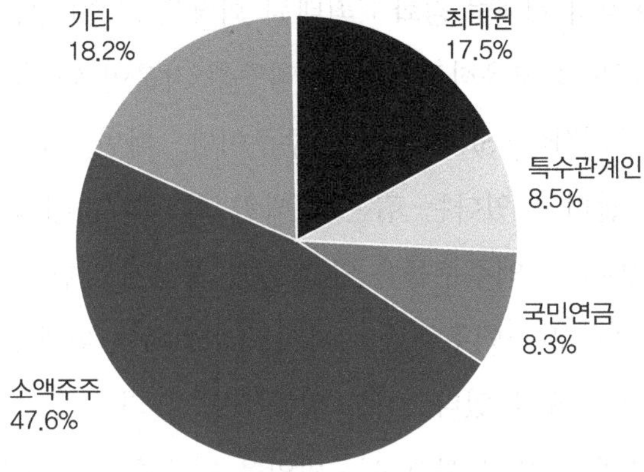

출처 : 사업보고서 활용 재작성

사 전환으로 인해 SK그룹은 순환출자구조를 해소하고 지배구조를 투명화할 수 있었다. 지주회사는 자회사의 경영에 직접 관여하지 않고 투자에 집중할 수 있게 되었으며, 이를 통해 경영 효율성을 제고할 수 있었다. SK지주회사의 지분구성은 최태원 회장이 지주회사인 SK㈜ 지분 17.5%를 보유하고, 특수관계인 8%, 국민연금 8%, 소액주주 48% 지분을 보유하고 있다. SK㈜는 SK이노베이션, SK스퀘어, SKC 등 사업부문별 중간 지주회사들을 거느리고 있는 지배구조를 갖추고 있다. SK지주회사의 지분구성은 〈그림 2-15〉와 같다.

SK지주회사의 소유구조는 다음과 같은 특성을 가지고 있다.

(1) 단순한 지분구조 : SK지주회사의 소유구조는 최태원 회장이 지주회사인 SK㈜ 지분 17.5%를 보유하고 있어 단순한 지분구조를 가지고 있다. 지주회사 체제로 전환하면서 순환출자구조를 해소하고 지배구조를 투명화하는 효과가 있었다.

(2) 사업부문별 중간 지주회사 : SK㈜는 SK이노베이션, SK스퀘어, SKC 등 사업부문별 중간 지주회사들을 거느리고 있다. SK그룹은 사업부문별로 전문성을 강화하고 시너지 효과를 창출하기 위해 중간 지주

회사체제를 도입하였다.

(3) 최태원 회장의 지배력 강화 : 최태원 회장은 SK㈜ 지분 17.5%와 특수관계인 8.5%를 보유하고 있고 소액주주 지분이 47.6%를 점유하고 있어서 지주회사인 SK㈜의 최대주주이다. 다만, 소액주주 지분율이 47.6%에 달하고 있다는 점은 최태원 회장의 지배력 강화에 제약이 될 수도 있다. 소액주주들은 SK그룹의 경영에 대한 감시 역할을 수행할 수 있으므로 소액주주들의 지지를 확보하기 위한 노력을 지속적으로 기울일 필요가 있다. 이를 위해 SK그룹의 경영 투명성을 강화하고, 주주들의 권익을 보호하는 방안을 마련해야 할 것이다. SK지주회사의 이러한 소유구조는 상호 견제와 균형을 통하여 지배구조를 투명화하고 사업 경쟁력을 강화하는 데 도움이 될 것으로 보인다.

〈그림 2-16〉 SK그룹의 소유지배구조

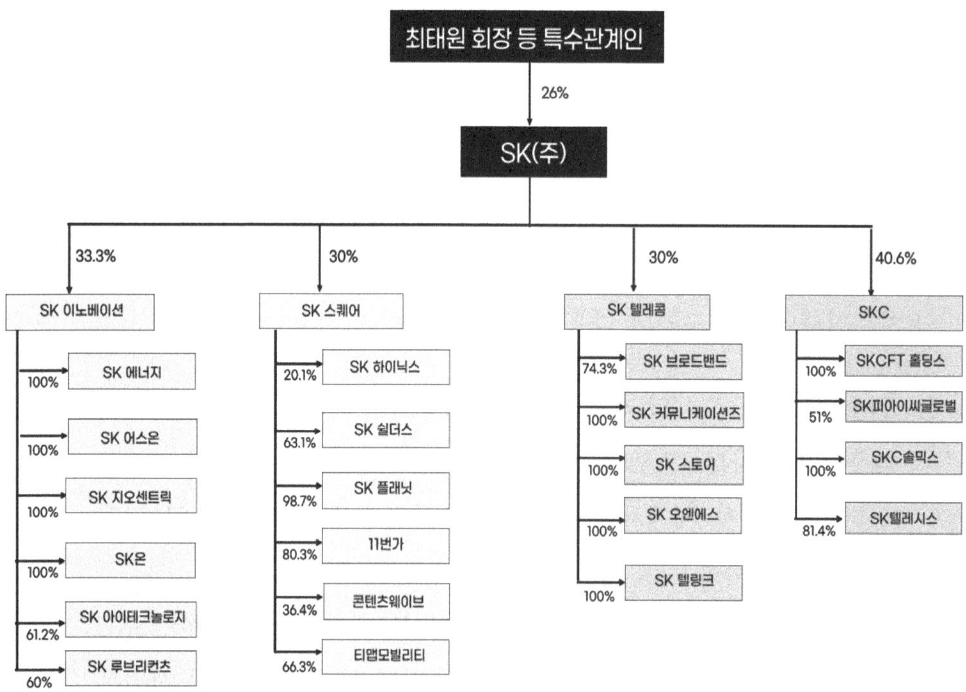

출처 : 공정거래위원회, 2022기업집단별 소유지분도 재작성

SK그룹의 소유지배구조는 〈그림 2-16〉과 같다. SK그룹은 지주회사 전환 이후 기업 지배구조 개선, 경영 효율성 제고, 투자유치 촉진 등에 성공하여 새로운 성장동력을 확보할 수 있었으며 앞으로도 지주회사체제를 기반으로 지속적인 성장과 발전을 도모할 것으로 전망된다.

지주회사인 SK㈜가 그룹 내 계열사들을 지배하고 관리하면서 여러 계열사들 간의 자금 및 비즈니스 활동을 조정하고 지원하는 중요한 역할을 담당한다. 통신, 에너지, ICT, 건설, 바이오 등 다양한 분야에서 사업을 영위하고 있으므로 지주회사 SK㈜는 핵심 사업을 육성하고, 글로벌 경쟁력을 강화하기 위한 역할을 수행해야 할 것이다.

이사회 구성 운영

SK지주회사의 이사회는 사외이사가 전체 이사의 과반수를 차지하도록 구성되어 있다. 이사회는 총 9명의 이사(사내이사 4명, 사외이사 5명)로 구성되어 있다. SK가 주주와의 의사소통을 개선하고 이사회의 독립성을 강화하기 위해 노력하고 있음을 보여준다.

(1) 대표이사 선임 : 최고경영자 후보군을 선발하고 역량과 리더십 등 경영자로서 적합성 여부를 내부 검증하는 프로세스에 따라 회사의 사업 영역과 역량에 따라 다양한 후보군을 선발, 관리, 평가, 검증한다. 이러한 과정을 통해 검증, 육성한 최고경영자 후보군 중 적합한 후보를 인사위원회의 검토를 거쳐 이사회에 추천하며, 이사회는 추천받은 후보의 리더십 및 전문성 등을 심의하여 주주총회의 사내이사 후보로 최종 확정하여 이사회 결의를 통해 대표이사로 선임한다.

(2) 사외이사 선임 : 인사위원회를 설치하여 공정하고 독립적이며 투명하게 사외이사 후보를 선정하여 주주총회에 추천하고 있다. 인사위원회 및 이사회는 후보 확정을 위한 검토 시 전문성, 경영마인드, 독립성, 사회적 지명도, 청렴도 등에 대한 평가기준을 가지고 있으

〈그림 2-17〉 이사회 구성

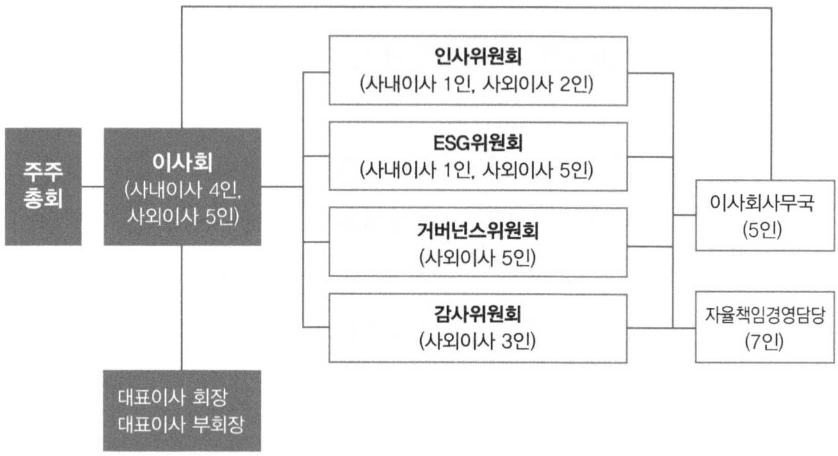

출처 : SK 지배구조 보고서

며, 특히 회사의 경영철학 및 전략 방향에 후보자 개인의 자질이 부합하는지, 이사로 선임되었을 때 이사회 전체의 전문성 및 다양성, 책임성이 제고되는지를 주요 평가기준으로 하고 있다.

SK의 이사회는 감사위원회와 인사위원회와 같은 전문위원회를 구성하여 이사회의 효율성과 효과를 높이고 있다. SK의 이사회는 주주와의 의사소통을 개선하고 경영진의 독립성을 강화하기 위해 노력하고 있다. SK지주회사의 주요 이사회는 모두 사외이사가 전체 이사의 과반수를 차지하고 있다. SK의 이사회의 구성은 〈그림 2-17〉과 같다. 특히 주주, 잠재적 투자자 등과의 소통을 강화하고 이해관계자의 권익을 보호하기 위하여 주주소통위원 제도를 도입하였으며, 사외이사만으로 구성된 거버넌스위원회에서 주주소통위원을 선임하여 운영하고 있다.

주주소통위원은 국내외 투자자와의 미팅을 통해 이사회와 주주 간 소통 역할을 담당하며, 이사회의 투명성 및 독립성을 향상시키고 궁극적으로 주주들의 권익 보호를 위해 다양한 활동을 하고 있다.

감사위원회

감사위원회는 회계·재무전문가 1인을 포함하여 3명의 사외이사로 구성되어 있다. 감사위원은 전원 사외이사로 회계사 자격을 보유하고, 금융기관에서 회계 또는 재무분야 업무에 5년 이상의 경력을 보유하여 재무제표와 일반적인 회계원칙, 재무에 대한 이해가 높은 회계·재무전문가로 구성되어 있다. 그 역할은 회계, 업무의 감사 및 이사회에서 위임한 사항에 대하여 심의·의결하며 이사와 경영진이 합리적 경영판단을 할 수 있도록 이사와 경영진의 직무 집행을 감독한다. 감사위원회 규정상 감사위원들은 이사의 위법행위에 대한 유지 청구를 할 수 있고, 이사회에 대해 영업보고를 요구할 수 있으며, 회사의 업무 및 재산상태에 대한 조사가 가능하기 때문에, 경영진의 부정행위에 대한 조사가 필요할 시 감사위원회 규정에 근거하여 언제든지 자체적으로 조사를 진행할 수 있는 절차가 마련되어 있다. 또한 감사위원회의 감사업무를 지원하기 위한 부서를 두고 있으며 그 부서는 내부감사업무를 전담하여 수행하고 있다. 내부감사기구 지원 조직의 독립성을 확보하기 위해 부서장을 임명할 시 감사위원회와 사전에 협의하도록 하고 있다.

소유지배구조 평가

SK㈜의 지배구조 핵심지표 준수 여부는 〈표 2-10〉과 같다. 그 중에서 집중투표제의 미실시, 주주총회 4주 전 공고 미실시, 기업가치 훼손이나 주주권익 침해에 책임이 있는 자에 대한 신임임원 선임을 방지하는 정책 미수립 등으로 기업지배구조의 적정성에 부정적인 영향을 미칠 수 있다.

먼저, 집중투표제의 미실시는 주주들의 권리를 침해할 수 있다. 이 제도가 실시되지 않으면, 경영진은 자신들에게 유리한 후보자를 선출하기 위해, 주주들에게 그 후보자에게만 의결권을 행사하도록 유도할 수 있다.

둘째, 주주총회 4주 전 공고 미실시는 주주들의 의사결정을 저해할 수 있다. 이 공고가 실시되지 않으면, 주주들은 주주총회에 참석하여 의사결

〈표 2-10〉 SK 지배구조 핵심지표 준수 여부

구분	핵심지표	준수 여부 O	준수 여부 X
주주	① 주주총회 4주 전에 소집공고 실시		X
	② 전자투표 실시	O	
	③ 주주총회의 집중일 이외 개최	O	
	④ 배당정책 및 배당실시 계획을 연 1회 이상 주주에게 통지	O	
이사회	⑤ 최고경영자 승계정책(비상시 선임정책 포함) 마련 및 운영	O	
	⑥ 내부통제정책 마련 및 운영	O	
	⑦ 이사회 의장과 대표이사 분리	O	
	⑧ 집중투표제 채택		X
	⑨ 기업가치 훼손, 주주권익 침해에 책임이 있는 자의 임원 선임을 방지하기 위한 정책 수립 여부		X
	⑩ 6년 초과 장기재직 사외이사 부존재	O	
감사기구	⑪ 내부감사기구에 대한 연 1회 이상 교육 제공	O	
	⑫ 내부감사부서(내부감사업무 지원조직) 설치	O	
	⑬ 내부감사기구에 회계, 재무 전문가 존재 여부	O	
	⑭ 내부감사기구가 분기별 1회 이상 경영진 참석 없이 외부감사인과 회의 개최	O	
	⑮ 경영 관련 중요정보에 내부감사기구가 접근할 수 있는 절차를 마련하고 있는지 여부	O	

출처 : SK 지배구조 보고서

정에 필요한 검토 및 준비 시간의 부족으로 의결권 행사에 제약을 받을 수 있다.

셋째, 기업가치 훼손이나 주주권익 침해에 책임이 있는 자에 대한 신임 임원 선임을 방지하는 정책 미수립은 주주권익을 침해할 수 있다. 이러한 자가 신임임원으로 선출되면, 자칫 회사의 가치를 훼손하거나 주주들의 권리를 침해할 수 있다. 그 외에 지배주주에 의한 소액주주의 권익침해가 없도록 지배구조제도를 지속적으로 개선하고 공정하게 운영해야 한다.

2.6 소유지배구조 이슈

소유집중 대기업집단의 지배구조는 소수의 대주주가 기업의 지배권을 행사하는 구조이다. 대주주가 기업의 경영에 직접 개입하여, 기업의 이익을 대주주에게 편중시키거나 기업의 경영 효율성을 저하시키는 등의 문제를 야기할 수 있다. 이러한 대기업집단의 지배구조는 한국 경제의 중요한 문제점 중 하나로 소유집중 대기업집단의 지배구조를 개선하기 위해서는 정부, 기업, 소비자, 주주 등 사회 각계의 노력이 필요하다.

대주주의 지배구조 왜곡

소유집중형 대기업집단은 기업의 지배주주가 소유한 지분보다 더 많은 지배권을 행사함으로 인해 소유구조의 왜곡을 초래한다. 이로 인하여 기업집단의 지배력을 강화하고, 기업집단 내의 자금흐름을 조절하는 목적으로 사용될 수 있다. 계열출자로 인해 발생하는 소유구조의 왜곡은 기업의 지배주주와 경영자가 기업의 이익을 위해 행동하지 않고, 자신들의 이익을 위해 행동하는 문제가 발생할 수 있다.

또한 대주주의 지배력과 통제력이 강화되면 이사회, 경영진, 감사기구의 기능이 취약해지며, 이에 따라 기업의 가치가 감소하고 기업의 경쟁력을 약화시킬 수 있다. 이사회는 회사의 경영을 감독하고, 경영진의 책임을 묻는 역할을 수행하나 대주주의 지배력이 강화되면, 이사회는 대주주의 뜻에 따라 경영진을 감시하거나 책임을 묻기 어려워질 수 있다. 경영진의 경우, 대주주의 지배력 강화로 인해 경영진의 책임성이 약화될 수 있고 대주주의 이익을 우선시하고, 회사의 장기적인 발전을 위한 투자나 경영혁신을 소홀히 할 수 있다. 감사기구의 경우 대주주의 지배력이 강화되면, 감사기

〈그림 2-18〉 소유집중기업의 대주주 지배력

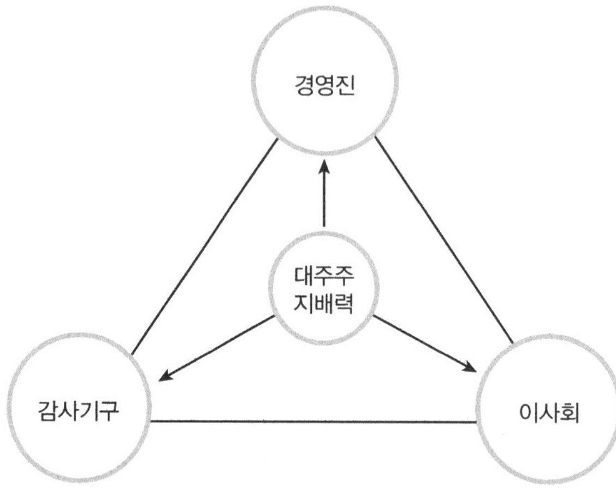

구는 대주주의 영향력에서 벗어나 회사의 경영을 독립적으로 감사하기 어려워질 수 있다. 소유집중 대기업의 대주주가 〈그림 2-18〉과 같이 경영진, 이사회, 감사기구를 지배할 경우 소액주주들의 이익을 해치고 심할 경우 기업가치를 훼손할 수 있다.

계열출자는 대주주의 지배력을 강화하는 효과가 있고 대주주는 계열사 간의 계열출자를 통해 소수의 지분으로도 계열사 전체를 지배할 수 있다. 이것은 대주주의 과도한 지배력으로 인해 기업의 이익이 대주주에게 편중되거나, 기업의 의사결정이 효율적으로 이루어지지 못하는 문제를 야기할 수 있다. 계열출자로 인해 발생하는 지배구조 왜곡은 〈표 2-11〉과 같다.

〈표 2-11〉 지배구조의 왜곡

구분	세부내용
지배주주의 지배력 강화	지배주주는 자신이 보유한 지분에 비해 더 큰 지배력 확보
기업집단 내의 자금흐름 조절	지배주주는 자기자본의 일부를 다른 회사에 출자함으로써 그 회사에 자금을 제공
기업집단 내의 내부거래 증가	지배주주는 기업집단 내의 일감 몰아주기 등 내부거래를 통해 부당이득 취득

재벌기업의 터널링(Tunneling)

재벌기업의 일감 몰아주기 등 터널링이 심각한 사회문제로 대두되어 오고 있다. 터널링(Tunneling)은 기업집단에서 지배주주의 지분율이 낮은 기업의 자원을 지배주주의 지분율이 높은 기업으로 이전시키는 부당내부거래를 지칭한다. 재벌기업들에서는 계열사들을 동원하여 재벌총수 가문의 지분율이 높은 계열사에 일감 몰아주기를 통해 총수 일가의 재산을 편법적으로 증식하고 총수 자제로의 경영권 상속을 편법적으로 지원하는 데 활용되곤 한다. 일례로서 계열사의 사업을 분리하여 총수 일가의 지분율이 높은 자회사를 신설하고 이 자회사에 일감 몰아주기, 과도한 자사주 매입, 배당성향 조정 등 다양한 방식으로 자원을 집중시켜 재산을 증식한다. 이후 이 자회사를 주력 계열사와 합병하거나 인수하여 경영권을 승계하고, 기업집단에 대한 총수 일가의 지배력을 강화한다.

정부는 공정거래법을 개정하여 계열사 간 부당거래 규제를 강화하고 있으나 경영권 승계의 과정에 따른 상속세의 과다한 부담 등으로 인해 일감 몰아주기와 같은 계열사 간 부당거래가 완전히 근절되지는 못하고 있다. 상속세의 과다한 부담은 총수 일가의 자산 집중을 더욱 부추기는 요인으로 작용하고 있다. 따라서 공정거래법을 개정하여 계열사 간 부당거래 규제를 강화하는 것과 동시에, 경영권 승계의 과정에서 발생하는 상속세 부담을 완화하는 정책을 병행해야 한다. 이를 통해 일감 몰아주기와 같은 계열사 간 부당거래를 근절하고, 기업집단의 건전한 성장을 도모할 수 있을 것이다.

소액주주들의 권익 침해

지배주주의 지배권 강화에 따른 소액주주들의 권익 침해는 지배주주의 지배력이 강화됨으로써 소액주주들의 주주권이 침해되는 것이다. 지배주주는 의결권을 행사하여, 소액주주들의 의사와 상반되는 의사결정을 내릴 수 있다. 소액주주들은 기업의 경영에 대한 영향력을 행사하기 어려워지고, 기업의 경영에 대한 정보 접근권이 제한되며, 기업의 의사결정에 참여할 기회가 박탈될 수 있다. 지배주주가 소액주주들의 권리를 침해하는 유형은 다음과 같이 크게 두 가지로 나눌 수 있다.

(1) 의사결정 참여의 제한 : 지배주주의 과도한 지배력으로 인해 소액주주들의 의사결정 참여가 제한될 수 있다. 지배주주는 소액주주들의 의사와 상반되는 의사결정을 내릴 수 있다. 이러한 유형의 권리침해 사례는 지배주주가 경영진을 임명하고 해임할 수 있는 권한을 가지고 경영진을 자신의 뜻에 따라 움직여, 소액주주들의 의사가 반영되지 않는 독단적인 경영을 할 수 있다. 또한 지배주주는 이사회의 구성원을 임명할 수 있는 영향력을 가지고 있어서 이사회의 구성원을 자신의 뜻에 따라 움직여, 이사회의 독립성을 침해할 수 있다.

(2) 이익의 편중 : 지배주주는 회사의 이익을 대주주에게 편중시킬 수 있다. 회사의 자원을 대주주의 이익을 위해 사용하거나, 대주주에게 배당을 집중할 수 있다. 이러한 유형의 권리침해 사례는 지배주주는 회사의 이익을 대주주에게 배당하는 비율을 높일 수 있고 회사가 대주주와 유리한 거래를 체결하도록 할 수 있을 뿐만 아니라 회사의 비상장 주식을 매각하여, 소액주주들의 이익을 침해할 수 있다.

지배주주의 지배권 강화에 따른 소액주주들의 권리침해는 기업의 건전성, 주주권 보호, 사회적 공정성 등 다양한 측면에서 문제를 야기할 수 있다. 따라서 지배주주의 지배권 강화를 방지하고, 소액주주들의 주주권을 보호하기 위한 제도적 장치를 마련하고, 사회적 공감대를 형성하기 위한 노력이 이루어져야 할 것이다. 상법은 소액주주들의 주주권을 보호하기 위한 규정을 마련하고 있다. 예를 들어, 소액주주가 일정 비율 이상의 지분을 보유한 경우, 주주총회에서 의결권을 행사할 수 있는 권리를 부여하고 있으나 이러한 규정은 소액주주들이 대주주의 지배권 강화에 대응하기에는 역부족이라는 지적이 있다.

지주회사체제로의 전환

대기업집단은 1990년대 이후 지주회사체제로 전환하는 추세에 있다. 정부의 지주회사체제 전환 유도 정책과 대기업집단의 경영 효율성 제고를 위한 노력이 맞물리면서 많은 소유집중 대기업들이 지주회사체제로 전환하고 있다. 정부는 지주회사형 대기업집단의 과도한 경제력 집중을 방지하고 투명성을 높이기 위해 다양한 정책을 추진하면서 소유집중 대기업집단의 지주회사 전환을 유도하는 정책을 시행하고 있다. 지주회사체제는 소유구조가 지주회사-자회사 구조로 단순화되어 있어, 소유구조의 투명성이 높아진다. 지주회사는 자회사의 지분을 매매함으로써 계열사 간 지분구조를 조정할 수 있어 기업의 효율성을 제고할 수 있으며, 자회사의 경영에 직접 관여하지 않기 때문에 주주권이 보호될 수 있다. 반면, 재벌기업체제는 총수일가가 지분을 소유하고, 계열사들이 서로 지분을 소유하는 구조로 복잡하여, 소유구조의 투명성이 낮다. 지주회사 지분을 총수 일가가 소유하고 있어, 기업의 경영이 총수 일가의 이익을 우선적으로 고려하게 될 가능성이 높고 주주권 침해로 이어질 수 있다. 지주회사형 대기업집단은 다음과 같은 특징을 가지고 있다.

(1) 지주회사 중심의 지배구조 : 지주회사형 대기업집단은 지주회사를 중심으로 계열회사를 지배한다. 다른 회사의 주식을 소유하여 그 회사를 지배하는 지주회사는 계열회사의 경영에 대한 결정권을 가지고 있으며, 계열회사의 자금을 조달하고 투자하는 역할을 한다.

(2) 투명성 강화 : 지주회사형 대기업집단은 지주회사를 설립함으로써 투명성을 강화할 수 있다. 지주회사는 계열회사의 지분을 소유하고 있는 만큼 계열회사의 경영에 대한 책임을 져야 하고, 계열회사의 재무제표를 공시해야 하기 때문에 계열회사의 경영 상황을 쉽게 파악할 수 있다.

(3) 경영 효율성 제고 : 지주회사형 대기업집단은 지주회사를 설립함으

로써 경영 효율성을 제고할 수 있다. 계열회사의 경영을 통합함으로써 비용을 절감하고 시너지 효과를 창출할 수 있고 계열회사의 자금을 효율적으로 운용할 수 있다.

(4) 경제력 집중 : 지주회사형 대기업집단은 경제력 집중을 초래할 수 있다. 계열회사의 주식을 소유함으로써 계열회사의 경영권을 장악할 수 있고 계열회사의 자금을 조달하고 투자할 수 있기 때문에, 계열회사에 대한 영향력을 행사할 수 있다.

이러한 특징들로 인해 지주회사형 대기업집단은 긍정적인 평가와 부정적인 평가를 동시에 받고 있다. 긍정적인 평가를 하는 사람들은 지주회사형 대기업집단이 지배구조 개선, 투명성 강화, 경영 효율성 제고에 기여한다고 주장한다. 반면, 부정적인 평가를 하는 사람들은 지주회사형 대기업집단이 경제력 집중을 초래한다고 주장한다. 하지만, 최근에는 일부 기업들이 지주회사제도를 경영 효율화나 사업 확장을 위해 활용하는 경우가 많아지고 있다.

3. 소유분산형 대기업집단의 소유지배구조

소유분산 대기업집단은 특정 주주가 지배주주가 아닌 대기업집단을 말하며 한때 한국 경제를 이끌었던 재벌 대기업집단과는 달리 특정 오너가 아닌 다수의 주주가 기업을 소유하는 형태이다. 소유분산 대기업집단의 유형은 공기업에서 민영화된 기업, 은행 등의 금융기관이 있다. KT, 포스코, KT&G 등 정부의 소유에서 민간기업의 소유로 전환된 기업이나 금융감독원의 통제를 받고 있는 금융그룹에 대하여 사업보고서와 지배구조 보고서 등을 토대로 소유지배구조를 살펴보고자 한다.

3.1 포스코그룹

포스코그룹은 1968년 12월 1일 포항제철로 설립되어 철강 제조와 판매를 주력으로 하고 있으며, 철강, 에너지, 건설, 이차전지소재, 리사이클, 엔지니어링 등 다양한 분야에서 사업을 영위하고 있는 대기업집단이다. 포항제철소는 세계에서 가장 빠른 속도로 건설된 제철소였으며, 한국 경제의 성장에 큰 기여를 했다. 1990년대부터 글로벌 시장으로 진출하기 시작하여 중국, 베트남, 인도네시아 등지에 철강공장을 건설하고, 해외시장에서 철강 판매를 확대했으며 신성장동력 사업으로 2000년대에는 에너지, 건설, 이차전지소재 등 다양한 사업에 진출하여 큰 성과를 올리고 있다.

소유지배구조

포스코그룹은 2022년 1월 주주총회를 통해 지주회사체제로 전환하는 안건을 통과시켜 2022년 4월 1일 지주회사체제로 전환하였다. 지주회사인 포스코 홀딩스를 설립하고, 포스코, 포스코강판, 포스코에너지, 포스코ICT,

〈그림 2-19〉 포스코 지주회사 지분구성

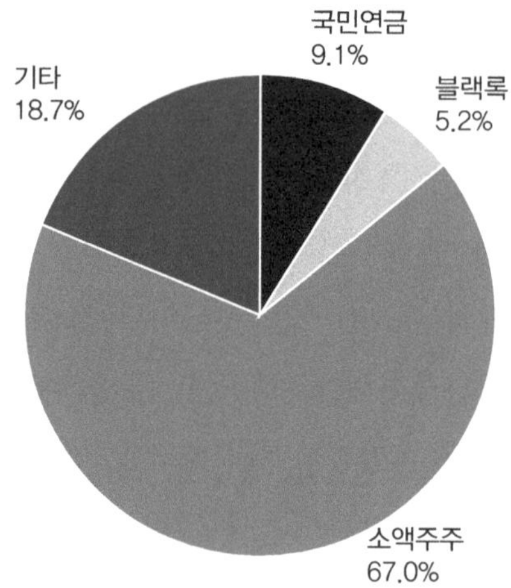

출처 : 사업보고서 활용 재작성

포스코건설, 포스코인터내셔널, 포스코플랜텍, 포스코케미칼 등 8개 계열사를 자회사로 편입했다. 포스코 홀딩스는 철강, 이차전지소재, 리튬・니켈, 수소, 에너지, 건축・인프라, 식량 등을 그룹의 핵심 기반사업으로 선정하고, 지주회사 중심으로 각 사업들의 경쟁력 제고 및 시너지 창출, 미래 신사업 발굴 및 육성 등을 한층 강화함으로써 그룹의 균형 있는 성장체제를 구축하고 있다. 포스코그룹의 지주회사의 지분구성은 〈그림 2-19〉와 같다.

포스코그룹은 지주회사체제를 기반으로 경영의 효율성과 투명성을 높이고, 주주의 권익을 보호함으로써 기업의 장기적인 성장과 발전을 도모할 것으로 기대된다. 포스코 홀딩스에 속한 계열사는 〈그림 2-20〉과 같다.

포스코 홀딩스의 지배구조 특징은 다음과 같다.

(1) 지주회사체제 : 포스코 홀딩스는 지주회사체제를 갖추고 있다. 지주회사체제는 지주회사가 자회사의 지분을 소유하고 자회사의 경영을 지배하는 구조이므로 경영의 효율성과 투명성을 높이고 주주의 권

〈그림 2-20〉 포스코그룹의 소유지배구조

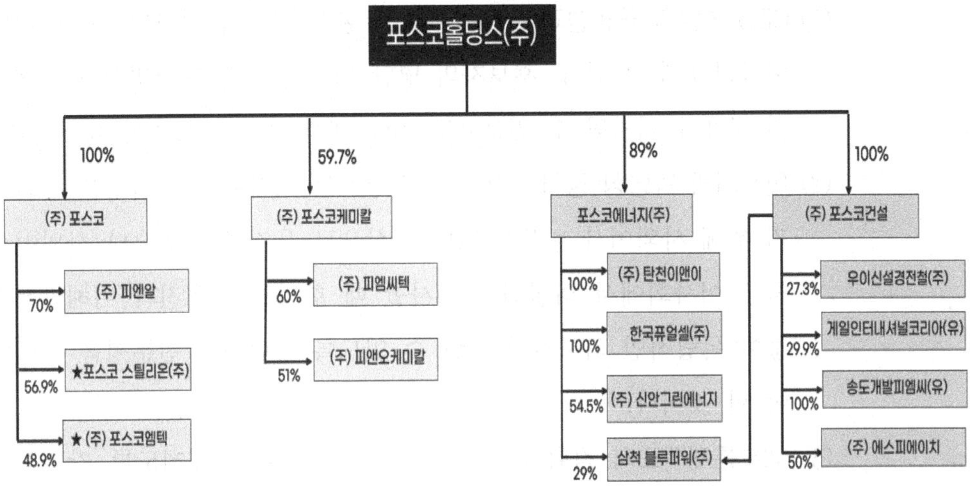

출처 : 공정거래위원회, 2022기업집단별 소유지분도 재작성

익을 보호하는 효과가 있다.

(2) 이사회 중심 경영 : 포스코 홀딩스는 이사회 중심의 경영을 추구하고 있다. 이사회는 회사의 최고 의사결정기구이며, 회사의 경영전략, 재무상태, 위험관리 등과 같은 주요 사항을 심의 및 의결한다. 이사회는 사외이사를 포함한 독립적인 이사로 구성되어 있어 회사의 경영에 대한 독립적인 감독을 담당한다.

(3) 주주권익 보호 : 포스코 홀딩스는 주주권익 보호를 위해 노력하고 있다. 주주총회 의결권 행사율을 높이기 위해 주주총회 개최 전 주주들에게 의결권 행사 안내서를 발송하고 전자투표제를 도입하는 등 다양한 노력을 기울이고 있다.

포스코그룹의 지주회사 전환은 저탄소·친환경 시대로의 대전환, 기술혁신 가속화, ESG경영 강화 등 급변하는 경영환경하에서 그룹의 균형 성장과 기업가치 제고를 위한 전략적 선택이었다. 포스코 홀딩스는 지배구조 개선을 위해 다음과 같은 노력을 기울여야 할 것이다.

(1) CEO 선임의 투명성과 공정성 확보 : 현직 CEO가 연임의사를 밝히면 이사회가 우선 심사, 후보자의 명단 비공개 등으로 투명성과 공정성의 문제가 제기될 수 있으므로 이에 대한 제도적 보완이 요구된다.
(2) 이사회의 독립성 강화 : 포스코 홀딩스는 이사회의 독립성을 강화하기 위해 사외이사 비율을 70% 이상으로 유지하고 있으나 사외이사들은 이사회에서 의결권을 행사할 때 회사의 경영진과 이해관계가 없이 독립적인 의사결정을 할 수 있도록 독립성과 전문성을 강화해야 할 것이다.
(3) 내부통제제도의 강화 : 포스코 홀딩스는 내부통제제도를 강화하여 회사의 재무제표 및 회계처리 기준의 적정성, 내부통제제도의 운영 실태, 위험관리체계의 적정성 등과 같은 사항을 관리하고 있다.

포스코 홀딩스는 지배구조 개선을 통해 건전한 지배구조를 확립함으로써 주주의 권익을 보호하고 회사의 장기적인 성장과 발전을 도모할 수 있을 것으로 전망된다.

대표이사 회장 선임

대표이사 회장은 정관 제29조 대표이사 회장의 선임에 관한 조항에 의거, 사외이사만으로 구성된 CEO후보추천위원회의 자격심사를 거쳐 이사회가 해당 후보를 주주총회에 추천하고 있다. 주주총회에서 해당 후보를 사내이사로 선임한 후 이사회의 선임과정을 거쳐 대표이사 회장 승계 절차가 종료된다. 세부적으로 살펴보면 CEO 승계 카운슬을 구성해 후보군을 발굴하고, 사외이사가 중심이 되는 이사회에서 자격심사 대상을 선정한 다음, 사외이사 전원이 참여하는 CEO후보추천위원회에서 후보군의 자격을 심사하게 된다.

〈표 2-12〉 회장 선임절차

구분	세부내용
승계 Council	내부 인재와 외부 인재를 대상으로 CEO 후보를 발굴
이사회	CEO 후보 심사대상자 선정
CEO후보추천위원회	CEO 후보군의 자격 심사
이사회	CEO 후보자 확정
주주총회	이사회가 추천한 CEO 후보를 주총에서 사내후보로 선임
이사회	주총 후 대표이사 회장으로 선임

이후 이사회를 다시 개최해 후보를 확정하고 주주총회에서 대표이사 회장이 되는 사내이사를 선임한다. 주총 후 열리는 이사회에서 대표이사 회장을 선임하면 6단계의 절차가 마무리된다. 포스코 홀딩스의 회장 선임절차는 〈표 2-12〉와 같다.

독립적이고 투명한 대표이사 회장 선임을 위하여, 경영승계의 기본 정책과 프로세스는 이사회에서 담당한다. 또한 「승계 Council」에서 후보자 발굴 및 이사회가 정한 자격요건 검증을 통해 후보군을 이사회에 제안하고 이후, 전원 사외이사로 구성된 CEO후보추천위원회에서 후보군을 대상으로 다면적이고 심층적인 자격심사를 함으로써 기관 간의 역할과 권한을 분리한 경영승계 프로세스를 운영하고 있다. 특히, 2022년 5월에는 승계과정에 있어서 더욱 공정하고 투명한 승계 프로세스를 구축하기 위해 이사회가 정한 자격요건인 「CEO 후보 기본자격 요건」을 신설하여 최고경영자 후보의 체계적 육성을 위해 임원 및 관리자급 직원을 대상으로 CEO 후보군, 그룹 내 최고경영진 후보군, 임원 후보군의 단계별로 핵심인재를 선발하여 관리하고 있다.

CEO 자격 요건

- 포스코그룹 CEO 후보군 육성 프로그램을 거친 자 또는 포스코그룹 주요 회사에 준하는 글로벌기업 최고경영진의 경륜을 갖춘 자로서, 최근까지 경영일선에서의 경영감각을 유지한 자를 대상으로 한다.
- 또한 후보자는 경영 전문성과 리더십, 도덕성을 갖추고 포스코그룹의 비전과 가치를 공유하며, 주주와 이해관계자의 장기적 가치창출에 기여할 수 있는 자이어야 한다.
- 다만, 이사회 고유의 CEO 선임권한에 부당하게 영향을 끼치려 하는 등 포스코그룹의 독립경영을 저해할 우려가 있는 자는 후보에서 제외한다.
- 상기 자격요건 외에 기타 경영여건에 따라 감안해야 할 구체적이고 세부적인 자격요건은 이사회에서 추가로 정할 수 있다.

사외이사 선임

포스코 홀딩스는 정관과 이사회 규정에 따라 사외이사의 선임에 관한 구체적인 절차를 규정하고 있다. 독립적이고 투명한 프로세스로 사외이사를 선출하고자 2004년부터 사외이사후보추천자문단을 운영하고 있으며, 사외이사후보추천자문단은 이사후보추천위원회의 결의로 설치된다. 산업계, 금융계, 학계, 법조계 등의 각계 인사 중 사회적으로 신망이 높은 인사 5인으로 구성된 사외이사후보추천자문단으로부터 선임 예정 이사의 3배수를 제안받고 이후 이사후보추천위원회가 자격을 심사하여 주주총회에 후보를 추천하며, 최종적으로 주주총회에서 선임 여부를 결정한다. 포스코 홀딩스의 사외이사 선임절차는 〈표 2-13〉과 같다.

〈표 2-13〉 사외이사 선임절차

구분	세부내용
사외이사후보추천자문단 구성	산업계, 금융계, 학계, 법조계 등의 각계 인사 5인으로 구성
사외이사 후보자 추천	사외이사후보추천자문단에서 선임의 3배수 추천
이사후보추천위위원회 심사	3배수 추천한 후보자를 심사하고 선정함
사외이사 후보 승인	주총에 사외이사 승인 요청

〈그림 2-21〉 포스코 이사회 구성

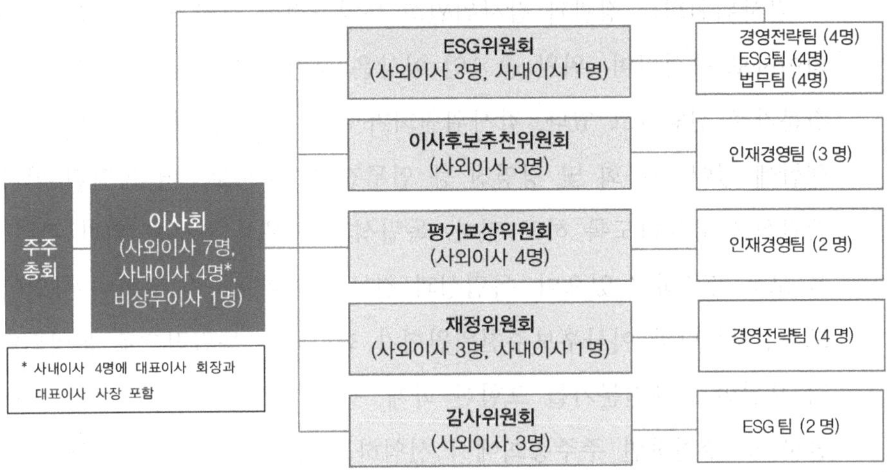

출처 : 포스코 지배구조 보고서

이사회 구성 운영

이사회는 사외이사 7인과 사내이사 4인, 비상무이사 1인으로, 사외이사가 과반수 이상으로 구성되어 상법상 요구조건을 적법하게 충족할 뿐만 아니라, 회사의 경영활동을 감독하는 기능을 효과적으로 수행하고 독립적인 의사결정이 가능하도록 운영하고 있다. 이사회 내 분야별로 전문위원회를 〈그림 2-21〉과 같이 두고 있다. 각 전문위원회를 과반수 이상의 사외이사와 분야별 경험과 전문성을 갖춘 사내이사로 구성하여 업무수행의 효율성 제고와 전문성 확보를 도모하고 있다. 주주총회, 이사회, 감사위원회 등과 같은 다양한 기관을 통해 회사의 경영을 감독하고 있다.

이러한 노력을 통해 포스코 홀딩스는 건전한 지배구조를 확립하고 있다. 또한 이사회 의장을 대표이사 회장직과 분리하였을 뿐만 아니라 이사회가 효과적이고 신중한 토의 및 의사결정을 할 수 있도록 지원부서를 두고 이사회 관련 업무를 적극적으로 지원하도록 하고 있다.

감사위원회

감사위원회는 정관과 감사위원회 운영규정에 의거 3인 이상의 전원 사외이사로 구성되며, 위원 중 1인 이상은 상법에서 정하는 회계 또는 재무 전문가로 선임하고 있다. 감사위원회가 관련 법규에 따라 감사 직무를 수행함에 있어 이사회 및 경영진 등 업무집행기관으로부터 독립된 위치에서 객관성을 유지하도록 하고 있다. 독립성과 전문성 확보를 위한 관련 법령을 모두 충족하고 있으며, 독립성과 전문성을 확보하기 위하여 사외이사후보추천자문단과 이사후보추천위원회가 회사와는 독립적으로 운영되며, 법적 요건인 회계전문가를 포함한 학계, 산업계, 법조계 등에서의 후보군을 발굴 및 추천하면 주주총회에서 선임하고 있다. 회사의 회계와 업무감사 등의 업무 수행 시 이사의 업무집행을 감사하고 이사에 대하여 영업에 관한 보고를 요구하거나 회사 업무와 재산상태를 조사할 수 있다. 이사가 법령 또는 정관에 위반된 행위를 하여 회사가 회복할 수 없는 손해가 생길 염려가 있을 경우에는 회사를 위하여 그 행위를 중지할 것을 요구할 수 있는 등의 권한을 가지고 있다.

감사위원회 운영규정에 따라 감사위원회는 이사가 법령 혹은 정관에 위반된 행위를 하거나 그 행위를 할 염려가 있다고 인정될 때는 이사회에 이를 보고하는 등의 의무가 있으며, 감사위원회가 그 임무를 해태한 때에는 회사에 대하여 손해를 배상할 책임이 있다. 감사위원회의 효율적인 감사업무 수행을 보좌하기 위하여 내부감사기구 지원 조직인 ESG팀을 운영하고 있으며, 감사위원회는 ESG팀을 활용하여 중요한 업무에 관한 서류를 열람하고 그 내용을 검토하는 등 필요하다고 판단한 절차를 수행할 수 있다. 외부감사인의 독립성, 전문성 및 선임절차의 공정성 강화를 위해 정관과 감사위원회 운영규정에 따라 감사위원회에서 외부감사인을 선임 및 평가하고 있다. 외부감사인은 전문성, 회사의 이해도 등을 고려하여 감사위원회에서 선임하고 있다.

지배구조 평가

포스코 홀딩스의 지배구조는 지배구조 핵심지표의 준수 여부는 〈표 2-14〉와 같이 모두 충족하고 있으나 사외이사 중심의 이사회 구성, 집중투표제 실시, 대표이사 승계 프로그램, 사외이사의 분야별 전문성, 감사위원회의 독립성 측면에서 추가적 개선, 보완이 필요하다.

먼저, 사외이사가 과반수 이상를 차지하고 있어, 사외이사들이 이사회를 주도하고 있으나 사외이사들의 독립성과 운영의 투명성 등을 통해 경영진의 의사결정을 감시하고 견제할 수 있는 여건을 마련해야 한다.

둘째, 포스코 홀딩스는 대표이사 승계 프로그램을 운영하고 있지만, 이 프로그램이 경영의 연속성을 확보하는 데 효과적이지 않을 수 있다. 대표이사가 연임을 할 경우에는 안팎의 영향력 등으로 인하여 승계 프로그램이 정상적으로 작용하지 못하고 불공정한 의사결정으로 인하여 거버넌스가 불안정해질 수 있으므로 대표이사 선임과정의 독립성, 투명성, 공정성 등의 확보가 요구되고 있다.

셋째, 사외이사들은 분야별 전문성을 갖추고 있지만, 경영정보의 비대칭성 등으로 인해 경영에 충분히 관여하지 못하게 되는 것에 대한 우려가 있으며 경영진에 대한 견제와 감시기능이 미흡할 수 있다.

넷째, 포스코 홀딩스의 감사위원회는 독립적으로 운영되고 있지만, 사내 감사부서가 경영진에 소속되어 있으므로 영향력에서 완전히 자유롭지 못하기 때문에 감사의 실질적인 독립성 확보에는 한계가 있다.

포스코 홀딩스는 경영의 투명성, 책임성, 효율성을 제고하기 위하여 이사회 중심의 지배구조를 지속적으로 보완, 개선하여 견제와 균형의 기능이 정상적으로 작동할 수 있도록 해야 할 것이다.

〈표 2-14〉 포스코 지배구조 핵심지표 준수 여부

구분	핵심지표	준수 여부	
		O	X
주주	① 주주총회 4주 전에 소집공고 실시	O	
	② 전자투표 실시	O	
	③ 주주총회의 집중일 이외 개최	O	
	④ 배당정책 및 배당실시 계획을 연 1회 이상 주주에게 통지	O	
이사회	⑤ 최고경영자 승계정책(비상시 선임정책 포함) 마련 및 운영	O	
	⑥ 내부통제정책 마련 및 운영	O	
	⑦ 이사회 의장과 대표이사 분리	O	
	⑧ 집중투표제 채택	O	
	⑨ 기업가치 훼손, 주주권익 침해에 책임이 있는 자의 임원 선임을 방지하기 위한 정책 수립 여부	O	
	⑩ 6년 초과 장기재직 사외이사 부존재	O	
감사기구	⑪ 내부감사기구에 대한 연 1회 이상 교육 제공	O	
	⑫ 내부감사부서(내부감사업무 지원조직) 설치	O	
	⑬ 내부감사기구에 회계, 재무 전문가 존재 여부	O	
	⑭ 내부감사기구가 분기별 1회 이상 경영진 참석 없이 외부감사인과 회의 개최	O	
	⑮ 경영 관련 중요정보에 내부감사기구가 접근할 수 있는 절차를 마련하고 있는지 여부	O	

출처 : 포스코 지배구조 보고서

3.2 케이티(KT)그룹

KT는 정보통신사업을 영위할 목적으로 1981년 12월 10일에 설립되었으며 정부의 공기업 민영화 계획에 따라서 2002년 5월에 정부보유 주식지분 50.1%를 완전 매각함으로써 민영기업으로 재출발하게 되었다. 사업영역으로는 유/무선통신, 초고속인터넷사업 기반의 IPTV를 비롯하여 최근에는 미디어 등의 비통신사업영역으로 확장하여 지속적인 성장뿐 아니라, IDC, Cloud, AI/DX 등 B2B 성장사업에서도 성과를 창출하면서 디지털 플랫폼기업으로 혁신해 나가고 있다.

소유지배구조

2002년 KT가 민영화된 이후에는 국민연금공단, NTT도코모, 외국인, 기관투자자, 개인투자가 등으로 지분의 대부분이 분산되어 있으며 국민연금공단이 1대주주로서 경영에 영향력을 상대적으로 많이 행사하고 있다. KT의 주주 중에는 외국인과 기관투자가가 많고, 단기적인 수익을 추구하는 주주들이 많아서 경영의 안정성 저하, 장기적인 투자에 대한 부담, 주주권 보호의 어려움 등의 문제에 직면할 수 있다. KT의 현재 소유구조는 국민연금이 지분율 10.87%로 최대주주이고, 그 뒤를 이어 현대자동차그룹이 7.79%(현대차 4.69%, 현대모비스 3.10%), 신한은행 5.48% 순이다. 특히 외국인주주 46%, 소액주주 29.9%이며 주주별 지분은 〈그림 2-22〉와 같다.

KT그룹은 통신, 금융, IT, 부동산, 기타 등 다양한 사업군에서 자회사를 운영하고 있다. 방송통신 사업군은 KT의 주력 사업군으로, KT, KT스카이라이프, KT Sat 등이 있고, 금융 사업군은 K-Bank, BC카드, KT인베스트먼트 등이 있으며, IT 사업군은 KT클라우드, KT DS, 그리고 미디어/콘텐츠 사업군은 KT스튜디오지니, skyTV, 스토리위즈, 지니뮤직 등이 있다. 또한 부동산 사업군은 KT에스테이트, KT에스테이트자산운용 등이 있고 기타 사업군은 KTCS, KT링커스 산하에 50개 자회사를 거느리고 있는 대기

〈그림 2-22〉 KT그룹의 지분구성

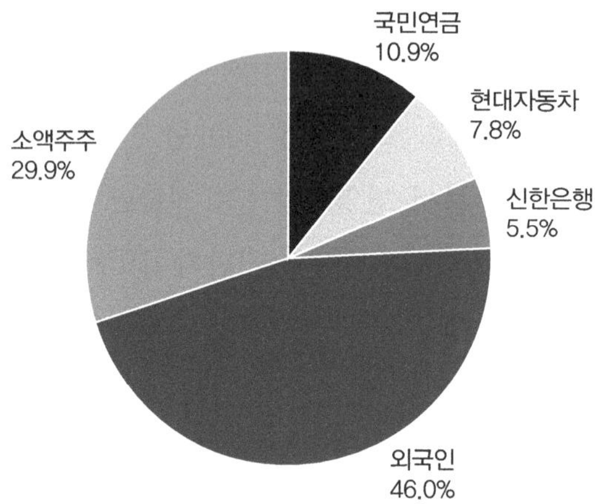

출처 : 사업보고서 활용 재작성

업집단이다. 주요 자회사의 지분구성은 〈그림 2-23〉과 같다. 지배구조는 이사회가 중심에 있으며 10명의 이사 중에서 2명의 사내이사를 제외하고 8명이 사외이사로 구성되어 있다.

〈그림 2-23〉 KT그룹의 주요 자회사 지분구성

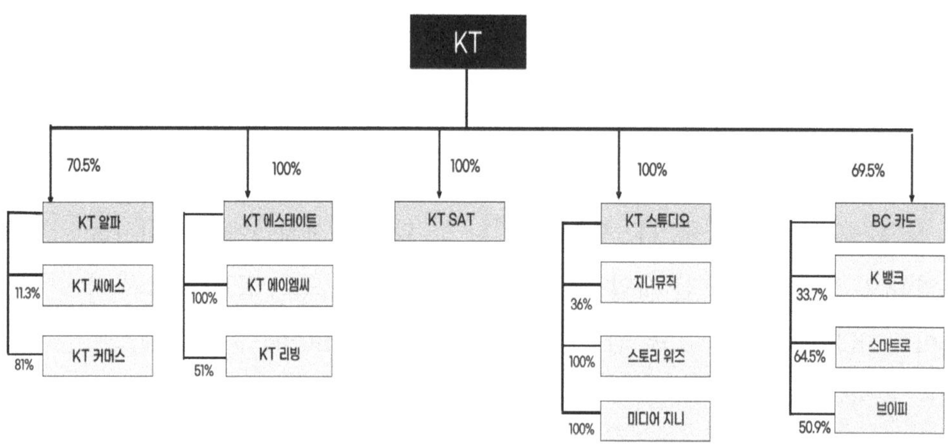

출처 : 공정거래위원회, 2022기업집단별 소유지분도 재작성

이사회는 사외이사 중심의 최고 의사결정기구로서 대표이사를 선임하고 회사의 경영을 감독할 수 있는 권한을 갖고 있다.

민영화 이후 사외이사의 비중이 절대적으로 크므로 형식상으로는 사외이사가 이사회를 주도적으로 운영하는 것처럼 보이나, 실질적인 측면에서는 최고경영진의 영향력 속에서 견제와 감시(Chcek & Balance) 기능을 제대로 수행하지 못한다는 평가를 받아 왔다. 또한 국민연금공단이 최대주주이고 통신산업의 특성상 정부의 정책에 영향을 받을 수밖에 없어서 여전히 정부의 영향력이 강하게 작용하고 있다고 보여지고 있다. 이러한 특성으로 인하여 이사회에 정부 혹은 정치권과 관련된 사외이사가 포함되어 있었다. KT의 소유지배구조에 대한 이슈는 다음과 같다.

(1) 소유권의 분산 : KT의 최대주주는 국민연금으로, 지분율은 10.9%이다. 그 다음으로 현대자동차, 신한은행, 소액주주 순서로 지분을 보유하고 있다. 이처럼 KT의 주주는 매우 분산되어 있어, 특정 주주가 회사의 경영에 대한 영향력을 행사하기 어렵지만 그 대신 국민연금의 영향력이 상대적으로 크게 작용할 수 있다.

(2) 이사회의 독립성 부족 : KT의 사외이사 중에는 정치권과 이해관계가 있는 인사들이 다수 포함되어 있다. 이로 인해 사외이사가 KT의 경영을 독립적이고 전문적으로 견제와 감시하기 어렵다는 지적이 있다.

(3) 최고경영진의 강한 경영 지배력 : 이사회들의 독립성과 전문성 등의 부족으로 인하여 최고경영진의 경영권 지배력이 상대적으로 높아질 수 있다. 주주와 이사회, 최고경영진 간의 적정한 견제와 균형이 지속가능한 성장에 도움이 될 수 있다.

(4) 내부통제 미흡 : 감사 및 이사회의 독립성과 내부통제 시스템이 미흡하여 부패와 비리가 발생할 가능성이 높다는 지적이 있다.

〈표 2-15〉 대표이사 선임절차

구분	세부내용
대표이사 후보자 발굴	이사후보추천위원회에서 주주 추천, 전문기관 의뢰 등으로 사내외의 대표이사 후보군 구성
대표이사 후보자 심사	이사후보추천위원회에서 후보군의 자격, 경험, 전문성 등을 고려하여 대표이사 후보 심사
대표이사 후보자 선정	이사회에서 대표이사 후보자 선정 및 주총 추천
대표이사 후보자 선임	주주총회에서 대표이사 후보자 선임

대표이사 선임

KT의 정관에 따르면, 대표이사는 이사회에서 추천한 후보자를 주주총회에서 선임한다. 대표이사 후보는 사외이사 전원으로 구성된 이사후보추천위원회에서 후보자 발굴, 심사를 걸쳐 대표이사 후보자를 선정한다. 대표이사 후보는 기업가치를 제고하기 위한 기업 경영 경험과 전문 지식, 대내외 이해관계자의 신뢰 확보와 협력적 경영환경을 구축하기 위한 커뮤니케이션 역량, 글로벌 시각을 바탕으로 기업의 사업 비전을 수립하고 임직원의 자발적 참여를 이끌어내는 리더십 역량, 산업환경 변화를 이해하고 효과적으로 대응하기 위한 관련 산업 · 시장 · 기술에 대한 전문성을 보유한 인사로 선임된다. 대표이사 선임절차는 〈표 2-15〉와 같다.

KT의 CEO 선임은 이사후보추천위원회, 이사회, 주주총회 등 다양한 기관이 참여하여 CEO 후보자를 심사하고 선정하도록 되어 있다. 제도적인 측면에서는 그 절차는 투명성과 공정성을 위해 설계되어 있으나 종전에는 외부 압력이나 특정 이해집단의 영향력이 선임과정에 영향력을 행사하는 현상이 반복되어 왔다. 이사후보추천위원회를 구성하여 후보자에 대한 면접 및 평가 등을 진행한 후 이사회에서 최종적으로 대표이사를 선정한다.

KT 대표이사 선임절차에서 문제점으로 지적되는 것은 이사회 구성과 대표이사 후보자 선출과정에서의 투명성이 부족하다는 것이다. 이사회 구성에서는 특정 성향의 이사가 포함되거나 대표이사 후보자의 선출과정에서는 특정 후보자에 대한 선호도 등이 존재하고, 공개적인 경쟁 절차의 투명성과 공정성 등이 부족한 것으로 지적되어 왔다. 이러한 문제점이 대표이사의 역할 수행에 영향을 미칠 수 있으며, 기업의 지배구조 개선이 필요하다는 요구가 제기되었다. 특히 그동안 대표이사의 연임의 경우에는 그 과정에 있어서 투명성과 공정성 등의 측면을 간과했다는 문제점이 많이 지적되었다. 이러한 문제점들을 개선하기 위해서는 이사회 구성과 대표이사 선임의 독립성, 투명성, 공정성 등이 확보될 수 있도록 제도 및 운영에 대한 개선이 필요하다.

사외이사 선임

사외이사는 일정 자격요건을 갖춘 자를 선임하도록 정관에서 규정하고 있다. 사외이사로서 특정한 이해관계에 얽매이지 않고, 회사 및 주주의 이익을 위하여 공정하게 직무를 행할 수 있는지를 평가받는다. 이외에도 직무를 수행하기에 적합한 윤리의식과 책임성을 보유하고 있는지 여부, 사외이사로서의 필요한 시간과 노력을 할애할 수 있는지 등이 선임 기준이다. KT 사외이사 선임절차는 〈표 2-16〉과 같다.

이사후보추천위원회는 주주 추천 후보를 포함한 사외이사 후보군을 구성한다. 사외이사 후보군은 직무수행에 필요한 재무, 회계, 경영, ICT, 미래기술, ESG 등 관련 분야에서 충분한 실무경험이나 전문지식을 보유한 인사로 심사하여 선정하게 된다. 특히 KT와 같이 소유분산 기업에 있어서 이사회와 사외이사의 권한과 책임이 매우 크기 때문에 그에 맞는 전문성과

〈표 2-16〉 사외이사 선임절차

구분	세부내용
이사후보추천위원회	전원 사외이사로 구성하고 주주 추천 후보를 포함한 사외이사 후보군을 구성하여 후보군을 대상으로 서면심사를 실시
이사회	서면심사 결과를 바탕으로 최종 사외이사 후보 선정
주주총회	최종 사외이사 후보 승인

다양성, 독립성 등을 갖춘 사외이사 선정이 매우 중요하다. 사외이사는 회사의 경영에 관한 의사결정에 참여할 권리를 가지며, 의결권을 행사할 수 있다. 회사의 경영에 관한 중요한 사항에 대해 결정권한과 회사의 경영진에 대한 조사를 요구할 권한을 가지며, 회사의 경영진에 대해 해임안을 발의할 권한도 있다.

이사회 구성과 운영

이사회는 사외이사 8인, 사내이사 2인으로 구성되어 사외이사의 경영진에 대한 견제와 감시기능을 제대로 수행할 수 있는 구조를 갖추고 있으나, 그동안 실질적 운영에 있어서는 최고경영진에 지배되어 제 역할과 기능을 수행하지 못해 왔다. 이사회 구성은 〈그림 2-24〉와 같다.

이사회의 그간 문제점에 대해 세부적으로 살펴보면 다음과 같다.

(1) 사외이사의 독립성 부족 : KT의 사외이사 중에는 최고경영진과 관계가 있는 인사, 정치권 인사 등이 사외이사로 선임되었다. 이러한 사외이사들은 이사회의 독립성을 해치고 KT의 경영에 대한 독립적인 의견을 개진하기 어렵게 만든다.

(2) 이사회의 전문성 부족 : 이사회에 경영에 대한 전문성이 부족한 인사가 포함되어 구성되는 경우가 있다. 예를 들어, KT의 사외이사 중에는 법조인, 교수, 관료 등은 많지만, 경영 전문가는 많지 않았다. 이러한 이사회는 KT의 경영에 대한 전문적인 조언을 제공하기 어려울 수 있다.

(3) 이사회의 다양성 부족 : 이사회는 성별, 연령, 직업, 경력 등에서 다양성이 부족했다. 이사회의 다양성은 회사의 경영을 효과적으로 감독하는 데에 중요한 역할을 한다. 이사회의 구성원이 다양한 관점과 경험을 가지고 있을수록, 회사의 경영에 대한 다양한 의견을 개진하고, 회사의 경영을 효과적으로 감독할 수 있다. 이사회의 구성원이 다양할

수록 회사의 경영진에 대한 견제와 감시기능을 강화할 수 있다.

이러한 문제점들은 KT의 이사회가 회사의 경영을 효과적으로 감독하고, 회사의 건전한 경영을 도모하는 데에 한계를 초래했다.

〈그림 2-24〉 KT 이사회 구성

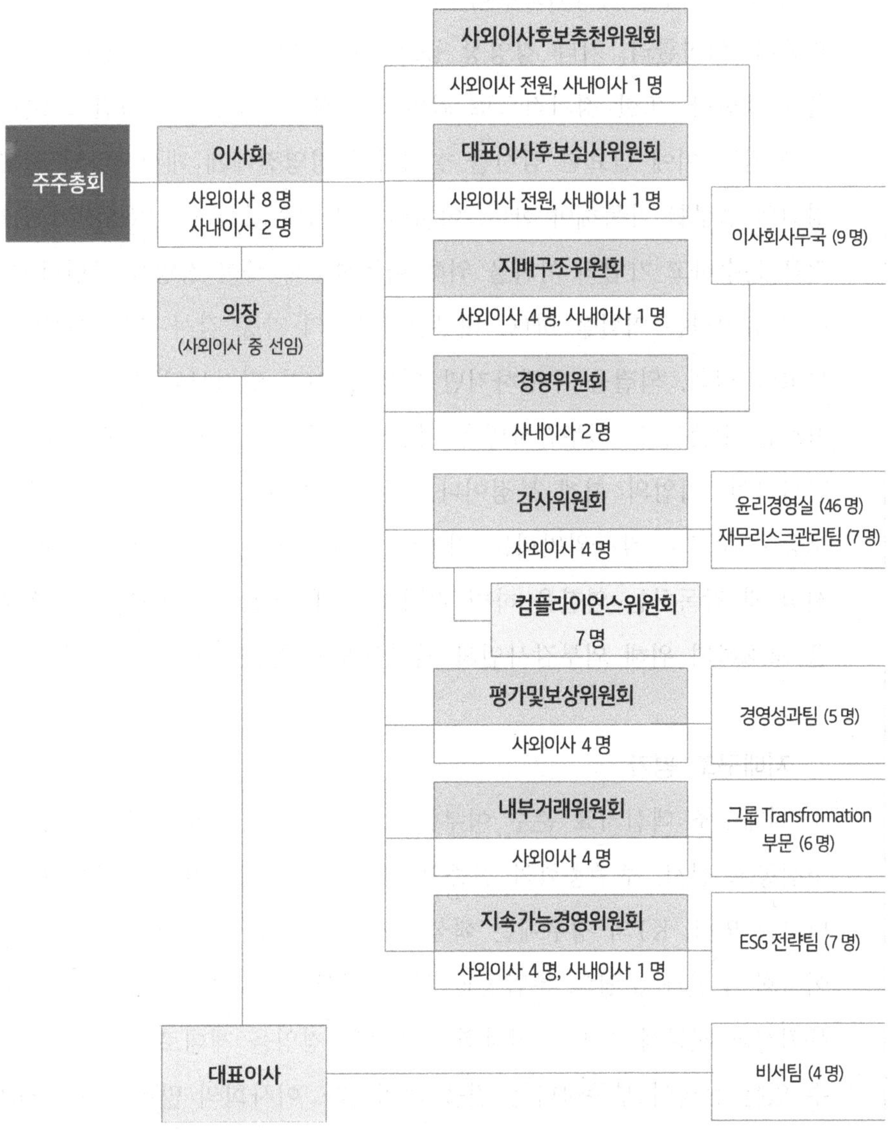

출처 : KT 지배구조 보고서

감사위원회

감사위원회는 사외이사 4인으로 구성되어 운영되고 있으나, 실질적으로 감사직무를 수행할 있는 역량 측면에서 미흡한 수준이다. 내부감사부서가 최고경영진의 소속으로 있고 감사위원회의 직접적인 지휘, 통제를 받고 있지 않기 때문에 견제와 감시기능에 한계가 있다.

감사위원회는 이사회로부터 독립적으로 운영되어야 하며, 재무제표, 내부통제, 위험관리, 기타 경영상 중요사항에 대해 감사하고 감독하는 기능을 수행한다. 또한 정기적으로 회의를 개최하여 KT의 경영진으로부터 보고를 받고 이에 필요한 감사를 실시하며 경영진에게 개선사항의 권고, 경영진의 업무를 감독해야 한다. 이처럼 감사위원회에서는 경영진이 법과 규정을 준수하고 기업의 이익을 위해 행동하도록 하여 경영을 투명하고 건전하게 유지하는 역할을 하며, 내부감사부서의 각종 감사 관련 사항에 대한 보고와 심의, 의결을 수행하지만 민영화 이전 감사보다 형식적인 절차에 따르는 수준이다. 외부감사인은 기업의 재무제표, 내부회계관리제도 등을 감사하여, 기업의 회계 부정이나 오류를 적발하고, 재무제표의 신뢰성을 보증해 주므로 감사위원회는 기업의 회계감사를 감독하고, 외부감사인을 선임 및 감독하는 역할을 하며 기업의 회계 투명성을 확보하고, 주주권익을 보호하기 위해 외부감사인과 긴밀하게 협력해야 한다.

지배구조 평가

지배구조 핵심지표 준수 여부는 〈표 2-17〉과 같이 주주총회 4주 전에 소집공고 실시, 주주총회의 집중일 이외 개최 등을 미이행하는 것으로 나타나고 있다. KT의 경우에는 핵심지표 준수와 같은 요건의 충족 이상으로 이사회 구성과 운영의 독립성과 전문성, 투명성이 더 중요하다. 이사회의 독립성과 전문성 부족은 이사회가 기업의 경영을 제대로 감시하고 견제할 수 있는 능력이 부족하다는 것을 의미한다. 이사회의 많은 사외이사가 기업 경영자 경험이나 이력이 없는 인사들로 구성되어 견제와 감시기능의 수

〈표 2-17〉 KT 지배구조 핵심지표 준수 여부

구분	핵심지표	준수 여부	
		O	X
주주	① 주주총회 4주 전에 소집공고 실시		X
	② 전자투표 실시	O	
	③ 주주총회의 집중일 이외 개최		X
	④ 배당정책 및 배당실시 계획을 연 1회 이상 주주에게 통지	O	
이사회	⑤ 최고경영자 승계정책(비상시 선임정책 포함) 마련 및 운영	O	
	⑥ 내부통제정책 마련 및 운영	O	
	⑦ 이사회 의장과 대표이사 분리	O	
	⑧ 집중투표제 채택	O	
	⑨ 기업가치 훼손, 주주권익 침해에 책임이 있는 자의 임원 선임을 방지하기 위한 정책 수립 여부	O	
	⑩ 6년 초과 장기재직 사외이사 부존재	O	
감사기구	⑪ 내부감사기구에 대한 연 1회 이상 교육 제공	O	
	⑫ 내부감사부서(내부감사업무 지원조직) 설치	O	
	⑬ 내부감사기구에 회계, 재무 전문가 존재 여부	O	
	⑭ 내부감사기구가 분기별 1회 이상 경영진 참석 없이 외부감사인과 회의 개최	O	
	⑮ 경영 관련 중요정보에 내부감사기구가 접근할 수 있는 절차를 마련하고 있는지 여부	O	

출처 : KT 지배구조 보고서

행에 한계성이 있을 것으로 보인다. 주주총회 4주 전 사전공고 미실시는 주주들이 주총에 참여하여 의사를 표시할 수 있는 기회를 제한할 수 있다.

또한 감사위원회의 독립성 부족은 감사위원회가 경영진의 부정행위를 감시하고, 경영진을 견제하는 역할을 제대로 수행하지 못하는 것을 의미하므로 사내 감사부서를 감사위원회 소속으로 전환하여 독립성을 강화해야 할 것이다. 그 외에 소유분산기업의 특성, 통신산업의 이해관계자 및 주주의 기대와 요구 등을 고려하여 지배구조를 지속적으로 발전시켜 나가야 한다.

"이해관계자 포용 실패 … 대행체제 너무 길어"

한영도 상명대 경영경제대학 교수는 1987년 KT 공채 5기로 입사해 25년 동안 KT에서 일을 해왔다. 재직 당시 기획조정실 임원으로 기업 전략, 신사업 기획·개발 등 굵직굵직한 업무를 담당했다. 회사를 나온 이후 전·현직 KT 임원이 모인 'K-Business' 연구포럼 의장으로 활동하며 KT 경영 전반에 걸쳐 조언을 내놓고 있다.
〈매경이코노미 제2204호(2023.4.12~2023.4.18일자)〉

Q. KT 수장 선임을 두고 잡음이 많은 이유는.

A. 내부 요인과 외부 요인 두 가지 측면이 상호 작용한 결과다. 내부적으로는 이사회 등 CEO를 견제하는 제도가 제대로 작동하지 않고 있다. 이사회는 주주들로부터 권한을 위임받아 경영진을 견제하고, 회사의 주요 의사를 결정하는 조직이다. 따라서 회계, 경영전략, 재무 등에 전문성을 갖춘 이들을 이사로 섭외해야 한다. 그런데 KT 회장들은 이사회를 자신이 통제 가능한 이사들 혹은 정치적인 외풍을 방어해줄 수 있는 이사들로 이사회를 구성해 왔다. 외부 요인으로는 사회적 인식 문제가 크다. 공기업에서 민영화된 KT, 포스코, KT&G 등에 대해 정파와 무관하게 '민영화된 공기업'이라는 인식이 여전히 강하다. 민간기업이 아닌 '민간이 운영하는 공기업' 수준으로 생각하는 것이다. 정파를 불문하고 사장 자리를 정권 탄생에 기여한 사람들에게 주는 논공행상 대상으로 바라본다.

Q. 정치권 외압도 문제지만, 대표의 '셀프 연임'도 문제 아닌가.

A. 소유경영체제에서나 전문경영체제에서나 정관에서 정한 절차와 방법만으로 대표는 연임할 수 있다. 대표 자격은 이사회와 주주총회에서 판단해서 결정할 사안이다. 구현모 KT 대표 연임 사례의 경우에는 주주 우선주의 관점에서 본다면 타당한 측면이 있다. 3년간의 재임기간 동안의 경영성과가 우수하고 주주가치를 크게 향상시켰다. 그러나 KT는 통신기업이다. 산업 특성상 다양한 이해관계자가 존재한다. 정부를 포함해 고객, 소비자, 노동자 단체 등 다양한 이해관계자들의 요구와 기대 사항이 있다. 그것을 수용해서 담아내지 못했다.

Q. 현재 직무대행체제가 너무 길다고 비판했는데.

A. 직무대행체제는 법인의 재산, 경영과 기타 운영에 중대한 영향을 끼치지 않을 정도의 통상 사무만 수행이 가능하다. 기존 사업의 혁신, 조직 개편·임원 인사 등 중요한 사무에 대한 의사결정을 할 수 없다. 이로 인해 KT와 계열사의 경영 혼란이 가중되는 형국이다. 협력업체도 어려움을 호소하고 있다. 현재 상황과 가장 유사한 이석채 회장의 선임과정에서 직무대행체제가 70일을 넘기지 않았다. 당시 말이 많았는데 현재는 그때의 2배가 넘는 153일을 직무대행체제로 비상경영을 하겠다는 것이다. 이런 선언은 회사 경영을 10개월간 방치하겠다는 의사 표시다. 이해하기 어렵다.

Q. 현재 사태의 재발 방지를 위해서는 어떤 대책이 필요한가.

A. 우선, 사회 전반에 걸친 인식을 바로잡아야 한다. '민영화된 공기업'이라는 이율배반적 모순과 그릇된 인식의 쇄신이 필요하다. 다음으로는, KT 자체 지배구조를 정상화해야 한다. 이사회가 독립성, 다양성, 전문성을 갖추고 독립적으로 운영될 수 있도록 만드는 것이 필수다. 더불어 국민연금이 최대주주로 있는 기업의 경우 국민연금의 의결권 행사에 있어서 목적적합성, 투명성, 독립성이 보장될 수 있는 장치가 마련돼야 한다. 정치권의 영향에서 벗어나 기금의 수익성 측면에서 독립적으로 의사결정하고 운영될 수 있는 수준으로 실질적인 독립성을 갖춰야 한다.

3.3 케이티앤지(KT&G)그룹

KT&G는 대한민국의 담배, 홍삼 등의 제조 및 판매 기업이다. 1988년 12월 20일 한국증권거래소에 상장되었으며, 2002년 12월 31일 민영화되었다. KT&G는 담배산업에 종사하는 기업이기 때문에 ESG 측면에서도 다양한 이슈들이 제기되고 있다. 담배산업은 건강에 위협을 가하는 산업으로 지속가능한 투자 측면에서는 여러 가지 도전과제를 안고 있는 산업이다. 담배제품에 대한 법규제나 과세 등의 정책적인 리스크도 가지고 있다.

소유지배구조

KT&G 소유구조의 특징은 소유권의 광범위한 분산과 높은 외국인 지분율이라고 할 수 있다. KT&G의 소유구조는 민영화 이후 지속적으로 변화해 왔다. 민영화 초기에는 국민연금공단과 국내외 기관투자자들이 주주로 참여했지만 그 이후로는 국민연금공단과 IBK기업은행의 지분율이 증가하고 있다. 최대주주인 국민연금공단은 KT&G의 경영에 대한 영향력을 가장 크게 미치고 있다. KT&G의 지분구성 내용은 〈그림 2-25〉와 같다.

〈그림 2-25〉 KT&G 지분구성

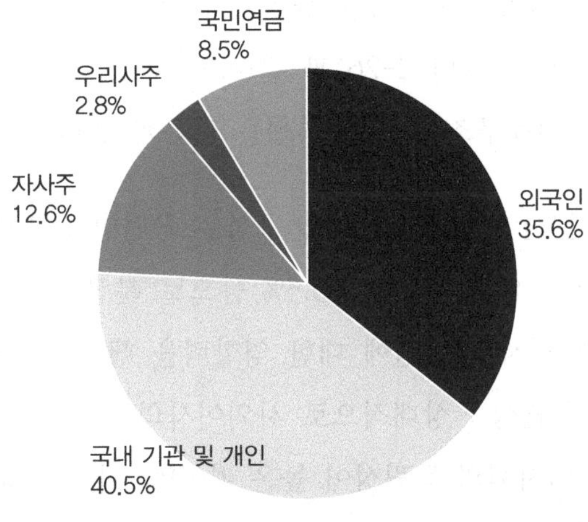

출처 : 사업보고서 활용 재작성

〈그림 2-26〉 KT&G 자회사의 소유지분구성

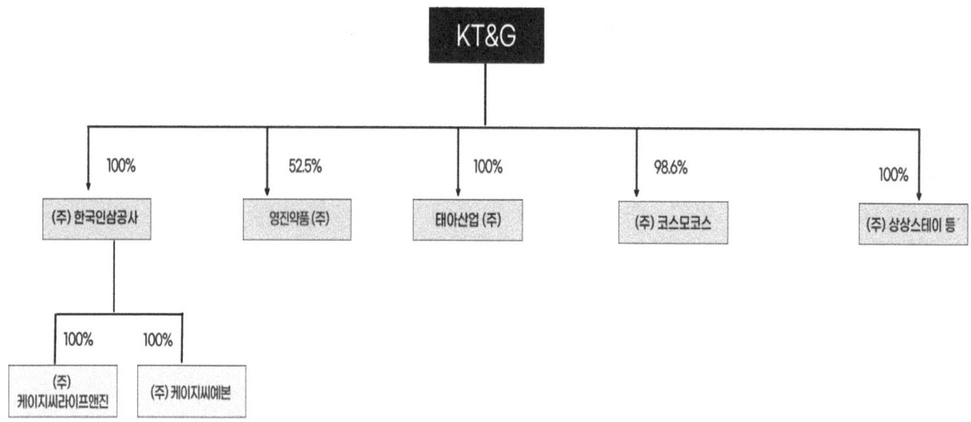

출처 : 공정거래위원회, 2022기업집단별 소유지분도 재작성

KT&G는 지배주주의 부재라는 소유구조의 특성으로 인하여 한국에서 가장 빈번하게 제기되고 있는 지배주주와 소액주주 간의 이익 상충의 문제가 발생할 우려가 없으나 지배구조의 핵심사항인 내부통제에 의한 경영진 감시에 대한 사각지대가 발생할 우려가 있으며, 최대주주인 국민연금공단 등에 의한 정부의 영향력에서 완전히 자유롭지 못한 상황이라 할 수 있다.

KT&G를 중심으로 KT&G 산하 여러 자회사들이 속해 있으며 KT&G에서 계열사의 주요 경영의사결정을 좌우하게 된다. KT&G 산하 주요 자회사의 소유지분구성은 〈그림 2-26〉과 같다.

KT&G의 소유지배구조에 대한 특성은 다음과 같다.

(1) 소유권의 분산 : KT&G의 지분구성은 국민연금 8.5%, 국내기관 및 개인 40.5%, 외국인 주주 35.5% 등으로 분산되어 있다. 따라서 특정 주주가 회사의 경영에 대한 영향력을 행사하기 어렵다.

(2) 이사회의 독립성 : 상대적으로 사외이사의 선임이 독립적으로 이루어지므로 이사회의 독립성이 높은 편이며, 이로 인해 KT&G의 경영에 대해 사외이사가 독립적이고 객관적으로 견제와 감시를 수행할

수 있는 편이다.

(3) 경영진의 책임경영 : KT&G의 최고경영진은 이사회의 경영 의사결정 사항에 대해 책임경영을 실현하고 있으며 현재 CEO가 3연임을 하고 있다. 경영진의 연임이 이해관계자들의 기대와 요구, 공감을 담아내지 못한다면, 참호구축에 의한 장기 연임이라는 문제가 발생할 수 있으며 이로 인해 회사의 장기적인 발전에 도움이 되지 않을 수 있다.

(4) 내부통제 및 CEO 리스크 : 내부통제시스템은 전반적으로 우수한 수준으로 평가받고 있으나, CEO 측면 등에서의 위험을 관리하기 위한 대책을 마련해야 한다.

KT&G가 이러한 도전과제를 완전히 해결하기 위해서는 이사회가 보다 더 독립적이고 투명성, 공정성, 전문성을 갖춘 지배구조 선진화 노력이 필요하다.

대표이사 선임

2022년 3월 정관 개정을 통해 사장후보자 물색은 지배구조위원회, 심사・추천은 사장후보추천위원회로 역할을 재정립하여 단계별로 투명하고 체계적인 프로세스를 구축하였다. 이에 따라 후보자 물색・심사・추천 등 전체 과정에서의 독립성과 투명성을 최대한 확보하였다. 사장후보자군 육성을 위하여 고위경영자 육성프로그램을 운영하여 NCP(Next CEO Program, 전무급) 및 FCP(Future CEO Program, 상무급)를 운영하고 있다.

사장후보추천위원회는 사장의 임기 만료일 전 60일 이내에 이사회의 결의로 사장후보추천위원회를 구성한다. 이사회가 정하는 바에 따라 지배구조위원회에서 물색하고 추천한 사장후보 심사대상자에 대해 사외이사로 구성된 이사회에서 정한 사장후보심사기준에 따라 심사를 진행한다. 사장후보추천위원회는 서류심사, 심층면접 등 다단계 심사과정을 통해 사장후보자의 경영자질과 도덕성 등을 검증하며, 이사회에 사장후보자 선정결과를 보고한 후 주주총회에 사장후보자를 추천하고 있다.

사장후보자 심사 시 고려사항

- 경력 · 학위 등 경영 · 경제에 관한 지식을 객관적으로 평가할 수 있는 요소
- 과거 경영실적, 경영기간 등 경영경험을 객관적으로 평가할 수 있는 요소
- 기타 최고경영자로서의 자질과 능력을 평가할 수 있는 요소 등

사외이사의 선임

사외이사는 경제, 경영, 법률 또는 관련 기술 등에 관하여 전문적인 지식이나 경험이 있고 독립성을 갖춘 자로 관계 법령에서 정한 결격사유가 없는 자로 한다. 사외이사 선임절차는 이사회에서 사외이사 후보자를 추천하고, 주주총회에서 최종 선임하는 방식으로 이루어진다. 사외이사후보추천위원회는 최대한 공정한 후보추천을 위해 지배구조위원회가 제안한 추천기준에 대한 논의, 후보군 서치펌의 선정, 주주추천 후보 등과 관련하여 수차례에 걸친 회의를 통해 기업 경영에 실질적으로 기여할 수 있는 경험과 지식을 보유하고 있고 사외이사로서 직무를 충실히 수행할 전문성과 자격을 갖춘 후보를 선정하여 주주총회에 추천한다. 사외이사를 추천하기 위한 사외이사후보추천위원회는 사외이사 4인으로만 구성하여 독립성과 투명성을 확보하고 있다.

이사회 구성과 운영

KT&G 이사회는 2명의 사내이사와 6명의 사외이사 등 총 8명으로 구성돼 있다. 이사회는 경영, 재무, 회계, 글로벌, 금융, 법률, ESG경영, 물류, 마케팅 등의 전문지식 및 실무경험을 갖춘 자로 구성되어 특정 배경과 직업군에 편중되지 않도록 하고 있다. 또한 여성 사외이사를 선임하여 지속

〈그림 2-27〉 KT&G 이사회 구성

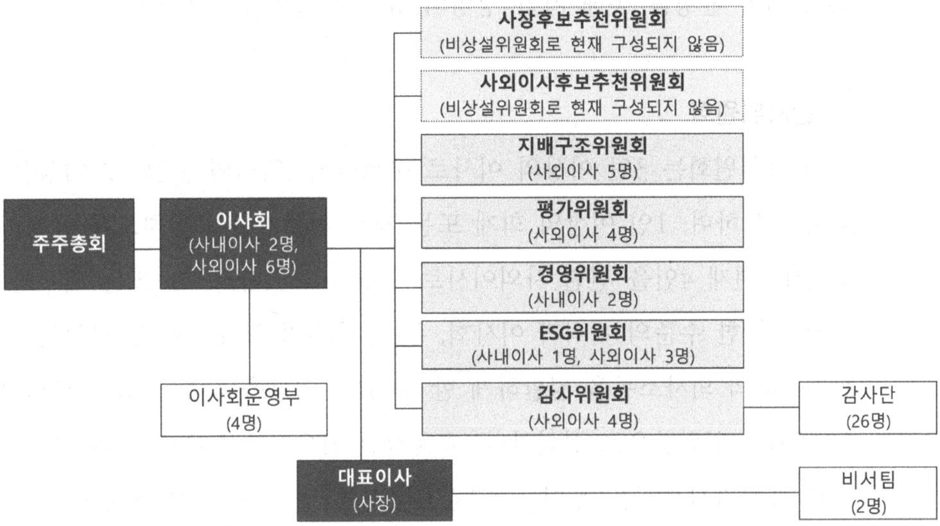

출처 : KT&G 지배구조 보고서

적으로 여성 사외이사 1인을 유지해오는 등 지식, 경험, 능력과 더불어 성별 다양성을 확대하기 위해 노력하고 있다. 이사회가 경영진을 감독하는 기능을 효과적으로 수행하고 독립적인 의사결정을 할 수 있도록 사외이사의 비중이 상대적으로 높은 이사회를 구성하여 운영하고 있다. 이사회 내 관련 분야의 위원회를 설치하여 의사결정의 전문성과 효율성을 제고하고 있으며 지배구조위원회, 평가위원회, 경영위원회, ESG위원회, 감사위원회로 구성되어 있다.

이사회 내의 5개의 상설위원회는 〈그림 2-27〉과 같다. 사내이사로 구성된 경영위원회를 제외한 각 위원회를 사외이사 과반수 이상으로 구성하고 사외이사가 위원장직을 수행하도록 하여 위원회의 독립성을 제고하고 있다. 이사회의 원활한 의사결정을 지원하기 위해 별도의 이사회 전담조직을 설치하여 운영하고 내부감사부서인 감사단을 감사위원회 직속으로 편제하여 더욱 건전한 기업 경영을 위한 리스크 관리 역할을 강화하고 있다.

대표이사와 이사회 의장을 분리하여 이사회를 운영하여 이사회가 경영진으로부터 독립적으로 그 기능을 수행하고, 이사회 의장과 경영진 상호간의 견제와 균형을 통해 기업 경영의 효과를 높이도록 하고 있다.

감사위원회

감사위원회는 3인 이상의 이사로 구성하되, 위원의 3분의 2 이상은 사외이사로 하며, 1인 이상의 회계 또는 재무 전문가를 포함하도록 규정하고 있는데, 현재 4인을 전원 사외이사로 구성하고 있다. 회계 또는 재무와 관련된 상당한 수준의 지식과 이사회, 주주, 채권자 규제기관 등 다양한 이해관계자와의 의사소통을 원활하게 할 수 있는 역량을 갖추고 있는 사외이사인 위원을 위원장으로 선임한다. 효율적인 업무수행을 위하여 위원회 소속으로 내부감사부서를 두며, 내부감사부서의 업무 및 운영에 관한 사항에 대하여 위원회에서 지휘, 감독을 하고 있다. 이사회, 집행기관 및 다른 부서로부터 독립된 위치에서 감사직무를 수행하고 독립성과 객관성을 유지하고 있다. 위원회의 권한은 이사의 직무집행을 감사하며 이사에 대하여 영업에 관한 보고를 요구하거나 회사의 업무와 재산상태를 조사하는 것을 포함한다. 회사는 위원회 의사결정에 필요한 정보를 회의 개최 이전에 충분히 제공하여야 하며, 감사위원회는 필요한 경우 회사 경영진, 재무담당임원, 내부감사부서장 및 외부감사인 등에게 위원회 회의 참석을 요구할 수 있다. 외부감사인은 후보자의 감사수행 전문성, 글로벌 감사 경험, 감리 지적사항 등 객관적인 역량 지표와 각 회계법인이 제출한 제안서 내용을 분석 및 평가하여 감사위원회에서 선임하고, 외부감사인의 감사 결과의 적정성을 확인하며 감사시간과 주요 감사내용 등 세부적인 외부감사 실시내용은 감사보고서를 통해 투명하게 공시하고 있다.

지배구조의 평가

KT&G의 지배구조 핵심지표 준수 여부에 대한 내용은 〈표 2-18〉과 같다. KT&G는 상대적으로 이사회의 독립성이 높으며 내부감사부서가 감사

〈표 2-18〉 KT&G 지배구조 핵심지표 준수 여부

구분	핵심지표	준수 여부 O	준수 여부 X
주주	① 주주총회 4주 전에 소집공고 실시		X
	② 전자투표 실시	O	
	③ 주주총회의 집중일 이외 개최	O	
	④ 배당정책 및 배당실시 계획을 연 1회 이상 주주에게 통지	O	
이사회	⑤ 최고경영자 승계정책(비상시 선임정책 포함) 마련 및 운영	O	
	⑥ 내부통제정책 마련 및 운영	O	
	⑦ 이사회 의장과 대표이사 분리	O	
	⑧ 집중투표제 채택	O	
	⑨ 기업가치 훼손, 주주권익 침해에 책임이 있는 자의 임원 선임을 방지하기 위한 정책 수립 여부	O	
	⑩ 6년 초과 장기재직 사외이사 부존재	O	
감사기구	⑪ 내부감사기구에 대한 연 1회 이상 교육 제공	O	
	⑫ 내부감사부서(내부감사업무 지원조직) 설치	O	
	⑬ 내부감사기구에 회계, 재무 전문가 존재 여부	O	
	⑭ 내부감사기구가 분기별 1회 이상 경영진 참석 없이 외부감사인과 회의 개최	O	
	⑮ 경영 관련 중요정보에 내부감사기구가 접근할 수 있는 절차를 마련하고 있는지 여부	O	

출처 : KT&G 지배구조 보고서

위원회 소속으로 배속되어 감사위원회의 실질적 역할을 뒷받침하고 있으며, 사외이사들을 각 전문분야로 나누는 전문분야별 사외이사제를 도입하여 운영하고 있다.

KT&G의 지배구조는 상대적으로 건강하고 건실하여 견제와 감시기능을 효과적으로 수행하고 있다고 평가받고 있으나, 주주총회 4주 전에 소집공고를 미실시하고 있다. 이는 주주들이 기업의 경영 상황을 파악하고, 의결에 참여할 수 있는 시간이 부족할 수 있으므로 충분한 시일을 주어지도록 개선되어야 할 것이다. 또한 소유분산기업의 특성, 사내외의 이해관계자들의 보편적인 통념이나 기대와 요구 등에 벗어난 최고경영자의 연임으로 인하여 CEO 리스크나 기업가치 훼손을 초래하지 않도록 지배구조 제도를 개선, 발전시켜야 할 것이다.

3.4 국민금융그룹

㈜국민은행과 ㈜주택은행이 40여 년간 서민들의 목돈마련과 내집마련의 꿈을 지원하고 국민의 삶 속에서 성장해 왔으며 2001년도에 양 은행이 합병하여 국민금융그룹으로 오늘에 이르고 있다. 금융산업의 글로벌 가속화, 전통적 은행업무의 수익성 감소, 자본시장법 도입에 따른 자본시장 확대, 종합금융 서비스에 대한 수요 증대 등 금융환경 변화에 대응하여 2008년 주요 계열사 주식의 포괄적인 이전 방식으로 ㈜KB금융지주를 설립하였다.

소유지배구조

KB금융지주회사의 소유구조는 국민연금공단 8.0%, JP Morgan 6.2% Black Rock 6.0%로 지분을 보유하고 있으며 소액주주 지분이 74.4%을 점하고 있다. 대주주가 없는 소유분산형 구조는 은행업법과 금융지주회사법에 따라 특정 주주가 의결권의 10% 이상을 보유할 수 없도록 규정되어 있기 때문이다. KB금융지주회사의 지분구성은 〈그림 2-28〉과 같다. 국민연금공단이 최대주주로서 금융기관의 경영에 일정 부분 관여할 수 있으나 경영 관여가 지나치게 적극적이거나, 국민연금공단의 이익만을 우선시하는 경우, 금융기관의 장기적인 발전과 책임경영을 저해할 수 있다.

또한 외국인 투자자들의 경우 단기적인 수익을 추구하는 경향이 있어 경영이 외부 환경에 민감하게 반응할 수 있으며, 절대 다수의 소액주주들

〈그림 2-28〉 KB금융그룹의 지분구성

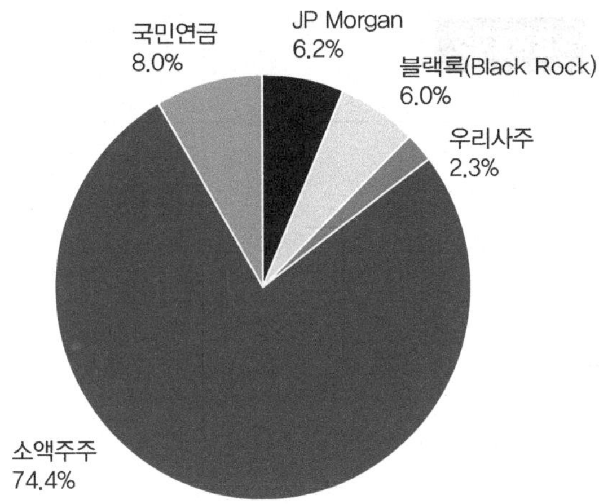

출처 : 사업보고서 활용 재작성

은 경영에 직접 참여하기 어렵기 때문에 경영진의 의사결정에 대한 감시와 통제가 어려울 수 있다. 소유분산형 지배구조는 은행과 비은행 부문 간의 위험 전이 가능성, 최고경영자의 대리인 문제, 이사회의 견제 및 감시기능 미흡 등의 문제를 야기할 수 있다.

KB금융지주는 KB국민은행, KB증권, KB손해보험, KB국민카드, KB라이프생명, KB자산운용, KB캐피탈, KB부동산신탁, KB저축은행, KB인베스트먼트, KB데이타시스템, KB신용정보를 계열사로 두고 있다. 주요 자회사의 지분구성은 〈그림 2-29〉와 같다.

지주회사는 자회사의 경영을 총괄하고, 자회사의 자금을 조달하고, 자회사의 투자를 결정하는 역할을 하면서 경영환경과 시장의 변화에 선제적이고 능동적으로 대응하기 위해 지배구조 원칙과 정책을 점검하고 끊임없이 개선해야 할 것이다. 지배구조 원칙과 정책은 〈표 2-19〉와 같다.

견제받지 않는 권한과 지배구조는 경영실패의 원인이 될 수 있으므로 이사회, 경영진, 사외이사 모두가 견제의 틀 안에서 상호 균형을 갖추도록 지배구조를 구축하고 있다.

〈그림 2-29〉 KB그룹의 주요 자회사 지분구성

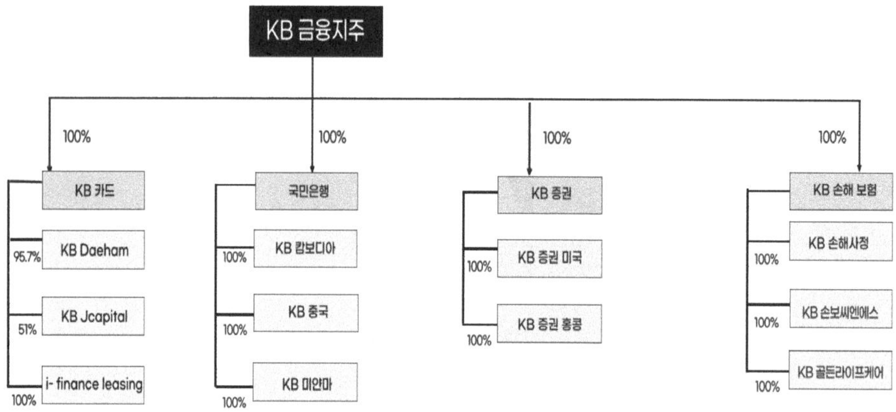

출처 : 사업보고서 활용 재작성

〈표 2-19〉 지배구조 원칙과 정책

구분	세부내용
안정성	견제와 균형이 조화롭게 이루어질 수 있는 이사회 구성
투명성/객관성	지배구조에 관한 업무처리 기준, 절차 및 결과 등에 대한 공개
전문성/다양성	여러 분야의 전문성과 다양성을 갖춘 자로 이사회를 구성하여 당사가 직면하고 있는 다양한 과제와 도전을 효율적으로 해결
독립성	이사회의 경영진 견제기능이 약화되지 않도록 지배구조의 독립성 유지

그러나 KB금융지주회사는 자회사의 경영에 대한 지배력을 행사할 수 있지만, 자회사의 경영에 대한 투명성을 확보하기 위한 장치가 마련되어 있지 않다면 자회사의 경영에 대한 위험을 확대시킬 수 있다. 이러한 문제점을 해결하기 위해 자회사의 경영에 대한 투명성을 확보하고, 자회사의 경영에 대한 위험을 확대시키지 않기 위한 장치를 마련해야 한다.

지주회사 회장 선임

KB금융지주는 그룹의 장기 비전을 공유하고 주주와 이해관계자의 이익에 부합될 수 있는 최고경영자 선임을 위하여 최고경영자 경영승계와 관련한 내부 규정인 「경영승계규정」을 마련하였다. 주요 내용은 최고경영자의 경영승계 계획 수립 및 변경, 최소 자격요건, 회장 후보자군 관리, 경영승계 개시 사유 및 개시결정 시기, 최종 후보자군 선정 및 자격 검증, 비상상황 발생 시 승계 절차 등이다.

회장후보추천위원회는 금융지주회사법에서 명시하고 있는 임원의 자격요건과 회사 지배구조 정관 및 경영승계규정에서 정한 대표이사 회장의 자격기준에 부합하는 회장 후보를 공정하고 투명한 절차에 따라 이사회 및 주주총회에 추천한다. 국민금융지주회사의 회장 선임절차는 이사회에서 추천위원회를 구성하고, 추천위원회에서 후보자를 검토하여 이사회에 추천하는 방식으로 진행된다. 회장 선정 절차는 〈표 2-20〉과 같다.

회장후보추천위원회는 전원 사외이사로 구성되고 후보자를 선정할 때 역량, 자질, 전문성, 리더십 등 다양한 요소를 고려하여 이사회에 회장 후보를 추천한다. 이후 이사회에서 회장 후보를 주주총회에 추천하여 선임한다.

〈표 2-20〉 회장 선임절차

구분	세부내용
후보군 구성	회장후보추천위원회에서 회장 후보자군(Long List) 구성 원칙 및 선정 절차(안) 논의 및 의결하고 매 반기 상시 관리하는 회장 후보자군을 평가
후보군 평가	후보자의 역량, 자질 등에 대한 논의와 투표 절차 등을 거쳐 최종 후보자군(Short List) 평가
후보 추천	회장 최종 후보자 1인을 선정하며, 금융회사의 지배구조에 관한 법률 등 관련 법령에서 정한 자격요건 심사를 거쳐 대표이사 회장 후보로 이사회에 추천
회장 선임	주주총회를 거쳐 이사로 선임된 후 이사회 결의로 대표이사 회장으로 선임됨.

사외이사 선임

KB금융지주는 금융회사의 지배구조에 관한 법률 등 관련 법령에서 명시하고 있는 임원 및 사외이사의 소극적 자격요건과 정관에서 정하고 있는 사외이사의 적극적 자격요건에 부합하는 사외이사 후보를 공정한 절차에 따라 주주총회에 추천하는 제도를 운영하고 있다. 사외이사후보추천위원회는 위원회 운영의 독립성, 공정성, 객관성 제고를 위해 4인의 사외이사로 구성한다. 이사회 구성의 전문성과 다양성을 위해 금융, 경영, 재무/리스크관리, 회계, 법률/규제, 디지털/IT, ESG/소비자보호 총 7개 분야로 세분화하여 사외이사 후보군을 분류, 관리한다. KB금융지주는 금융업계 최초로 의결권이 있는 주식을 1주라도 보유한 주주라면 누구라도 사외이사 예비후보를 추천할 수 있는 「사외이사 예비후보 추천 제도」를 운영하고 있다. 사외이사의 선임절차는 〈표 2-21〉과 같다.

사외이사후보추위원회는 인선자문위원 평가결과와 외부 전문기관의 평판 조회결과 자료 등을 바탕으로 사외이사 후보군을 심의한 후 위원들의 투표를 통해 분야별 득점 상위자를 선정한다. 각 단계별 담당 주체를 엄격하게 분리하여 운영하고 있으며, 다면적이고 객관적인 절차를 통해 후보를 추천한다. 사외이사는 이사회에서 선정하고, 주주총회에서 승인을 받아야

〈표 2-21〉 사외이사 선임절차

구분	세부내용
후보군 구성	사외이사후보추천위원회는 외부 전문기관과 주주로부터 예비후보를 추천받은 후 자질과 능력에 대해 심의하여 후보군에 포함할지 여부를 결정
후보군 평가	신임 사외이사 추천 분야를 고려하여 금융, 지배구조, 법률 등 다양한 분야를 대표하는 인선자문위원이 객관적이고 독립적인 평가를 통해 후보군을 압축하며, 압축된 후보군에 대하여 외부 전문기관을 통해 평판 조회를 진행
후보 추천	인선자문위원의 객관적인 평가와 외부 전문기관의 평판 조회 등의 내용을 종합적으로 고려한 후 심도 있는 논의와 투표 등을 통해 최종 후보를 선정
후보 선임	이사회에서 선임하고 주주총회에서 승인받음.

선임하게 된다.

이사회 구성 운영

이사회는 총 9명으로, 사외이사 7명, 상임이사 1명과 비상임이사 1명으로 구성되어 있다. 사외이사가 이사회 의장으로 선임되어 직무를 수행하고 있으며, 대표이사를 겸직하고 있지 않다. 그러나 이사회의 구성이 현재 금융권이나 경영에 경험이 없는 교수 등의 비중이 높은 편으로 금융권과 경영의 경험 등이 있는 인사로 사외이사 구성을 다양화하고, 후보자 추천 시 은행권의 이해관계를 배제하기 위한 방안을 마련하여 이사회의 전문성과 독립성, 다양성을 제고할 필요가 있다.

이사회 내 위원회는 리스크관리위원회, 평가보상위원회, 사외이사후보추천위원회, 회장후보추천위원회, 감사위원회, 계열사대표이사후보추천위원회, ESG위원회가 있으며, 비상설 위원회인 감사위원후보추천위원회가 있다. 각 위원회의 구성은 〈그림 2-30〉과 같다.

각 위원회는 이사회의 기능 중 법령과 정관에서 정하는 일부 기능을 위임받아 수행하며 해당 위원회는 관련 분야에 전문지식을 갖춘 이사로 구성되어 있다. 특히, 감사위원회 위원들은 모두 감사위원회 위원으로서 직무를 수행할 수 있도록 법규에서 정하는 자격요건을 갖추고 있다. 이사회는 임원 선임, 정관 변경, 영업 중단, 영업 확장, 자금 출연, 주주총회 소집 등 회사의 중요한 사항을 결정한다. 또한 지주회사의 경영이 법령 및 정관에 위반되거나 지주회사의 이익에 반하는지 여부를 심사하고, 필요한 경우 경영진에 시정조치를 요구할 수 있다.

감사위원회

감사위원회는 감사위원 4인으로 구성되며 회사 및 자회사의 업무 및 재무에 대한 감사와 이에 부수되는 사항에 대하여 심의·의결함으로써 이사의 직무집행을 감사하고 있다. 주주, 투자자 및 고객의 가치 증대를 위해

〈그림 2-30〉 KB금융지주 이사회 구성

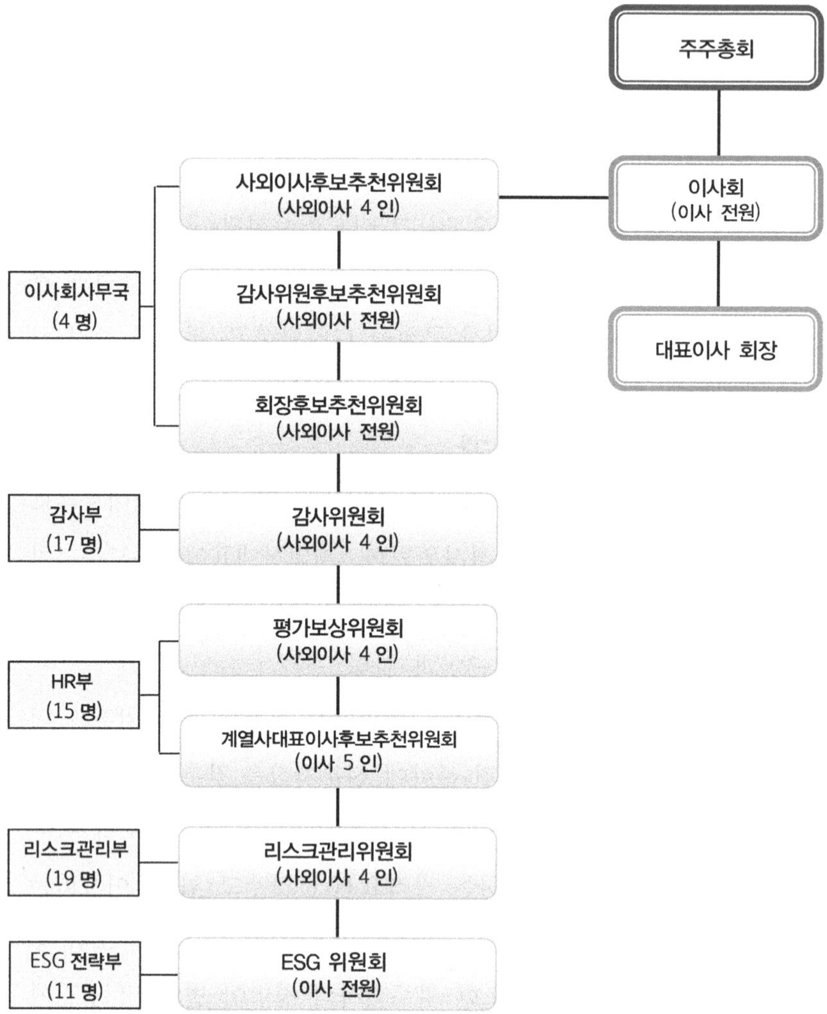

출처 : KB금융지주 지배구조 연차보고서

내부통제체계 및 업무수행 프로세스를 점검 및 평가하고 있으며, 이사 및 경영진이 합리적으로 경영판단을 할 수 있도록 객관적이고 공정한 관점에서 직무집행의 적정성을 감독한다.

독립적인 관점에서 대표이사로부터 내부회계관리제도 운영실태를 보고받고 이를 평가하여 이사회에 보고하고, 외부감독기관 및 내부감사부서가 실시한 감사결과를 검토하며 조치사항을 확인하는 등 금융사고 예방을 위한 경영감사기능을 수행한다. 재무정보의 투명성 및 신뢰성을 확보하기 위해 공표되는 재무자료를 점검하며, 정기적으로 외부감사인의 감사결과를 보고받고 의견을 교환하는 등 외부감사인의 감사활동을 감독한다. 감사업무수행상 필요한 경우 회사 및 계열사의 모든 정보에 대한 자료제출을 요구할 수 있고, 중요 경영활동에 관한 정보를 언제든지 경영진에게 요구할 수 있다. 그룹 차원의 외부감사인 감독정책의 운영을 통해 외부감사인의 감사활동을 효율적으로 감독하고 외부감사인의 독립성에 영향을 미칠 수 있는 각종 감사 및 비감사계약을 관리한다.

지배구조 평가

KB금융지주회사의 지배구조 핵심지표 준수 여부는 〈표 2-22〉와 같다. 주주총회 개최 4주 전 주총소집을 통보하지 않음으로써 주주들이 주주총회에서 회사의 경영에 대한 의사를 표시할 수 있는 시간을 충분히 갖지 못하게 하고 있다. 지배구조의 적정성은 지배구조 핵심지표를 준수하는 것 외에도 지배구조의 투명성, 주주권리 보호, 최고경영진의 경영지배력에 대한 견제와 감시기능 등 다양한 요소를 고려하여 판단해야 한다.

지배구조의 투명성을 강화하기 위해 기업의 경영성과, 이사회 활동, 주주총회 등과 관련된 정보를 투명하게 공개해야 하며, 주주권리 보호를 강화하기 위해 주주총회에서 주주들의 의결권을 행사하는 것을 보장해야 한다. 또한 최고경영진의 강한 경영지배력에 의한 참호구축 등의 문제를 방지하기 위해 이사회의 권한을 강화하고, 감사위원회의 감사 및 통제기능을 강화해야 할 것이다.

〈표 2-22〉 KB금융지주의 지배구조 핵심지표 준수 여부

구분	핵심지표	준수 여부	
		O	X
주주	① 주주총회 4주 전에 소집공고 실시		X
	② 전자투표 실시	O	
	③ 주주총회의 집중일 이외 개최	O	
	④ 배당정책 및 배당실시 계획을 연 1회 이상 주주에게 통지	O	
이사회	⑤ 최고경영자 승계정책(비상시 선임정책 포함) 마련 및 운영	O	
	⑥ 내부통제정책 마련 및 운영	O	
	⑦ 이사회 의장과 대표이사 분리	O	
	⑧ 집중투표제 채택	O	
	⑨ 기업가치 훼손, 주주권익 침해에 책임이 있는 자의 임원 선임을 방지하기 위한 정책 수립 여부	O	
	⑩ 6년 초과 장기재직 사외이사 부존재	O	
감사기구	⑪ 내부감사기구에 대한 연 1회 이상 교육 제공	O	
	⑫ 내부감사부서(내부감사업무 지원조직) 설치	O	
	⑬ 내부감사기구에 회계, 재무 전문가 존재 여부	O	
	⑭ 내부감사기구가 분기별 1회 이상 경영진 참석 없이 외부감사인과 회의 개최	O	
	⑮ 경영 관련 중요정보에 내부감사기구가 접근할 수 있는 절차를 마련하고 있는지 여부	O	

출처 : 기업지배구조 핵심지표 준수 현황표에 의해 작성

3.5 우리금융그룹

우리금융그룹은 한일은행, 상업은행 등 금융기관을 인수합병하며 성장했다. 외환위기로 인해 국내 은행들이 부실화되어 은행의 구조조정이 추진되는 가운데 우리은행은 우리금융지주로 2001년 국내 최초로 금융지주회사를 갖추었다. 우리금융지주회사는 한빛은행, 평화은행, 경남은행, 광주은행 등의 금융기관을 묶어서 설립되었다. 현재 우리금융지주회사는 2019년 1월 재탄생한 금융지주회사이며 자회사는 우리은행, 우리카드, 우리아비바생명, 우리금융캐피탈, 우리종합금융, 우리자산운용 등이 있다.

소유지배구조

우리금융지주회사의 소유구조는 우리사주조합, 국민연금공단, 노비스1호유한회사 등이 주요 주주로 구성되어 있다. 우리사주조합은 우리금융지주회사의 직원들이 자발적으로 참여하는 우리사주제도에 따라 설립된 조합으로, 지분율이 9.4%에 달하여 최대주주이다. 완전 소유분산 금융기업으로 국민연금 6.4%, 노비스 1호 5.6%, 기타 소액주주 73.6%이다. 우리금융지

〈그림 2-31〉 우리금융지주 지분구성

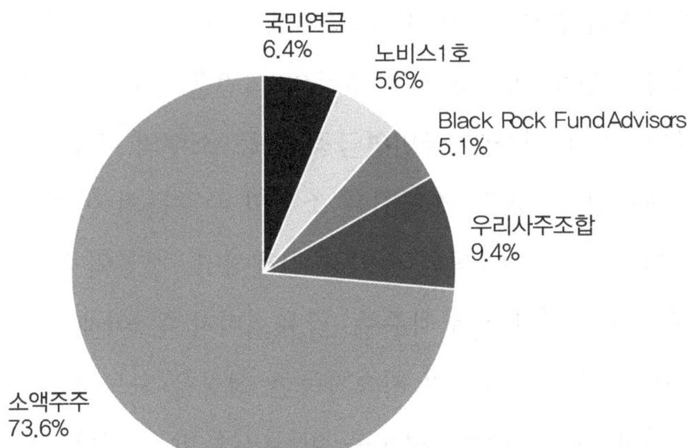

출처 : 사업보고서 활용 재작성

〈그림 2-32〉 우리금융지주의 주요 자회사 지분구성

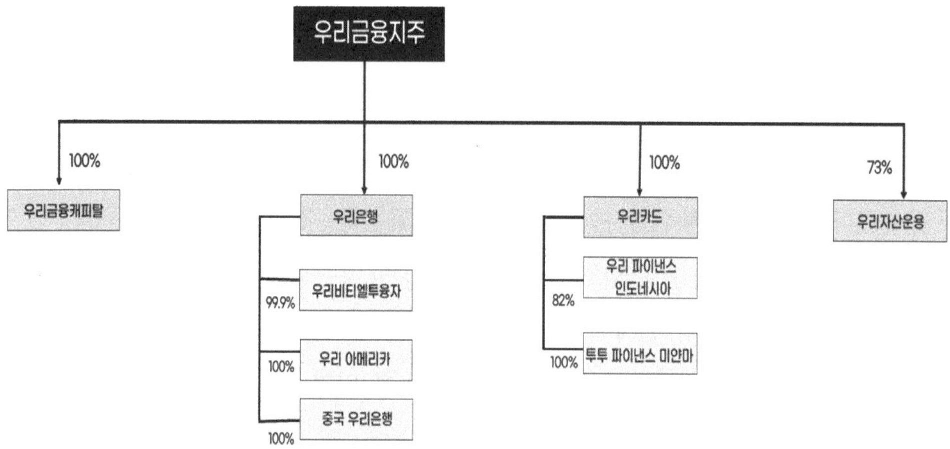

출처 : 사업보고서 활용 재작성

주회사의 지분구성은 〈그림 2-31〉과 같다. 전반적으로 우리금융지주회사의 소유구조는 다양한 주주들이 참여하는 지배구조를 추구하고 있다.

우리금융지주회사의 소액주주 지분율이 73.6%인 소유구조는 소액주주들이 경영에 직접 참여하기 어렵기 때문에, 경영진의 의사결정에 대한 감시와 통제가 어려울 수 있다. 또한 소액주주들의 의견을 수렴하는 과정이 복잡하고 비효율적일 수 있다. 소액주주들의 경영 참여를 확대하고, 소액주주들의 의견을 수렴하는 채널을 다양화해야 한다. 이를 위해서는 주주총회와 이사회의 운영을 개선하고, 주주들의 의견을 수렴하는 다양한 채널을 마련해야 한다. 이와 더불어 국민연금공단 등 소수의 주주가 지분을 집중적으로 보유하고 있는 경우, 경영진은 소수의 주주들의 이해관계를 우선시할 수 있다. 이는 다른 주주들의 권익을 침해하고, 경영의 투명성과 책임성을 저해할 수 있다. 따라서 소액주주, 금융소비자 등 이해관계자의 이익을 보호하고 사회적 책임을 다하며 지속가능한 성장을 도모할 수 있도록 최고 경영진과 이사회 간의 견제와 균형을 이루어야 할 것이다.

우리금융지주회사는 우리은행, 우리카드, 우리캐피탈 등 주요 자회사에 대해서는 100% 지분을 보유하고 우리자산신탁 등의 자회사에 대해서는 51% 이상 지분을 보유하고 있어서 자회사에 대한 주요한 경영의사결정권을 갖고 있다. 우리금융지주회사에 속한 주요 자회사의 지분구성은 <그림 2-32>와 같다.

앞으로 우리금융지주회사는 이사회 - 최고경영진 - 감사위원회 간의 권한과 책임의 적정 배분을 통해 안정적이고 건전한 지배구조를 확립해야 한다. 이사회의 독립성, 전문성 및 다양성을 통해 경영의 견제 및 감시기능을 강화하고 경영정보의 공개를 통해 투명한 지배구조를 유지해야 한다. 또한 이사회 및 이사회 내 위원회가 안정적이고 건전하게 운영될 수 있도록 관련 법률과 정관 및 규정을 충실히 이행해야 할 것이다.

최고경영자 선임

지주회사 대표이사 회장 자격요건은 금융회사의 지배구조에 관한 법률 및 정관 등에 따라 충족 여부를 판단한다. 최고경영자로 선출될 수 있는 자격요건으로 금융회사의 지배구조에 관한 법률 등 관련 법령에서 정하는 임원의 자격요건을 충족하여야 하며, 임원후보추천위원회에서 별도의 자격요건을 부여할 수 있다. 최고경영자는 금융에 대한 경험과 지식을 갖추고, 그

<표 2-23> 회장 선임절차

구분	세부내용
후보추천계획	• 후보군 범위 및 선정절차, 자격기준 • 외부 자문기관 선정 등
대표이사 후보군 (Long List) 선정	• 승계절차 전반 점검 및 상시관리하는 내부 후보군 보고 • 대표이사 후보군(Long List) 선정(案) 결의
대표이사 후보군 (Short List)	• 대표이사 후보군(Short List) 자격심사 및 최종 면접자 선정(案) 결의 • 후보군 대상 자격심사(PT 및 면접) 실시 • Short List 4명 최종 면접자로 선정
대표이사 추천 및 선임	• 후보군 대상 2차 심층면접 실시 • 최종 대표이사 후보추천 • 주주총회에서 대표이사 선임

룹의 비전을 공유하며, 공익성 및 건전경영에 노력할 수 있는 자로 자격요건을 규정하고 있다.

우리금융지주는 최고경영자 후보군 선정방법으로 내부 임원 이외에도 주주, 이해관계자 및 외부 자문 등의 추천을 활용하고 있다. 우리금융지주 임원후보추천위원회는 대표이사 후보추천을 위해 최고경영자 경영승계계획 및 후보추천절차에 따라 후보 대상자 자격요건 검증, 후보군(Long List) 선정, 최종 후보군(Short List) 선정, 최종 후보군의 PT(Presentation) 및 두 차례의 심층면접 등을 실시하여 대표이사 후보로 추천한다. 우리금융지주회사의 회장의 선임절차는 〈표 2-23〉과 같다.

사외이사 선임

우리금융지주는 금융회사의 지배구조에 관한 법률에 따라 사외이사 후보추천을 위해 이사회 내 위원회로 임원후보추천위원회를 설치하여 운영하고 있다. 임원후보추천위원회는 사외이사 후보자의 선정원칙 및 자격요건의 설정, 사외이사 후보자 발굴 및 후보군 관리, 사외이사 후보자 추천 등 사외이사 후보자 관련 업무를 담당한다. 다양한 분야의 실무경험이나 지식을 가진 전문가를 선정할 수 있도록 금융, 경제, 경영, 법률, 회계, 소비자 보호, 디지털, ESG 등 총 9개 분야로 세분화하여 후보군을 관리하고 있다.

〈표 2-24〉 사외이사 선임절차

구분	세부내용
사외이사 후보군 선정	• 현 이사회 구성의 집합적 정합성을 고려하여 디지털/ESG 분야의 전문가 확대 • 사외이사 후보군 100명 결의 (금융, 경제, 경영, 법률, 회계, 소비자 보호. 디지털, ESG 등)
임원후보추천위원회 심사 및 추천	• 임원후보추천위원회 : 사외이사 후보 추천
이사회 의결 및 선임	• 사외이사 후보군 관리(案) 보고 • 이사회에서 사외이사 후보 확정 • 주주총회에서 사외이사 선임

추천 경로를 다양화하기 위해서 임원, 주주, 외부자문 등을 통해 후보군을 선정하고 있다. 사외이사는 임원후보추천위원회 규정에 따라 내부규정은 물론 외부법령에서 요구하는 독립성·전문성 요건을 충족하는 후보를 공정한 절차에 따라 검증하여 주주총회를 통해 이사진을 연간 기준으로 개별적 선출 혹은 재선출하고 있다. 사외이사 선임절차는 〈표 2-24〉와 같다.

이사회 구성 운영

이사회는 사내이사 1명, 사외이사 7명, 비상임이사 1명 모두 9명의 이사로 구성되어 있다. 회사의 최고 의사결정기구로서 회사의 경영목표 및 경영전략의 수립 등 회사의 주요 사항들을 결정하고 있다. 주주의 이해를 해칠 소지가 있거나 법적·절차적·윤리적 측면에 문제가 있을 경우 이를 개선하도록 요구함으로써 경영진이 건전경영의 기반하에 책임경영을 펼칠 수 있도록 지원하고 있다. 이사회는 경제, 경영, 금융, 회계, 법률, ESG 등 다양한 분야에서 전문성을 갖춘 자들로 구성하여 상호 간의 원활한 의사소통을 통해 효율성을 제고하고 독립성이 검증된 사외이사가 이사회의 견제기능을 높일 수 있도록 노력하고 있다. 이사회 구성은 〈그림 2-33〉과 같다.

최고 의사결정기구인 이사회를 특정 배경과 직업군에 편중되지 않고 다양한 경험과 배경을 가진 이사들로 구성함으로써 합리적인 의사결정을 통해 시장 및 금융환경에 능동적이며 효율적으로 대처할 수 있게 해야 할 것이다. 또한 이사회 및 사외이사 후보군 선정 시 금융회사 경영에 적합한 전문성과 자질을 고려하고 상호 간의 전문성이 최대한 융합되도록 노력이 필요하다.

감사위원회

감사위원회는 3명 이상의 이사로 구성하되, 위원의 3분의 2 이상은 사외이사이어야 하므로 모두 3명의 사외이사로 구성되어 있으며 회계 또는 재무 전문가를 1명 이상 포함하고 있다. 회계와 업무에 대한 감사 및 이사회에서 위임한 업무를 수행하며, 이사와 경영진의 직무집행을 감사하고 있

〈그림 2-33〉 우리금융지주 이사회 구성

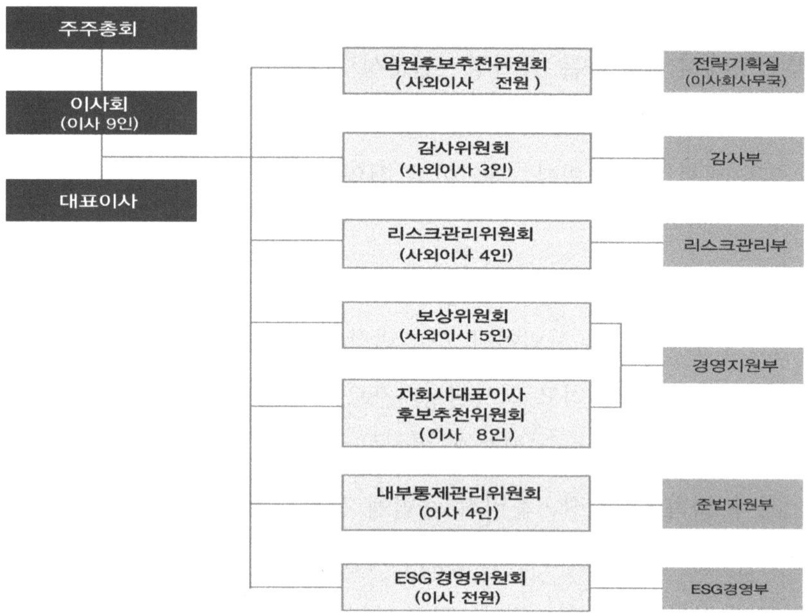

출처 : 우리금융지주 지배구조 연차보고서

다. 경영의 주요 사항 등의 안건에 대하여 일상 감사를 실시하고 중대한 사항에 대하여 감사위원회에 보고하도록 하고 있다. 효율적인 감사업무 수행을 위하여 감사보조기구인 감사부를 운영하고 있으며, 감사위원회로부터 직무를 위임받아 감사업무를 통할하고 감사결과 중요한 사항 등에 대하여 감사위원회에 보고하고 있다. 매년 외부감사인으로부터 외부감사인이 수행할 연간 감사계획을 보고받고 있으며, 중요한 회계처리기준, 매분(반)기 감사(검토) 결과, 핵심감사사항, 회계처리상 발생할 수 있는 문제점과 이슈 가능사항 등에 대해 외부감사인과 소통하고 있다.

지배구조 평가

우리금융지주회사는 지배구조 핵심지표를 준수하고 있으나 주주총회 개최 4주 전 주총소집을 통보하지 않음으로써 주주들이 주주총회에서 회사

〈표 2-25〉 우리금융지주의 지배구조 핵심지표 준수 여부

구분	핵심지표	준수 여부	
		O	X
주주	① 주주총회 4주 전에 소집공고 실시		X
	② 전자투표 실시	O	
	③ 주주총회의 집중일 이외 개최	O	
	④ 배당정책 및 배당실시 계획을 연 1회 이상 주주에게 통지	O	
이사회	⑤ 최고경영자 승계정책(비상시 선임정책 포함) 마련 및 운영	O	
	⑥ 내부통제정책 마련 및 운영	O	
	⑦ 이사회 의장과 대표이사 분리	O	
	⑧ 집중투표제 채택	O	
	⑨ 기업가치 훼손, 주주권익 침해에 책임이 있는 자의 임원 선임을 방지하기 위한 정책 수립 여부	O	
	⑩ 6년 초과 장기재직 사외이사 부존재	O	
감사기구	⑪ 내부감사기구에 대한 연 1회 이상 교육 제공	O	
	⑫ 내부감사부서(내부감사업무 지원조직) 설치	O	
	⑬ 내부감사기구에 회계, 재무 전문가 존재 여부	O	
	⑭ 내부감사기구가 분기별 1회 이상 경영진 참석 없이 외부감사인과 회의 개최	O	
	⑮ 경영 관련 중요정보에 내부감사기구가 접근할 수 있는 절차를 마련하고 있는지 여부	O	

출처 : 기업지배구조 핵심지표 준수 현황표에 의해 작성

의 경영에 대한 의사를 표시할 수 있는 시간을 충분히 갖지 못하게 하고 있다. 우리금융지주의 지배구조 핵심지표 준수 여부는 〈표 2-25〉와 같다.

지배구조 보고서는 자체적으로 작성하는 것으로, 객관성, 투명성과 공정성이 담보되지 않을 수 있다. 또한 지배구조 보고서는 과거의 상황을 반영하는 것으로, 현재의 지배구조를 정확하게 판단하기에는 한계가 있다. 따라서 지배구조 보고서에 의한 점검과 더불어, 최고경영진의 경영지배력

강화에 따른 참호구축 등 여러 가지 문제에 대하여 견제와 감시 기능이 실질적으로 작용할 수 있도록 이사회와 감사위원회의 독립성과 전문성을 확보하고 권한과 책임을 강화해야 할 것이다.

3.6 소유지배구조 이슈

공기업에서 민영화된 대기업이나 금융기관, 즉 KT, 포스코, KT&G, KB금융그룹, 우리금융그룹은 소유가 매우 분산되어 있어 많은 사람들이 소량의 주식을 보유하고 있다. 그 중 외국인 투자자들이나 국민연금공단에서 일정 부분 지분을 보유하고 주요 주주인 경우가 많다.

지배구조의 취약성

소유분산형 대기업집단의 지배구조는 다음과 같은 취약성을 가지고 있다.

(1) 이사회의 독립성 취약 : 소유가 분산되어 있으면 아무도 기업에 대한 지배적인 영향력을 행사할 수 없다. 이로 인해 경영진에 의한 이사회 지배와 이사회의 경영진에 대한 독립성이나 실질적인 견제장치가 없을 수 있다.

(2) 경영진에 대한 견제의 한계 : 국내 소액투자자들이나 외국인 투자자들은 단기적인 수익에 관심이 많기 때문에 경영진의 장기적인 의사결정에 견제 역할을 하지 못할 수 있다. 또한 주주총회에서 선임된 이사와 이사회도 독립성과 전문성 등의 부족으로 경영진의 견제와 감시에 한계가 있다.

(3) 기업의 투명성 저하 : 경영정보의 비대칭성과 이사회의 견제와 감시 기능의 취약성 등으로 인해 주주들이 기업의 운영에 대해 잘 알지 못할 수 있다. 이로 인해 기업의 부패나 비리가 발생할 가능성이 높아질 수 있다.

〈그림 2-34〉 소액주주의 영향력 제한

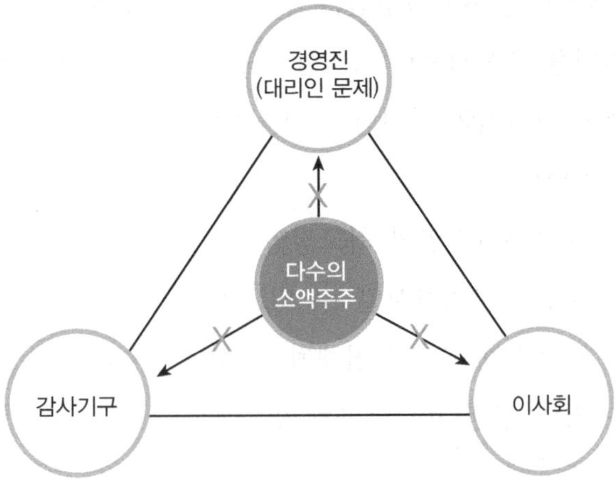

대리인 문제

소유분산 기업은 경영진과 주주 간의 권한 및 책임의 분리로 인해 최고경영진과 이사회가 중심이 되어 기업을 운영하고, 이사회는 주주를 대신하여 기업의 경영을 감독한다. 지배주주가 없는 상황에서 경영 전반에 관한 의사결정 권한을 위임받고 광범위한 지배력을 행사하는 최고경영진은 기업의 이익과 주주의 이익을 동시에 고려하여 주주들의 기대에 부응하여 기업의 가치를 향상시켜야 한다. 또한 이사회는 기업의 경영상황을 체계적으로 관리하고, 적극적인 정보공개와 투명한 경영활동을 통해 주주와 시장의 신뢰를 유지해야 한다. 소유분산 기업의 많은 소액주주들은 주주권리 보호를 위하여 회사의 경영진, 이사회, 감사위원회 등 감사기구에 대하여 직접적인 감독이나 통제할 수 있는 수단과 방법이 〈그림 2-34〉와 같이 매우 제한적이다. 소액주주들은 소유한 주식의 지분율이 낮기 때문에, 주주총회에서 경영진과 이사 선출에 대한 의결권 행사에 실질적인 영향력을 행사할 수 없으며 감사위원회에 대한 직접적인 감독이나 통제를 할 수 없다. 이로 인하여 경영진은 주주의 권리를 침해하여 자신들의 이익을 챙기는 '대리인 문제'가 발생할 수 있다.

경영진은 주주의 이익을 위해 기업을 경영해야 하지만, 소액주주들의 영향력이 낮기 때문에 경영진은 주주의 이익을 우선적으로 고려하지 않고 자신의 이익을 우선적으로 고려할 가능성이 높다. 이사회가 독립성과 전문성을 갖추고 경영진의 대리인 문제를 방지할 수 있도록 견제와 통제기능을 수행하여야 한다.

그러나 소유분산기업의 최고경영진은 자신의 이익을 위해 이사회의 견제와 감시기능을 무력화시킬 수 있으며, 이로 인해 기업의 재무건전성이 악화되고, 주주들의 이익이 침해될 수 있다. 더 나아가 기업의 이미지가 실추되고, 기업의 경쟁력이 약화될 수 있다.

참호구축(entrenchment)

기업지배구조를 위협하는 전형적인 문제는 소유분산기업에서 내부경영진에 의한 '참호구축(entrenchment)'이 발생하는 것이다. 참호구축은 기업 경영진이 자신들의 이익을 보호하고 경영권을 고수하기 위해 주주의 권리를 제한하거나 제어하는 것을 의미한다. 이러한 행위들은 주주들의 이익과 기업의 투명성 및 효율성에 부정적인 영향을 미칠 수 있다. 구체적인 방법으로는 경영성과 과대평가, 비독립적인 사외이사, 형식적인 최고경영자 연임 절차, 회사 내부에서 후계 능력을 갖춘 이들을 제거해 대안 부재를 만드는 것이다. 여기에 더하여 주주총회에서 경영진 자신을 위해 동원할 수 있는 우호지분을 만드는 것이다. 대표적인 방식이 주식 상호보유(cross-holding)로 사업 협력을 위한 제휴를 하면서 보유하고 있던 자사주를 상호 교환하여 우호지분을 확보하는 경우이다. 경영진이 참호를 구축하려는 이유는 경영권을 잃는 것을 두려워하거나 회사의 자원을 사용하여 자신의 이익을 창출하는 것을 원하기 때문이다. 경영진이 참호구축을 통해 자신의 지위를 강화하면, 대리인 문제가 확대될 수 있다. 주주와 내부경영진 사이에 이해관계가 상충하는 상황에서, 내부경영진이 주주의 이익을 위해 행동하지 않고 자신의 이익을 우선적으로 추구하는 대리인 문제가 소유분산기업에서 발생할 가능성이 높다. 내부경영진이 참호를 구축하면, 주주나 다른 이해 관계자들이 내부경영진을 감독하기가 더 어려워지고 그 결과, 내부경영진은 자신의 이익을 우선적으로 추구할 가능성이 높아질 수 있다.

4. 주주행동주의와 지배구조

최근 ESG경영과 주주행동주의의 중요성이 인식되면서, 기업의 장기적인 가치창출을 고려한 투자가 증가하고 있다. 이러한 투자는 주주들에게는 장기적인 수익을, 기업들에게는 지속가능한 경영을 가능하게 하는 요인이 된다. 주주행동주의와 스튜어드십 코드는 기업의 지배구조 개선을 위해 중요한 역할을 할 수 있으며, 두 가지 제도가 함께 작용하면 기업의 장기적인 가치를 높이고 투자자와 기업 모두에게 이익이 될 것이다. 물론 주주행동주의와 스튜어드십 코드가 모든 기업에 긍정적인 영향을 미치는 것은 아니다. 주주행동주의가 지나치게 공격적이거나, 스튜어드십 코드가 기관투자자들의 책임을 지나치게 강조하는 경우에는 기업의 경영을 위축시키거나 투자자의 수익을 감소시키는 부작용이 발생할 수 있다. 그러나 이러한 부작용을 최소화하기 위한 노력을 기울인다면, 주주행동주의와 스튜어드십 코드는 기업의 지배구조 개선을 위해 중요한 역할을 할 수 있을 것이다.

4.1 주주행동주의

주주행동주의(Shareholder Activism)는 기업 경영에 대한 주주의 영향력을 강화하고, 주주들의 이익을 보호하고 증진하기 위한 움직임을 말한다. 이러한 움직임은 주로 주주행동주의 펀드를 통해 이루어지며, 기업 경영에 대한 주주의 입장을 대변하고 기업 경영에 대한 건전한 판단과 감시를 수행한다. 주주행동주의의 주요 특성은 다음과 같다.

(1) 주주의 권리 증진 : 주주행동주의는 주주의 권리를 보호하고 증진하기 위한 움직임이다. 이를 위해 주주들은 기업 경영에 대한 적극적

인 참여를 통해 자신들의 이익을 보호하고 기업의 잠재적 위험을 줄이기 위해 노력한다.

(2) 기업 경영 감시 : 주주행동주의는 기업의 경영과정을 감시하고, 이를 개선하기 위해 노력한다. 이를 통해 기업의 가치를 향상시키고, 주주들의 이익을 증가시킨다.

(3) 이익 극대화 : 주주행동주의는 기업의 이익을 극대화하기 위한 움직임이다. 이를 위해 주주들은 경영진의 성과에 대해 민감하게 반응하며, 이를 고려한 적극적인 조치를 취한다.

그러나 주주행동주의에도 한계가 존재한다. 이러한 한계는 다음과 같다.

(1) 이해관계자와의 충돌 : 주주행동주의는 기업의 주주를 중심으로 한 활동이다. 이로 인해 기업 내부의 이해관계자와 충돌이 발생할 수 있다. 이를 극복하기 위해서는 다양한 이해관계자들의 이익을 고려할 필요가 있다.

(2) 단기적인 관점 : 주주행동주의는 단기적인 이익 추구에 초점을 맞추고 있다. 이로 인해 장기적인 기업가치 향상을 위한 노력이 부족할 수 있다.

(3) 주주 다양성의 부족 : 주주행동주의는 대개 소수의 대규모 주주들에 의해 주도된다. 이로 인해 주주 다양성이 부족할 수 있으며, 이를 해결하기 위해서는 다양한 주주들의 참여가 필요하다.

이러한 주주행동주의는 미국에서부터 유럽과 아시아 지역으로 확산되었으며, 주식시장에서의 주주들의 영향력이 높아지면서 주주행동주의 펀드와 같은 새로운 투자방식이 등장하게 되었다. 이러한 펀드는 주주들이 기업 경영에 적극적으로 개입할 수 있는 권리를 행사하는 것을 목표로 하며, 기업 경영에 대한 주주들의 관심을 높이는 역할을 한다. 주주행동주의의

〈그림 2-35〉 주주행동주의 과정

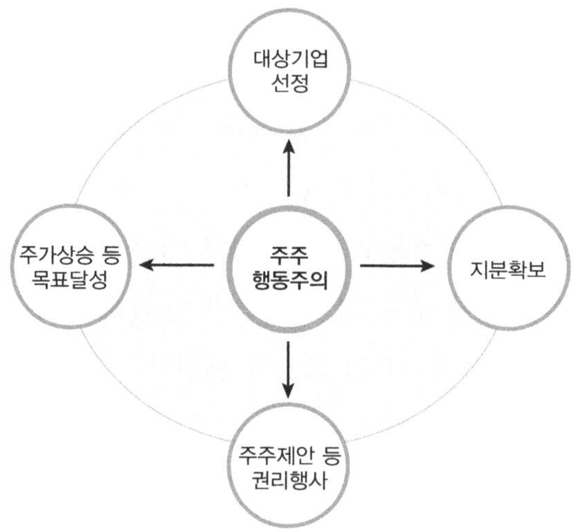

과정은 〈그림 2-35〉와 같다.

주주행동주의자들은 회사의 경영진과 대화하거나, 공개 캠페인을 벌이거나, 위임장 경쟁을 통해 경영진을 바꾸려고 한다. 따라서 주주행동주의자는 회사를 개선하기 위한 강력한 도구가 될 수 있으며 경영진에게 책임을 지게 하고, 회사의 경영을 개선하고, 주주들에게 더 많은 가치를 제공하는 데 도움이 될 수 있다.

주주행동주의 유발요소

적절한 수준의 주주행동주의는 기업과 주주 간의 상호작용과 균형을 유지하면서 이루어져야 한다. 주주행동주의를 유발시킬 수 있는 기업의 위험요소는 다양하다. 주요 위험요소는 다음과 같다.

(1) 경영성과의 저하 : 기업의 경영성과가 저하되거나 불만족스러운 경우, 주주들은 이에 대한 불만을 표출하고 주주행동주의를 일으킬 수 있다. 이는 주식가격 하락이나 배당금 감소와 같은 형태로 나타날 수 있다.

(2) 부정적인 사회적 영향 : 사회적 책임의 부족이나 환경 파괴 등과 같은 부정적인 사회적 영향은 주주들의 반발을 일으킬 수 있다. 즉, 기업이 사회적 문제를 일으키거나 윤리적인 문제에 관련된 사안에 연루되는 경우, 주주들은 이에 대해 비판적인 태도를 취하고 주주행동주의를 통해 기업에게 변화를 요구할 수 있다.

(3) 기업지배구조 문제 : 기업지배구조의 문제는 주주행동주의를 유발시키는 주요한 요소 중 하나이다. 기업지배구조에 대한 불투명성, 주주의 소통과 참여 기회의 제한, 대주주의 악용 등의 문제가 있는 경우, 주주들은 이를 지적하고 개선을 요구할 수 있다.

(4) 경영진의 비윤리적 행위 : 기업 경영진의 부정한 행위, 금전적인 이해에 우선하는 행동 등은 주주들의 불신과 비난을 촉발할 수 있다. 즉, 경영진의 비윤리적인 행위는 주주행동주의를 일으키는 주요한 원인 중 하나로 작용할 수 있다.

(5) 환경문제와 지속가능성 : 기업의 환경문제나 지속가능성에 대한 관심이 증가하고 있으며, 이와 관련된 부정적인 사안은 주주들의 주목을 받을 수 있다. 이에 따라 환경 파괴, 탄소 배출 등의 문제가 있는 기업은 주주들의 비판과 주주행동주의를 유발할 수 있다.

이러한 위험요소들은 주주들의 관심과 요구사항에 대한 기업의 불충분한 대응으로 인해 주주행동주의가 확산될 수 있다. 따라서 기업은 위험요소들을 인식하고 관리해야 하며, 주주들과의 소통과 협력을 강화해야 한다.

주주행동주의자들의 행태

주주행동주의자들은 다양한 행태를 통해 기업에 영향을 미칠 수 있으며, 주요한 주주행동주의자들의 행태는 다음과 같다.

(1) 주주총회 참여 : 주주행동주의자들은 주주총회에 참여하여 기업 경

영에 관련된 사안에 대해 의견을 제시하고 투표권을 행사한다. 이를 통해 경영진의 결정에 영향을 미치거나, 기업의 방향성을 제시하는 역할을 한다.

(2) 주주안건 제안 : 주주행동주의자들은 자신들의 관심사나 의견에 따라 주주안건을 제안할 수 있다. 이를 통해 기업의 경영에 관련된 문제에 대한 해결책을 제시하거나, 기업의 사회적 책임과 지속가능성을 강조할 수 있다.

(3) 주식 소유 비중 조정 : 주주행동주의자들은 자신들의 주식 소유 비중을 조정하여 기업에 대한 영향력을 높일 수 있다. 이에 따라 주식 매입이나 매도를 통해 기업 경영에 대한 관심과 자신들의 의견을 반영하려는 의지를 나타낼 수 있다.

(4) 주주권 행사 : 주주행동주의자들은 주주권을 행사하여 기업의 의사결정 과정에 영향을 미친다. 이를 통해 이사회 구성에 참여하거나, 경영진 선출에 영향을 주는 등 기업의 지배구조를 개선하고 투명성을 높일 수 있다.

(5) 정보 요구 : 주주행동주의자들은 기업으로부터 다양한 정보를 요구하고 공개를 요청할 수 있다. 기업의 재무정보, 지속가능성 보고서 등을 적극적으로 검토하고, 기업의 활동에 대한 투명성과 책임성을 강조하는 역할을 한다.

(6) 사회적 영향력 활용 : 주주행동주의자들은 사회적 영향력을 활용하여 기업에 대한 비판이나 요구를 확산시킬 수 있다. 언론이나 사회운동 등을 통해 기업의 사회적 책임, 환경문제, 노동자의 인권 등을 이슈로 제기하고 관심을 모은다.

주주행동주의자 활동방법

주주행동주의자들은 다양한 방식으로 사회적인 영향력을 활용하여 기업에 대한 변화를 추구한다. 주요한 활동방법은 다음과 같다.

(1) 사회적 캠페인 및 운동 : 주주행동주의자들은 사회적 캠페인이나 운동을 조직하고 주도하여 기업의 사회적 책임과 지속가능성에 대한 관심을 높인다. 이를 통해 공론화를 유도하고, 사회적 압력을 기업에 가해 주주들이 원하는 방향의 변화를 이끌어낸다.

(2) 주주투표 : 주주행동주의자들은 주주총회에서 주주투표권을 행사하여 기업의 경영과 관련된 결정에 영향을 미친다. 주주행동주의자들은 기업의 사회적 책임, 환경적 책임, 지배구조 개선 등을 요구하는 주주안건에 투표하여 주주들의 의견을 반영하고, 기업의 경영 방향을 변경하려는 노력을 기울인다.

(3) 주주지지서명 : 주주행동주의자들은 주주지지서명을 조직하고 주도하여 특정 주제나 사안에 대한 지지를 모으는 데 기여한다. 이를 통해 기업 경영에 영향을 미치기 위한 주주들의 단결력을 강화하고, 주요 이슈에 대한 인식과 변화를 촉구한다.

(4) 기업과의 대화 및 압력 : 주주행동주의자들은 기업과의 대화를 통해 관심사와 우려사항을 제기하고 해결책을 요구한다. 이를 통해 기업과의 협력적인 관계를 유지하면서도 변화를 이끌어내기 위한 압력을 가한다.

(5) 투자결정의 변경 : 주주행동주의자들은 자신들의 투자결정을 기업의 사회적, 환경적 성과와 관련시킴으로써 기업에 대한 영향을 미친다. 주주행동주의자들은 경영진을 비판하거나, 경영진의 교체를 요구하는 등 지나치게 공격적인 행동을 할 수 있다. 이 경우에는 경영진의 의사결정에 방해가 되고, 기업의 경영을 위축시킬 수 있으며 기업의 장기적인 가치를 높이기보다는 단기적인 수익을 추구하는 경우가 많아 기업의 장기적인 성장을 저해할 수 있다.

주주행동주의 펀드

주주행동주의 펀드(Shareholder Activist Fund)는 주주들이 기업의 경영에 적극적으로 참여하여, 기업의 이익을 극대화하고, 경영의 투명성과 책임성을 제고하기 위한 활동을 하는 펀드이다. 이러한 펀드는 보유한 기업의 경영에 적극적으로 개입하여, 기업의 경영성과를 개선하고 주주의 이익을 극대화하기 위해 주주행동주의를 실천한다. 일반적으로 대규모 주주들과 협력하여 기업의 경영에 개입하고 이를 위해 대규모 주주들과 공동으로 지분을 보유하거나, 대규모 주주들과 제휴하여 행동하거나, 대규모 주주들이 소유한 지분을 매입하여 기업 경영에 개입하는 등의 방식으로 활동한다. 주주행동주의가 기업의 경영성과를 개선하고 주주의 이익을 보호하는 등의 긍정적인 영향을 미칠 수 있지만, 오히려 기업의 경영진과 대립하거나 주주 간의 갈등을 야기할 수도 있다. 주주행동주의 펀드는 대개 기업의 경영에 개입하기 위해 지분을 매입한다. 이러한 펀드가 전개되는 과정은 다음과 같다.

(1) 대규모 주주와의 협력 : 주주행동주의 펀드는 보유 지분이 적은 경우, 대규모 주주와 함께 지분을 보유하거나 제휴하여 기업의 경영에 개입한다. 대규모 주주들과의 협력을 통해 주주행동주의 펀드는 자신의 목적을 달성하기 위한 권한과 지위를 높일 수 있다.

(2) 대주주와의 대립 : 대주주와의 협력이 어려운 경우, 주주행동주의 펀드는 대주주와 대립하여 자신의 의견을 반영하고, 기업의 경영에 영향력을 미친다. 이 경우 대주주와 대립하면서 투자자금을 보호하기 위해 소송을 제기하기도 한다.

(3) 기업경영 개선을 위한 제안 : 주주행동주의 펀드는 기업의 경영성과를 개선하기 위해 제안서를 제출한다. 이를 통해 기업의 경영진은 자신의 역할과 책임에 대한 객관적인 평가와, 기업경영 개선을 위한 방향성을 파악할 수 있다.

(4) 기업 인수합병(M&A) 및 재편 : 주주행동주의 펀드는 기업 인수합병, 기업 재편 등의 방법을 통해 기업 경영을 개선하고, 주주의 이익을 극대화하기도 한다. 이를 위해 주주행동주의 펀드는 기업의 자산, 부채, 인력 등의 투자대상에 대한 정보를 수집하여 투자전략을 구체화하고, 경쟁적인 입찰 및 제안서를 제출한다.

전 세계적으로 주주행동주의 펀드는 기업 경영의 개선과 주주의 이익 극대화를 위해 활동하고 있다. 이러한 펀드는 기업 경영에 적극적으로 개입함으로써 기업의 경영성과를 개선함과 동시에 기업의 경영방침 및 인사 정책, 사회적 책임 등 다양한 측면에 대한 개선을 이끌어내기도 한다.

4.2 스튜어드십 코드

스튜어드십 코드(Stewardship Code)는 기관투자자들이 기업 경영에 대한 책임을 다하고, 기업의 장기적인 가치를 높이기 위해 적극적으로 참여하도록 권장하는 제도이다. 이는 주주행동주의와 비슷한 개념으로, 주주들이 기업 경영에 대한 책임을 다하고 기업가치를 높이기 위해 적극적으로 참여해야 한다는 관점에서 출발한다. 경제 성장과 함께 기관투자자들의 영향력이 커짐에 따라 기업의 장기적인 가치 창출을 위한 기관투자자들의 책임 있는 행동을 유도하기 위해 영국에서 처음 제정되었지만, 이후 전 세계적으로 확산되었다. 영국에서는 경영행태를 개선하고 기관투자자들이 기업 경영에 더 적극적으로 참여할 수 있도록 도와주기 위해 "The Stewardship Code"가 발표되었다. 이후 일본, 호주, 캐나다, 네덜란드, 프랑스 등 다양한 나라에서도 스튜어드십 코드가 발표되었다.

기관투자자들은 기업의 지분을 대량으로 보유함으로써 기업 경영에 상당한 영향력을 행사할 수 있다. 이러한 영향력을 통해 기업의 경영진에게 장기적인 가치 창출을 위한 의사결정을 하도록 요구할 수 있고 기업의 지배구조 개선과 지속가능성 강화에 기여할 수 있다. 스튜어드십 코드의 발전과정에서는 기관투자자들의 책임성과 투명성이 강조되면서, 기업에 대한 투표권을 적극적으로 행사하고, 기업 경영에 대한 견제와 지원을 적극적으로 수행해야 한다는 내용이 강화되었다.

스튜어드십 코드가 기업들의 지배구조 개선을 위한 자발적인 노력을 유도하기 위한 가이드라인으로, 기업과 투자자 간의 상호작용을 촉진하고 기업의 장기적인 가치 창출을 위한 대안으로 활용되고 있다. 그러나 스튜어드십 코드도 여전히 몇 가지 한계점이 있다.

첫째, 스튜어드십 코드는 기업들의 지배구조 개선을 위한 자발적인 노력을 유도하기 위한 가이드라인으로, 의무적인 법규가 아니기 때문에 기업이 이를 따르지 않더라도 법적인 제재를 가할 수는 없다.

둘째, 스튜어드십 코드를 준수하고 있다는 것을 입증하거나 검증하기 위한 명확한 기준이 없어 실질적인 효과가 미약할 수 있다.

셋째, 스튜어드십 코드는 투자자들이 기업에 대한 지분을 보유하고 있을 때에만 적용되는 것이라, 대출이나 파생상품 거래 등 비지분 투자 형태에서는 적용이 어려울 수 있다.

넷째, 스튜어드십 코드는 기업과 투자자 간의 상호작용에 초점을 맞추고 있기 때문에 기업 내부의 적극적인 이해관계자들과의 소통과 협력에 대한 내용이 충분하지 않을 수 있다.

이러한 한계점이 있지만, 스튜어드십 코드는 기업의 사회적 책임과 지배구조 개선을 위한 중요한 도구로 인식되고 있으며, 기업들의 적극적인 참여와 투자자들의 적극적인 지지가 계속 이루어질 경우 더욱 발전할 수 있을 것으로 보인다.

국민연금의 스튜어드십 코드

국민연금공단은 정부로부터 독립되어 국민의 노후자금을 운용하는 공적기관이고 최대의 기관투자자로서, 국내 기업의 지분을 대량으로 보유하고 있어서 국민연금의 스튜어드십 코드가 기업의 지배구조 개선과 지속가능성 강화에 미치는 영향은 매우 크다고 할 수 있다. 국민연금의 스튜어드십 코드를 통해 기업의 지배구조 개선에 적극적으로 참여하고 기업의 경영진을 감시하고, 기업의 가치를 높이는 데 도움이 될 수 있으며 기업의 장기적인 가치를 높이고, 투자자와 기업 모두에게 이익이 될 수 있을 것이다. 또한 경영진의 경영에 대한 견제와 균형을 통하여 주주의 이익을 우선적으로 고려하도록 유도하여 기업의 주주가치 창출을 촉진할 수 있으며, 기업이 환경, 사회, 지배구조(ESG)에 대한 책임을 다하도록 요구하여 기업의 지속가능성 강화를 지원할 수 있다.

그러나 국민연금의 스튜어드십 코드 적극 활용에 따른 문제점도 고려해야 한다. 국민연금이 기업의 경영에 지나치게 개입할 경우, 기업의 경영권을 침해할 수 있고 단기적인 수익을 추구하기 위해 기업의 장기적인 가치 창출을 희생할 수도 있다. 더욱이 정부가 간접적으로 국민연금을 통해 특정 기업의 경영진 교체를 요구하거나, 기업의 투자 방향을 정부 정책에 맞추도록 요구하는 경우도 있을 수 있다. 따라서 국민연금의 스튜어드십 코드 적극 활용을 위해서는 스튜어드십 코드의 명확한 원칙과 기준 정립, 스튜어드십 코드의 투명한 운영, 스튜어드십 코드의 운영의 객관적 평가 및 공개 등의 제도적 장치의 보완이 요구되고 있는 것이 현실이다. 국민연금은 이러한 장치의 마련을 통해 국민연금의 스튜어드십 코드가 기업의 지배구조 개선과 지속가능성 강화에 기여할 수 있도록 노력해야 할 것이다.

4.3 주주행동주의의 대응과 공시

주주행동주의의 대상 기업은 대체로 지배구조나 경영 투명성, 경영권 방어수단 등이 취약하다는 특성을 가지고 있다. 이에 더하여 많은 현금을 보유하고 있으면서 배당이나 자사주 매입 등 주주환원에 인색하여 공격의 명분을 주는 경우가 많다. 주주행동주의는 기업의 지배구조 개선과 지속가능성 강화에 기여할 수 있는 긍정적인 측면이 있지만, 기업의 경영권을 침해하거나 기업의 단기적인 수익을 추구하는 데 악용될 수 있는 부정적인 측면도 있다. 기업은 주주행동주의에 적극적으로 대응해야 하며 주주행동주의에 효과적으로 대응하지 못할 경우, 기업의 경영권이 위협받거나 기업의 장기적인 가치 창출이 저해될 수 있다.

주주행동주의 대응

기업이 주주행동주의에 효과적으로 대응하기 위해서는 주주들과의 소통을 강화하고, 지배구조를 개선하며, 기업의 지속가능성을 강화하는 노력을 기울이는 것이 중요하다. 기업의 주주행동주의 대응은 다음과 같은 방향으로 이루어져야 한다.

(1) 주주와의 소통 강화 : 기업은 주주들과의 소통을 강화하여 주주들의 요구를 이해하고, 이를 반영할 수 있는 노력을 기울여야 한다. 주주총회, 주주서한, 웹사이트 등 다양한 채널을 통해 주주들과의 소통을 강화할 수 있다.

(2) 주주환원정책 : 배당과 자사주 매입은 주주들에게 기업의 이익을 직접적으로 환원하는 방법으로, 주주들의 만족도를 높이고, 기업에 대한 주주들의 신뢰를 회복하는 데 도움이 될 수 있다.

(3) 지배구조 개선 : 기업은 지배구조를 개선하여 주주들의 권리를 강화해야 한다. 이사회의 독립성 강화, 사외이사 비율 확대, 주주총회 의

결권 행사 개선 등이 대표적인 지배구조 개선 방안이다.

(4) 기업의 지속가능성 강화 : 기업은 기업의 지속가능성을 강화하여 주주들의 요구를 충족해야 한다. ESG경영 강화, 사회적 책임 이행, 윤리경영 실천 등이 대표적인 기업의 지속가능성 강화 방안이다.

이러한 대응과 더불어 행동주의자에 대하여 시차임기제, 포이즌 필 등의 기업의 방어 수단은 회사의 경영권을 보호하기 위한 수단이지만, 회사의 경영의 투명성을 저해할 수도 있다. 기업의 방어 수단은 기업의 지분구조를 복잡하게 만들거나, 기업의 의사결정 과정을 불투명하게 만들거나, 기업의 경영에 대한 주주들의 신뢰를 떨어뜨릴 수 있다. 예를 들어, 기업이 경영권 방어용 지분을 취득하면 기업의 지분구조가 복잡해져서 기업의 경영 상황이 투명하게 공개되지 못할 수 있다. 또한 기업이 경영권 방어용 계약을 체결하면 기업의 의사결정 과정이 불투명해져서 기업의 경영 책임을 강화하기 어렵게 될 수 있고, 경영권 방어용 소송을 제기하면 기업의 경영에 대한 주주들의 신뢰가 떨어질 수 있다. 따라서 회사는 행동주의자의 방어 수단을 도입할 때, 회사의 경영의 투명성을 저해하지 않도록 유의해야 한다. 주주행동주의자에 대한 기업의 방어 수단은 〈표 2-26〉과 같다.

이러한 방어 수단은 경영의 투명성을 저해할 수 있다는 점에 유의해야 한다.

〈표 2-26〉 주주행동주의자에 대한 방어 수단

구분	세부내용
시차임기제	시차임기제는 이사들의 임기를 차등적으로 부여하는 제도
포이즌 필 (poison pill)	적대적 인수합병을 시도 시 주주에게 주식을 대량으로 발행하여, 주주지분을 희석시키는 것
부속정관의 주주제안에 관한 규율	부속정관의 주주제안에 관한 규율은 행동주의자가 주주총회에서 안건을 제안하는 것을 제한하는 규정
황금주	황금주는 인수 관련 주주총회 결의 사항에 대해 거부권을 행사할 수 있는 주식

주주행동주의 관련 공시

주주행동주의는 주주들이 기업의 정보를 토대로 적극적인 투표를 통해 기업경영에 참여하는 것이며, 공시는 기업이 중요한 정보를 시장에 공개하여 주주들이 정확한 판단을 내릴 수 있도록 하는 것이다. 주주행동주의와 관련된 주요 공시는 경영권 영향 목적 대량보유 보고(5%룰) 시 보고의무자가 보유목적에 관한 구체적 계획 등을 공시하도록 하고 있다. 주식 등을 5% 이상 보유하게 되거나(신규보고), 이후에 보유비율이 1% 이상 변동하게 된 경우(변동보고) 또는 보유목적이나 중요사항이 변경된 경우(변경보고) 보유상황, 보유목적 등을 5일 이내 보고해야 한다.

이러한 보고들은 회사·경영진에게 경영권을 방어하기 위한 정보를 적절히 제공함으로써, 기업지배권 경쟁의 공정성·투명성을 강화하는 한편, 투자자에게는 지배권 변동 가능성에 관한 충분한 정보를 제공하여 투자자를 보호할 수 있다. 기업의 주주들이 기업 경영에 적극적으로 참여하고 기업의 이익을 증대시키고 주주권을 행사하기 위해서는 주주들이 기업으로부터 관련 정보를 제공받아야 한다. 기업이 일정한 규정에 따라 중요한 정보를 시장에 공개하는 것은 기업이 투명성을 유지하고 주주들에게 정보를 제공하여 주주들의 투자판단과 결정을 돕기 위함이다.

따라서 기업은 주주행동주의에 대응하기 위해 주주와의 소통을 강화하고, 주주가 기업의 경영에 참여할 수 있는 기회를 제공하는 것과 더불어 기업의 경영성과 개선과 주주가치 제고를 위한 노력을 병행해야 할 것이다.

3

ESG경영시대의 더 나은 거버넌스

1. ESG경영과 기업가치 창출

ESG경영시대에 기업가치를 극대화하기 위해서는 거버넌스가 투명하고 효율적이어야 한다. 그러나 제2부에서 살펴본 바와 같이 소유집중 대기업의 터널링(tunneling)이나 소유분산기업의 참호구축(entrenchment)과 같은 방식을 통하여 거버넌스의 정상적인 작동이 위협받고 기업가치가 훼손되는 사례가 발생하는 경우가 종종 언론에 보도되고 있는 실정에 있다. ESG경영시대에는 하드파워와 소프트파워를 결합하여 상호 견제와 균형을 이루는 거버넌스는 지속가능한 성장을 위해 이해관계자들 간 상호작용과 합리적인 조정과정을 통해 의사결정을 내리게 되므로 조직의 성과를 저하시키거나 기업가치를 훼손할 위험을 사전에 예방할 수 있다. ESG경영시대의 더 나은 거버넌스로 이해관계자들 간 신뢰, 소통, 협력을 통해 기업의 지속가능한 성장과 더불어 기업가치를 극대화할 수 있을 것이다.

1.1 ESG경영의 미래

ESG경영은 더 이상 미룰 수 없는 현실이 되었고 얼마나 빨리 전환하여 나아가는지에 따라 기업의 생존은 물론이고 국가의 생존과도 직결되는 시대적인 사명이라 할 수 있다. 기업의 지속가능한 성장과 사회의 지속가능한 발전을 위해서는 ESG경영이 매우 중요한 도전과제가 되고 있다. 소비자와 투자자들은 ESG경영을 실천하는 기업이 장기적 지속가능성을 확보하고, 기업의 가치를 제고할 가능성이 높다는 인식을 가지고 있다. 따라서 ESG경영을 실천하는 기업은 소비자와 투자자들의 관심과 신뢰를 얻을 가능성이 높으며 매출 증가와 자금 조달이 용이할 수 있다.

경영 패러다임의 대전환

기존의 경영방식은 주로 재무적 성과를 중심으로 주주를 위한 이윤 창출을 최우선 목표로 삼았고, 환경과 사회에 대한 책임은 상대적으로 소홀히 하는 경향이 있었다. 그러나 최근 기후변화, 환경오염, 사회 불평등 등 다양한 문제들이 심화되면서, 기업의 사회적 책임이 중요해지고 투자자와 소비자들 역시 기업의 ESG 성과에 관심을 가지며, ESG경영을 하는 기업에 투자하거나 구매를 하는 경향이 높아지고 있다. 따라서 기업은 ESG경영을 통해 환경과 사회에 대한 책임을 다하고, 이해관계자와의 신뢰를 구축해야 기업의 장기적인 지속가능한 발전을 기할 수 있다. ESG경영으로의 경영 패러다임을 전환하기 위해서는 다음과 같은 다각적인 노력이 필요하다.

(1) ESG 리더십 확보 : 최고경영진의 리더십이 ESG경영의 성공에 중요한 역할을 한다. 최고경영진은 ESG경영의 중요성을 인식하고, ESG경영을 위한 비전과 전략을 수립하여 실행해야 한다.
(2) ESG경영체계 구축 : ESG경영을 체계적으로 추진하기 위해서는 기업의 전 조직에 ESG경영철학을 공유하고 ESG조직을 구축하며, 경영관련 프로세스와 시스템에 ESG를 접목해야 한다.
(3) ESG경영 실천 : ESG경영은 단순한 선언이 아니라 실천을 통해 이루어져야 한다. 기업은 ESG경영을 위한 모든 조직 구성원들이 다양한 활동을 실천하고, 그 결과를 투명하게 공개해야 한다.

ESG경영은 기업의 경영 패러다임을 대전환하는 중요한 기회와 위협을 동시에 갖고 있다. 기업은 ESG경영을 통해 지속가능한 성장을 추구하고, 사회의 지속가능한 발전에 기여할 수 있다. 기업의 환경, 사회, 지배구조 측면에서 책임을 다하고, 지속가능한 경영을 추구하기 위하여 기업의 원자재 확보, 제품생산, 제품판매, 제품폐기 등 기업의 전 과정에 대하여 다음과 같은 변화에 대한 대응이 요구되고 있다.

(1) 원자재 확보 : 기업은 ESG경영을 통해 환경과 사회에 대한 책임을 다하기 위해 원자재를 친환경적이고 윤리적으로 조달해야 할 필요가 있다. 원자재 공급업체와의 관계를 강화하고, 원자재의 생산 및 조달 과정에서 발생하는 환경오염과 사회적 문제를 해결하기 위한 노력을 기울여야 할 것이다.

(2) 제품생산 : 제품생산과정에서 발생하는 환경오염과 사회적 문제를 해결해야 하고 친환경적인 생산공정을 도입하고, 노동 인권을 보호하기 위한 노력을 기울여야 할 것이다. 특히, 기업들은 제품생산과정에서 신재생에너지 사용을 늘리기 위해 신재생에너지 설비를 도입하고, 재생에너지 공급업체와 협력하는 등의 방법을 통해 신재생에너지 사용을 확대해 나가야 할 것이다.

(3) 제품판매 : 기업은 ESG경영을 통해 소비자의 요구를 충족하기 위해 친환경적이고 윤리적인 제품을 판매해야 하고 제품의 환경적, 사회적 영향에 대한 정보를 투명하게 공개하며, 소비자의 ESG 요구를 반영한 제품을 개발해야 할 것이다.

(4) 제품폐기 : 기업은 ESG경영을 통해 환경과 사회에 대한 책임을 다하기 위해 제품폐기과정에서 발생하는 환경오염을 최소화해야 하며 제품의 재활용과 재사용을 촉진하기 위한 노력을 기울여야 할 것이다.

(5) 인력관리 : 노동 인권을 보호하고, 직원의 복지 향상에 기여하고 직원의 다양성과 포용성을 강화하며, 직원의 안전과 건강을 보호하기 위한 노력을 기울여야 할 것이다.

(6) 공급업체관계 : 공급업체의 환경, 사회, 지배구조를 개선하기 위한 노력을 기울임과 아울러 공급업체와의 협력을 강화하고, 공급업체의 ESG경영을 지원하기 위한 프로그램을 제공해야 할 것이다.

ESG경영은 기업의 경영 패러다임을 근본적으로 변화시키고 있다. 기업은 ESG경영을 통해 환경, 사회, 지배구조 측면에서 책임을 다하고, 지속가능한 경영을 이루기 위한 노력을 지속해야 할 것이다.

지속가능한 경영

기업은 ESG경영을 통해 환경을 개선해 나가는 동시에 사회의 요구와 기대에 부응하고 자신의 이익을 극대화해야 하는 도전과제를 안고 있다. 환경 및 개발에 관한 세계 위원회(WECD)의 브룬트란트 보고서(Brundtland Report)는 지속가능한 발전(Sustainable Development)을 미래 세대가 그들의 필요를 충족시킬 능력을 저해하지 않으면서 현세대의 필요를 충족시키는 것이라고 정의하고 있다. 이 개념은 현세대가 물려줄 환경과 자연자원의 여건 속에서 미래 세대도 최소한 현세대만큼 잘 살 수 있도록 담보하는 범위 안에서 우리에게 주어진 환경과 자연자원을 이용해야 한다는 것이다. 지속가능한 경영은 천지인 사상에 기반하여 우주, 인간, 자연이 공존, 공생할 수 있도록 기업을 경영해 나가는 것이라는 할 수 있다. 인간과 자연이 조화롭게 살아가야 한다는 윤리적 가치를 담고 있는 천지인 사상을 중심에 두고 지속가능한 경영을 실천한다면, 기업은 환경을 보호하고, 사회에 공헌하고, 더 나은 미래를 만들어 나갈 수 있을 것이다. 기업은 환경, 사회, 지배구조 측면에서 모두 지속가능한 경영을 이루기 위한 노력을 지속해야 할 것이다. 지속가능 경영의 세 가지 핵심 개념은 다음과 같다.

(1) 경제적 측면에서 기업은 경제적 수익성을 확보하기 위해 노력해야 한다. 이것은 기업의 지속가능성을 확보하기 위한 필수적인 요소이다. 혁신적인 기술의 개발과 상용화를 추진하고, 공정 경쟁을 통해 합리적 경영을 추구함으로써 기업은 경제적 수익성을 확보할 수 있다.
(2) 환경적 측면에서 기업은 환경에 대한 부정적인 영향을 줄이기 위해 노력해야 한다. 이것은 지속가능한 발전을 위한 필수적인 요소이다. 환경친화적 기술 및 제품 개발을 위한 R&D를 확보하고, 친환경 공급망을 관리하며, 제품의 책임과 환경 리스크 관리 등을 수행함으로

써 기업은 환경에 대한 부정적인 영향을 줄일 수 있다. 또한 국내외 환경단체들과의 협력을 통해 친환경 경영체제를 확립함으로써 기업은 환경에 대한 책임을 다할 수 있다.

(3) 사회적 측면에서 기업은 법을 준수하고, 인권을 보호하며, 안전보건 활동을 통해 사회적 책임을 다해야 한다. 문화, 복지, 역사, 스포츠, 의료 등 다양한 분야에서 사회공헌활동을 통해 기업은 사회 발전에 기여할 수 있다. 지역사회의 경제에 기여함으로써 기업은 지역사회와의 관계를 강화하고, 기업의 지속가능성을 확보할 수 있다. 이처럼 기업은 단순한 이윤 추구를 넘어서 경제적, 사회적, 환경적 측면에서 다양한 이해관계자들과 소통하고, 다양한 요구와 관심사를 수용하여 지속가능 경영을 함으로써 사회적 가치와 더불어 기업가치를 창출해야 할 것이다.

1.2 거버넌스와 기업가치

좋은 거버넌스는 기업의 투명성과 책임성을 높이고, 기업의 장기적인 성장과 발전을 촉진하여 기업가치를 향상시킨다. 거버넌스가 잘 갖춰진 기업은 기업의 의사결정이 합리적이고 효율적으로 이루어지며, 경영활동이 투명하고 공정하게 이루어지므로 기업의 위험을 효과적으로 관리하고, 장기적인 가치를 창출하는 데 집중할 수 있다. 기업의 의사결정 구조, 경영활동, 위험관리, 투명성, 공정성 등을 규율하는 거버넌스는 환경이나 사회적 책임, 다양한 이해관계자들의 요구를 담아 기업 측면에서의 경제적 가치, 사회와 환경 측면에서의 사회적 가치를 고려한 의사결정을 통하여 기업의 지속가능한 성장을 이루어 가도록 할 수 있다.

거버넌스의 위협요소

제2부에서 살펴본 바와 같이 소유집중 대기업의 경우, 대주주가 기업의 자원을 사적으로 유용하는 터널링 행위를 통해 거버넌스를 위협할 수 있다. 이는 대주주가 기업의 자원을 사적으로 유용하는 행위로, 주주가치를 훼손하고, 기업의 경쟁력을 약화시킬 수 있다. 또한 소유분산기업의 경우, 소액주주들이 기업의 경영에 참여할 수 있는 기회가 제한되어, 기업의 의사결정이 효율적으로 이루어지지 않는 상황에서 최고경영진에 의한 참호구축 현상이 발생할 수 있다. 참호구축은 소액주주들의 권리가 침해되고, 기업의 투명성이 저하될 수 있다.

물론 소유집중기업과 소유분산기업의 거버넌스를 위협하는 요소는 터널링과 참호구축만 있는 것은 아니다. 소유집중기업의 경우, 대주주가 기업의 경영권을 남용하거나, 기업의 자산을 부당하게 처분하는 행위도 거버넌스를 위협할 수 있다. 소유분산기업의 경우, 경영진의 부패나 지배구조의 투명성 부족도 거버넌스를 위협할 수 있다.

그러나 터널링과 참호구축은 소유집중기업과 소유분산기업의 거버넌스를 위협하는 가장 대표적인 요소라고 할 수 있다. 따라서 소유집중기업과 소유분산기업의 거버넌스를 개선하기 위해서는 터널링과 참호구축을 예방하기 위한 노력이 필요하다. 소유집중 대기업의 터널링과 소유분산 대기업의 참호구축의 부정적인 영향을 최소화하기 위해서는 기업의 지배구조를 개선하고, 소액주주들의 권리를 강화하는 노력이 필요하다.

(1) 소유집중 대기업의 터널링 : 대주주가 기업의 자원을 사적으로 유용하여 수익성을 감소시키고 재무건전성을 악화하여 주주가치를 훼손하는 행위이다. 이 같은 행위에 사용되는 수단은 〈표 3-1〉과 같다.

(2) 소유분산 대기업의 참호구축 : 소유분산기업에서 최고경영자는 일반주주가 경영에 참여할 수 없는 환경으로 인해 기업 경영 전반에 대해 광범위한 영향력을 행사한다. 사외이사의 실질적인 선임, 우호

〈표 3-1〉 터널링의 수단

구분	세부내용
일감 몰아주기	계열사나 특수관계인에게 부당하게 높은 가격으로 일감을 몰아주는 행위
상여금이나 퇴직금 지급	대주주가 기업의 자금을 사용하여 자신이나 친인척들에게 고액의 상여금이나 퇴직금을 지급
이자지급	기업의 자금을 사용하여 자신의 다른 사업체에 고리 이자를 지급
회사채 발행	대주주가 기업의 자금을 사용하여 자신의 회사채를 발행
비상장 자회사매각	대주주는 기업의 자금을 사용하여 비상장 자회사의 자산을 매각하고, 그 수익을 자신의 사적 이익에 사용

주주 확보, 경쟁후보자 축출 등의 방법으로 참호구축하는 사례가 발생할 소지를 많이 안고 있다. CEO가 연임에 집중하게 되면 이사들의 자리 나누기가 관행처럼 자리 잡게 되고, 기업 경쟁력의 약화와 더불어 기업가치를 훼손할 수 있다. 이 같은 참호구축은 〈표 3-2〉와 같은 방법으로 이루어지고 있다.

소유집중 대기업의 터널링과 소유분산 대기업의 참호구축은 모두 기업가치 하락을 초래하는 요인이다. 따라서 기업은 소유구조와 거버넌스 개선을 통해 이러한 문제를 해결하기 위한 노력이 필요하다.

〈표 3-2〉 참호구축의 수단

구분	세부내용
경영지배력 강화	경영진이 이사회 이사의 실질적 선임, 우호지분 확보, 경쟁후보자 축출 등으로 영향력 행사와 의결권을 독점
주주총회의 무력화	우호지분 등을 활용하여 주총에서의 의결을 주도하고 소액주주들의 의결권을 무력화
감사 및 감시기능 약화	기업의 경영활동에 대한 정보를 소액주주들에게 비공개, 감사기능의 지배

경제적 가치와 거버넌스

ESG경영에서 핵심적 역할은 거버넌스에 달려 있다고 할 수 있다. 거버넌스가 잘 구축되어 있다면 기업은 ESG경영을 효과적으로 실천할 수 있고 환경과 사회에 대한 책임을 다하며, 장기적인 성장과 발전을 추구할 수 있을 것이다. ESG경영은 기업의 지속가능한 발전을 위해 환경, 사회, 지배구조 성과를 측정하고 관리하는 것을 목표로 하는 반면, 기업 거버넌스는 기업의 의사결정과 운영을 투명하고 책임감 있게 수행하는 것을 목표로 하는 것으로, 기업의 지속가능한 발전을 위해 서로 보완하는 관계라고 할 수 있다. 그것은 기업의 의사결정과 경영활동에 대한 감독과 책임을 강화하여 기업이 환경에 미치는 영향을 최소화하고, 사회적 책임을 다할 수 있게 하며 기업의 투명성을 높이고, 이해관계자와의 소통을 강화함으로써 환경문제와 사회적 문제에 대한 이해를 높이고, 해결책을 마련할 수 있다.

경제적 가치는 거버넌스와 상호 밀접한 관계가 있다. 거버넌스를 통하여 기업의 재원을 환경과 사회에 투자하도록 유도하여 환경문제와 사회적 문제를 해결하고, 지속가능한 성장을 추구할 수 있다. 기업의 경영구조와 경영방식, 의사결정 방식 등이 투명하고 합리적으로 이루어진다면 경영 안정성과 투자자 신뢰도가 높아져 경제적 가치를 창출할 수 있다. 기업의 투명한 거버넌스가 작동하면, 경영 내부에서의 부정부패와 같은 문제를 예방하고 투자자의 신뢰를 얻을 수 있고 경영 안정성이 높아져 기업의 긍정적인 이미지를 형성하고, 이것은 장기적인 성장과 경제적 가치 창출에 도움이 된다. 반면, 기업이 거버넌스를 제대로 작동하지 못하면, 불법적인 거래나 부정부패와 같은 문제가 발생할 가능성이 높아지므로 기업의 경영 안정성과 신뢰도를 저하시키고, 최악의 경우에는 기업의 경제적 가치를 크게 떨어뜨릴 수 있다. 따라서 기업은 경제적 가치를 창출하기 위해서는 기업의 거버넌스가 효과적으로 작동해야 할 것이다.

사회적 가치와 거버넌스

ESG경영은 기업의 경제적 가치 창출과 더불어 사회와 상생하는 방식으로 기업이 활동하고, 사회의 발전과 복지의 증진을 추구하는 경영이며, 최근에 들어서 더욱 사회적 가치 창출의 중요성이 크게 부각되고 있다. 사회적 가치는 기업의 이해관계자들 중에서 주주뿐 아니라, 고객, 종업원, 지역사회, 환경 등과 같은 다양한 이해관계자들의 이익을 포함한다.

기업이 환경문제를 고려하여 친환경 제품을 출시하거나, 사회적 약자를 지원하는 사회공헌활동을 실시하거나, 사회적 이슈에 대한 적극적인 대처와 개선 등의 방식으로 사회적 가치를 창출할 수 있다. 최근에는 기업의 활동이 사회적 책임과 연계하여 논의되고 있으며, 기업은 단순히 이익만 추구하는 것이 아니라, 사회적 가치 창출을 통해 장기적인 경제적 가치 창출에도 기여할 수 있다는 인식이 대중적으로 확산되고 있다. 좋은 거버넌스 체계는 기업의 의사결정과 운영 과정을 투명하게 공개함으로써 이해관계자들의 신뢰를 얻을 수 있을 뿐만 아니라 기업의 사회적 책임을 강화하고, 이해관계자들과 소통을 강화함으로써 사회적 가치를 창출할 수 있다. 이로 인하여 기업의 평판과 경쟁력 강화, 고객 만족도 향상, 사회문제 해결 등에 기여하여, 기업의 장기적인 성장과 지속가능성을 도모할 수 있다.

1.3 기업가치 창출

ESG시대의 기업가치는 기업이 환경과 사회에 미치는 영향을 고려하고, 장기적인 성장과 발전을 추구하는 경영방식을 통하여 실현될 수 있다. 환경친화적인 경영을 통해서 기업이 환경에 미치는 영향을 최소화하도록 설계된 제품과 서비스를 생산·공급하고, 자원의 재활용과 재생에너지 사용으로 환경에 미치는 영향을 최소화해야 할 것이다. 이와 함께 기업이 사회적 책임을 다하고, 이해관계자와의 관계를 강화하고, 사회에 공헌함으로써

〈그림 3-1〉 지속가능한 기업가치

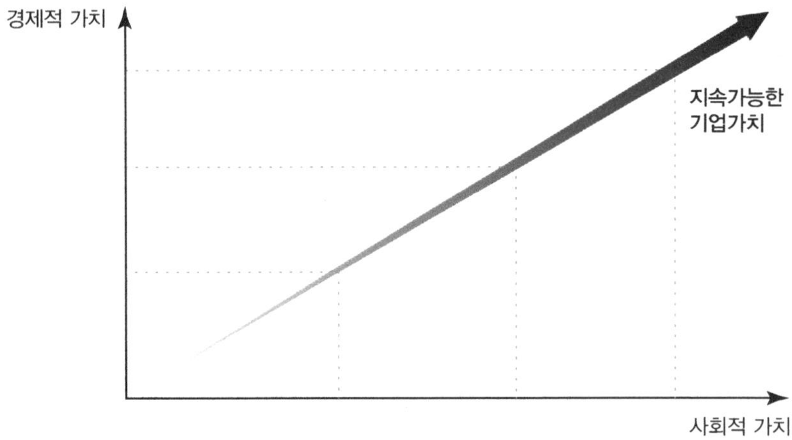

기업의 이미지를 개선하고 기업의 가치를 높일 수 있다. 기업의 지속가능성을 실현하기 위해서는 기업의 목적, 가치, 비즈니스 모델, 문화, 운영 관행 등을 ESG와 연계하여 포괄적으로 고려해야 한다. ESG경영을 추구함으로써 기업은 장기적으로 존속하고 성장할 수 있을 뿐만 아니라 경쟁력과 가치를 높일 수 있다. 기업가치의 지속가능한 창출은 〈그림 3-1〉과 같이 경제적 가치와 사회적 가치의 결합을 통해서 가능하다.

기업의 비즈니스 접근법이 사회적 가치와 기대에 부응하지 못하고 근본적으로 어긋나 있다면, 그 기업은 장기적으로 볼 때 지속가능성이 없을 뿐 아니라 지속가능한 기업가치 창출도 할 수 없을 것이다.

ESG경영시대의 기업가치 체계

ESG경영시대에서 경영진과 이사회는 기업의 장기적인 지속가능성을 고려한 경영을 추진하여야 한다. 이를 위해서는 기업이 경제적 성과를 추구하는 것뿐만 아니라 환경, 사회, 지배구조 측면에서도 책임을 다해야 하며, 이에 맞추어 경영전략을 수립하고 이를 실행함으로써 사회적 가치와 경제적 가치를 동시에 실현해야 한다. ESG경영시대의 기업가치를 향상시키기

〈그림 3-2〉 ESG경영시대의 기업가치 체계

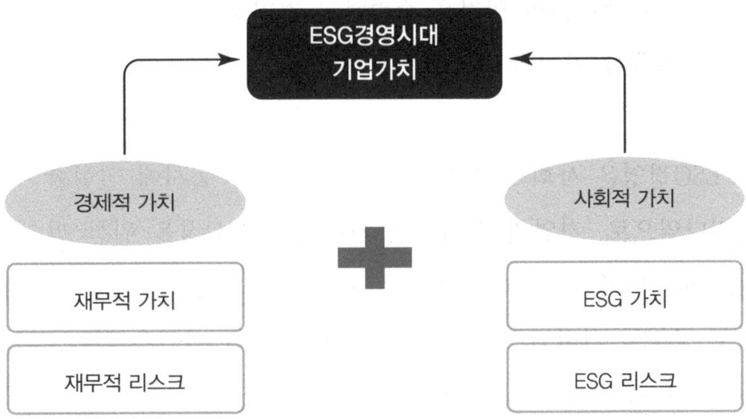

위한 체계는 〈그림 3-2〉와 같다.

기업이 사회적 가치와 경제적 가치를 동시에 실현할 수 있는 구체적인 수단과 방법은 다음과 같다.

(1) 환경친화적인 제품과 서비스 생산 : 기업은 환경친화적인 제품과 서비스를 생산함으로써 사회적 가치와 경제적 가치를 동시에 실현할 수 있다. 환경친화적인 제품과 서비스는 소비자에게 인기가 있으며, 기업의 매출을 증가시킬 수 있다. 또한 환경친화적인 제품과 서비스의 생산은 기업의 이미지와 평판을 제고하는 데 도움이 된다.

(2) 인간존중과 사회공헌활동 강화 : 기업은 인간존중과 사회공헌활동을 강화함으로써 사회적 가치와 경제적 가치를 동시에 실현할 수 있다. 인간중심경영을 통해 기업의 경영활동 전반에 걸쳐 인간존중의 경영철학을 실천함과 동시에 사회공헌활동으로 기업의 이미지와 평판을 제고함으로서 기업의 매출을 증가시킬 수도 있다.

(3) 투명하고 책임감 있는 경영 : 투명하고 책임감 있는 경영을 함으로써 사회적 가치와 경제적 가치를 동시에 실현할 수 있다. 투명하고 책임감 있는 경영은 기업의 이미지를 제고하고 기업의 규제 리스크를

감소시킨다. 기업은 경영활동에 대한 정보를 투명하게 공개하고, 이해관계자들의 의견을 수렴하고 경영성과에 대해 경영자가 책임지는 자세를 가져야 할 것이다.

ESG경영은 사회적 가치와 경제적 가치를 동시에 실현할 수 있는 경영 패러다임으로, 기업의 장기적인 지속가능한 성장을 위한 필수적인 요소이다. ESG경영을 실천하는 기업은 환경을 보호하고, 사회에 기여하며, 투명하고 공정한 거버넌스를 갖추고 있다. 이러한 기업은 환경오염, 사회적 갈등, 부패 등과 같은 리스크에 노출될 가능성이 낮으므로 기업의 리스크가 감소하고 기업의 수익성은 증가하며, 결국에는 기업가치의 증가로 이어진다. 또한 기업이 친환경 제품과 서비스를 개발하거나, 사회적 책임을 다하는 기업과 협력하는 것은 단순한 선행이 아니다. 이러한 활동은 새로운 수익원을 창출하고, 고객의 신뢰를 얻고, 직원의 만족도를 높이는 등 기업의 수익성을 높이는 데 기여할 수 있을 뿐만 아니라 기업의 장기적인 투자가치를 높이고, 투자자들의 자금을 유치하고, 투자수익률을 높일 수도 있다.

경제적 가치

경제적 가치는 기업이 장기적으로 창출할 수 있는 이익의 총액을 의미하는 것으로 재무적 가치와 재무적 리스크를 종합적으로 고려하여 측정되며, 기업의 지속가능성과 경쟁력에 영향을 미치는 모든 요소를 포함한다.

재무적 가치는 기업의 재무 상태와 실적을 나타내는 지표로, 기업의 현재 가치와 미래 가치를 측정하는 기준은 기업이 미래에 창출할 것으로 예상되는 현금흐름의 잠재력을 반영하고 있다. 재무 리스크는 기업의 재무 상태와 실적에 부정적인 영향을 미칠 수 있는 요소로, 다양한 요인에 의해 발생할 수 있으며, 경기 변동, 금리 변동, 환율 변동, 자연재해, 법규 변화 등이 대표적인 요인이다. 따라서 재무적 가치와 재무적 리스크를 종합적으로 고려하여 산출된 경제적 가치는 기업의 실질적인 가치를 반영한다고 볼 수 있다.

기업은 지속가능경영을 통해 환경을 보호하고, 지역사회에 긍정적인 영향을 미치며, 장기적인 경제적 성장을 도모할 수 있다. ESG경영시대 기업가치 평가에 있어서는 재무적 가치뿐만 아니라 ESG경영에 따른 비재무적 가치도 포함된다. 기업의 경제적 가치는 ESG경영성과를 반영한 차익을 산정하고, 이를 재무적 가치에 반영하여 평가할 수 있다. 예를 들어, 기업이 ESG경영을 통해 탄소 배출량을 줄이고, 에너지 효율을 개선함으로써 비용을 절감할 수 있다면, 이러한 비용 절감은 기업의 재무적 가치를 증가시킬 것이다. 또한 기업이 ESG경영을 통해 지역사회에 공헌함으로써 기업 이미지를 높이고, 소비자의 충성도를 높일 수 있다면, 이러한 기업 이미지 제고와 소비자 충성도 향상은 기업의 비재무적 가치를 증가시킬 것이다. 따라서 기업의 ESG경영성과를 반영하여 재무적 가치를 평가한다면, 기업의 경제적 가치를 보다 정확하게 평가할 수 있다.

사회적 가치

사회적 가치는 ESG 가치와 ESG 리스크로 산출할 수 있으며 기업의 환경, 사회, 지배구조 측면의 성과를 나타내는 지표이다. 기업이 사회적 가치를 창출하고, 지속가능한 경영을 이루기 위한 노력을 얼마나 하고 있는지 판단하는 기준이 된다.

ESG 가치 측면에서는, 기업이 환경보호, 사회공헌, 지배구조 개선 등 사회적 가치를 창출하기 위한 노력을 얼마나 하고 있는지가 사회적 가치를 측정하는 중요한 지표가 된다. 기업의 ESG 가치는 ESG경영전략을 통하여 실현되는 가치로 ESG경영목표에 따라 기업이 달성하고자 하는 ESG경영성과를 객관적으로 측정한 값이다. ESG 가치를 구현하는 방법은 기업의 특성에 따라 다를 수 있다. ESG경영성과는 기업이 ESG경영을 통해 달성한 성과를 측정한 것으로 ESG경영성과를 개선하기 위해 기업은 ESG경영전략과 목표를 지속적으로 수정하고 개선해야 한다. ESG 가치를 구현하는 기업은 환경을 보호하고, 사회에 공헌하고, 지속가능한 경영을 실천함으로써 장기적인 경쟁력을 확보할 수 있다. 예를 들어, 기업이 친환경 제품과 서비스를 개발하거나, 지역사회 공헌 활동을 추진하거나, 투명하고 책임 있는 지배구조를 구축하는 등의 노력을 통해 사회적 가치를 창출할 수 있다. ESG 리스크 측면에서는, 기업이 환경오염, 인권 침해, 불공정 거래 등 사회적 문제를 야기할 위험이 얼마나 있는지가 사회적 가치를 측정하는 중요한 지표가 된다. ESG 리스크는 기업가치에 부정적인 영향을 미칠 수 있는 잠재적 위험이다. ESG 리스크의 종류는 다양하다. 환경적 리스크로는 기후변화, 환경오염, 자원고갈 등이 있고, 사회적 리스크로는 노동 착취, 인권 침해, 사회적 불평등 등이 있으며, 지배구조 리스크로는 부패, 이해상충, 기업의 투명성 부족 등이 있다. 예를 들어, 기후변화로 인해 기업의 생산활동이 중단될 수 있고, 환경오염으로 인해 기업의 이미지가 손상될 수 있으며, 인권 침해로 인해 기업의 고객이 이탈할 수 있다. 또한 부정이나 횡령으로 인해 기업의 자금이 유출되고 이해상충으로 인해 기업의 의사결정이 왜곡될 수 있으며, 기업의 투명성 부족으로 인해 투자자가 기업에 투자하지 않을 수 있다. 따라서 기업이 ESG 가치와 ESG 리스크를 모두 고려하여 사회적 가치를 창출하고, 지속가능한 경영을 이루기 위한 노력을 기울일 때, 기업의 장기적인 발전과 사회의 발전에 기여할 수 있을 것이다.

다른 한편으로 최근 ESG 성과를 과장하는 ESG 워싱은 기업의 이미지를 개선하고 투자자를 유치하기 위해 일순간 위장할 수 있을지 모르지만 기업의 장기적인 성장과 발전에 부정적인 영향을 미칠 수 있다. ESG 워싱으로 인해 기업의 이미지가 손상되면, 고객의 이탈이 발생할 수 있고 투자자가 기업을 신뢰하지 않게 되므로 투자가 감소할 수 있다. ESG 리스크와 ESG 워싱은 모두 기업의 장기적인 성장과 발전에 영향을 미칠 수 있는 요소이다. ESG 리스크는 기업이 직면한 잠재적인 위험을 의미하는 반면에, ESG 워싱은 기업이 ESG 성과를 과장하는 것이기에 기업은 ESG 리스크를 관리하고 ESG 워싱을 방지함으로써 장기적인 성장과 발전을 추구하도록 해야 할 것이다.

2. ESG경영시대 더 나은 거버넌스 구조

기업은 이해관계자들의 권익 보호와 가치 창출을 통하여 기업의 장기적인 성장과 발전을 도모할 수 있다. 더 나은 거버넌스는 기업의 지속가능한 성장과 발전을 위해 필수적이다. ESG경영시대의 거버넌스는 기업의 ESG경영을 실천하고, 기업의 지속가능성을 확보하는 데 중요한 역할을 한다. 기업의 의사결정 구조를 규정하고, 경영진의 행동을 감독하는 역할을 하는 거버넌스는 투명하고 효율적으로 운영될 때, 기업은 ESG경영을 효과적으로 실천할 수 있다. 거버넌스가 투명하고 효율적으로 운영될 때, 기업은 투자자와 이해관계자로부터 신뢰를 얻을 수 있고 기업의 의사결정이 합리적이고 효율적으로 이루어질 수 있다.

2.1 더 나은 거버넌스 특성

ESG경영시대의 거버넌스는 기업의 장기적 지속가능성을 위해 더욱 중요해지므로 ESG경영을 효과적으로 수행하기 위해 거버넌스는 그에 상응한 특성과 원칙을 갖추어야 할 것이다. ESG경영시대에 있어서 더 나은 거버넌스의 특성은 다음과 같다.

(1) 투명성 : 기업은 의사결정 과정과 결과를 투명하게 공개해야 한다. 이사회의 구성, 경영진의 인사 및 보수 등과 같은 기본 정보에서부터 재무정보, 비즈니스 모델 및 전략 등 다양한 정보를 공개해야 한다. 이를 위해 기업은 외부감사를 받고, 정보공개 정책을 수립하여 이를 준수해야 한다. 경영진의 보수, 기업의 환경적, 사회적 영향, 기업의 자금조달 및 투자활동 등이 포함된다. 투명성은 기업의 신뢰

와 윤리성을 높이고 이해관계자들의 참여를 유도할 수 있다.

(2) 책임성 : 기업은 주주, 직원, 고객, 지역사회 등 이해관계자들에게 책임을 져야 한다. 여기에는 기업의 사회적 책임, 환경적 책임, 경제적 책임 등이 포함된다. 책임성은 기업이 지속가능한 성장을 이룰 수 있도록 지원한다.

(3) 다양성 : 기업은 경영진, 이사회, 직원 등에 다양성을 확보해야 한다. 여기에는 성별, 인종, 종교, 연령, 장애 등 다양한 요소가 포함된다. 다양성은 기업의 창의성과 혁신을 높이고, 새로운 시장을 개척하는 데 도움이 된다.

(4) 포용성 : 기업 내부의 모든 임직원뿐만 아니라 기업 외부의 고객, 공급업체 등 다양한 이해관계자를 포용하고 존중해야 한다. 여기에는 임직원의 고용, 임금, 승진, 교육 등 내부 임직원의 요구사항과 공급업체의 납품가격 등의 외부 이해관계자의 다양한 요소를 포함한다. 포용성은 다양한 이해관계자의 만족도를 높이고, 기업의 생산성을 향상시킬 수 있다.

(5) 윤리성 : 기업은 기업시민으로서 윤리적으로 행동해야 한다. 여기에는 기업의 경영활동, 제품과 서비스, 마케팅 활동 등이 포함된다. 윤리성은 기업의 신뢰를 높이고, 장기적인 성공을 이룰 수 있도록 지원할 수 있다.

이러한 원칙에 맞추어 거버넌스를 갖춘 기업은 ESG경영을 효과적으로 수행할 수 있고, 장기적으로 지속가능한 성장을 이룰 수 있다.

투명하고 공정한 거버넌스

투명하고 공정한 거버넌스는 기업이 모든 이해관계자들에게 책임을 다하고 지속가능한 성장을 할 수 있도록 하는 핵심요소이다. 투명한 거버넌스는 기업의 의사결정 과정과 정보가 모든 이해관계자들에게 공개되고 투명하게 이루어지는 것을 의미한다. 또한 공정한 거버넌스는 기업이 모든 이해관계자들의 권리와 이익을 공정하게 보호하는 것을 의미한다. 투명하고 공정한 거버넌스 구조를 통해 기업은 이해관계자들의 신뢰를 얻을 수 있고, 장기적인 성장을 이룰 수 있다.

투명하고 공정한 거버넌스 구조를 구현하기 위한 수단과 방법은 다음과 같다.

(1) 경영정보의 투명성 : 기업의 경영과정과 의사결정 과정에 대한 정보가 이해관계자들에게 공개되는 것을 의미한다. 경영정보의 투명성은 이해관계자들이 기업을 이해하고, 기업의 경영에 참여할 수 있도록 한다. 기업의 경영과정과 의사결정 과정을 투명하게 공개하기 위해 기업의 웹사이트에 기업의 경영계획, 재무상황, 환경보고서 등을 공개하고 있다. 이해관계자를 참여시켜 의사결정을 하기 위해 고객, 직원, 지역사회 등 이해관계자들과 소통하고, 그들의 의견을 수렴하여 의사결정을 하고 있다.

(2) 의사결정 과정의 공정성 : 기업의 경영과정과 의사결정 과정을 내외부의 이해관계자들의 의견을 반영하여 공정하게 결정하는 것이다. 이러한 공정성은 기업이 이해관계자들과 소통하고 의견을 개전하며 기업의 경영에 참여할 수 있도록 하는 것이다. 예를 들어, 기업의 경영진에게 보수를 결정하는 과정에 주주, 직원 등 이해관계자들의 의견을 반영하는 것이다.

(3) 견제와 감시기능의 강화 : 기업의 경영활동을 감시하고 견제하는 역할을 하는 기관을 강화해야 한다. 이를 위하여 이사회와 감사위원회의 독립성과 전문성을 강화하고, 특히 감사위원회는 사내감사부서의 통제와 그 권한을 확대해야 한다.

투명하고 공정한 거버넌스를 통해 이해관계자들에게 신뢰와 존중을 받는 기업이 될 수 있고, 장기적인 성장을 이루며 고객 만족, 직원 만족, 지역사회 발전을 달성할 수 있다.

포용적 거버넌스

포용적 거버넌스는 모든 이해관계자들이 존중받고 참여할 수 있는 의사결정 방식이다. 기업의 모든 구성원, 고객, 공급업체, 지역사회 등 다양한 이해관계자의 의견을 수렴하고, 그들의 의견을 의사결정에 반영하는 것을 의미한다. 포용적 거버넌스의 목적은 모든 이해관계자의 목소리를 경청하고, 그들의 참여를 통해 지속가능한 발전을 이루는 것이다. 따라서 주주총회를 정점으로 하는 이사회-감사위원회-경영진의 수직적 협력을 통해 상호 권한과 책임을 분담하고, 이사회-감사위원회-경영진의 수평적 협력을 통해 견제와 균형을 이루며 이를 바탕으로 정부, 시장, 노동조합 등 내외부 이해관계자와의 협력체제를 구축하는 구조가 포용적 거버넌스의 기본적인 체계라고 할 수 있다.

이처럼 포용적 거버넌스는 노동조합 등 내부 이해관계자뿐만 아니라 정부, 고객, 공급협체 등 외부 이해관계자와의 협력을 통해 사회의 변화에 능동적으로 대응하고, 지속가능한 발전을 위한 기반을 마련할 수 있다. 모든 이해관계자들을 위한 포용적 거버넌스는 다양한 이해관계자의 의견을 수렴함으로써 기업의 의사결정이 이해관계자의 요구와 기대를 반영할 수 있으며, 이해관계자와의 신뢰를 구축하고 협력관계를 강화할 수 있다. 포용적 거버넌스의 구현은 다양한 배경과 경험을 가진 사람들이 함께 일하여 모든 사람에게 이익이 되는 솔루션을 찾는 것으로 모든 사람이 참여할 수 있도록 장벽을 제거해야 하고 모든 사람의 목소리가 경청되도록 보장해야 하며 모든 사람의 목소리가 결정을 내리는 데 반영되도록 해야 한다. 이렇게 함으로써 기업의 혁신과 성장, 브랜드 가치 제고, 경쟁력 강화, 이해관계자 만족 등 다양한 측면에서 포용적 거버넌스는 사회적가치의 창출과 더불어 경제적 가치를 창출하는 효과를 가져올 것이다. ESG경영시대의 기업은 인간중심

경영을 통해 포용성, 투명성, 책임성이 조화를 이루는 거버넌스 구조를 구축하고 다양한 이해관계자들에게 더 나은 가치를 제공해야 할 것이다.

2.2 더 나은 거버넌스 구조

거버넌스 구조는 기업이 효율적이고 투명하게 운영되도록 하는 틀을 제공하는 역할을 하며 기업의 의사결정 구조, 권한과 책임의 분배, 리스크 관리 체계 등을 포함한다. 기업의 의사결정과 경영활동을 총괄하는 시스템인 거버넌스 구조가 잘 구축되어 있으면 기업은 효율적으로 운영될 수 있고, 장기적인 성장과 발전을 도모할 수 있다. 기업은 효과적인 거버넌스 구조를 구축하고, 이를 실행하기 위한 다음과 같이 다각적인 노력을 기울여야 할 것이다.

(1) 이해관계자 관점의 거버넌스 구조 구축 : 기업은 다양한 이해관계자들의 요구와 기대를 반영하는 포용적 거버넌스 구조를 구축해야 한다. 이를 통해 기업은 이해관계자로부터 신뢰를 얻고, 지속가능성을 확보할 수 있다.

(2) 투명한 거버넌스 구조 운영 : 기업은 의사결정 과정과 경영활동이 투명하게 공개되도록 해야 한다. 이를 통해 기업은 이해관계자들의 신뢰를 얻고, 사회적 책임을 다할 수 있다.

(3) 책임 있는 거버넌스 구조 실천 : 이사회, 경영진과 조직 구성원들은 주주들이 위임한 권한과 역할을 책임감 있게 행동하도록 해야 한다. 이를 통해 기업은 주주 및 이해관계자의 이익을 보호하고 사회적 책임을 다해야 할 것이다.

거버넌스 구조의 영향요소

기업의 거버넌스 구조는 기업의 규모, 산업, 소유구조, 이해관계자, 기업의 목표, 기업의 문화, 기업의 경영환경 등에 따라 달라진다.

(1) 기업의 규모 : 기업의 규모가 커질수록 거버넌스 체계가 복잡해진다. 기업의 규모가 커지면 기업의 자산과 자원이 많아지고, 기업의 이해관계자가 많아지며, 기업의 경영환경이 복잡해진다. 따라서 기업의 규모가 커질수록 거버넌스 체계는 기업의 목표와 이해관계자를 보호하기 위해 더 세밀하고 설계되어야 한다.

(2) 산업 : 기업의 산업도 거버넌스 체계에 영향을 미친다. 금융업은 금융 규제와 감독을 준수해야 하기 때문에, 금융업의 거버넌스 체계는 금융 규제와 감독을 고려하여 설계되어야 한다.

(3) 소유구조 : 기업의 소유구조도 거버넌스 체계에 영향을 미친다. 소유구조가 집중될수록 지배주주의 영향력이 커져서 거버넌스가 악화될 수 있다. 지배주주의 영향력이 커질수록 경영진은 지배주주의 이익을 우선시하는 경영을 할 가능성이 높아진다.

(4) 이해관계자 : 기업의 이해관계자도 거버넌스 체계에 영향을 미친다. 기업이 종업원을 중요한 이해관계자로 간주한다면, 기업은 종업원의 이익을 보호하기 위해 거버넌스 체계에 종업원을 참여시키는 방안을 고려할 수 있다.

(5) 기업의 목표 : 기업의 목표도 거버넌스 체계에 영향을 미친다. 기업이 성장을 목표로 한다면, 기업은 성장을 촉진하는 거버넌스 체계를 구축할 수 있다.

(6) 기업의 문화 : 기업의 문화도 거버넌스 체계에 영향을 미친다. 기업이 수평적인 문화를 가지고 있다면, 기업은 수평적인 거버넌스 체계를 구축할 수 있다.

(7) 기업의 경영환경 : 기업의 경영환경도 거버넌스 체계에 영향을 미친

다. 기업이 빠르게 변화하는 경영환경에 직면해 있다면, 기업은 변화에 적응할 수 있는 거버넌스 체계를 구축할 수 있다.

기업은 이러한 요소를 고려하여 기업에 적합한 거버넌스 체계를 구축해야 한다.

거버넌스 구조의 구성

기업의 거버넌스 구조는 기업의 의사결정과 통제 시스템을 나타내는 것으로 기업의 목표를 달성하고, 이해관계자들의 권익을 보호하고, 기업의 장기적 지속가능성을 보장하기 위해 중요하다. 기업의 거버넌스 구조의 핵심 구성요소는 〈표 3-3〉과 같다.

〈표 3-3〉 거너번스 구조의 핵심 구성요소

구분	세부내용
이사회	이사회는 기업의 전략을 수립하고, 경영진을 감독하고, 재무성과를 관리함
경영진	기업의 일상적인 운영을 책임지고 경영진은 이사회의 결정을 실행함
감사위원회	기업의 업무와 재무를 감사하고, 기업의 경영진을 감시하는 책임을 가짐
주주총회	최고 의사결정기구로서 회사의 경영진을 선임하고, 회사의 주요 정책을 결정

ESG시대 미래 경영에 있어서 기업의 거버넌스 구조의 핵심기관은 이사회이다. 더 나은 거버넌스 구조는 이사회를 중심으로 ESG경영을 효과적으로 수행하고, 이해관계자들의 권익을 보호하며, 기업의 장기적 지속가능성을 보장할 수 있을 것이다. 이러한 거버넌스 구조는 〈그림 3-3〉과 같다.

더 나은 거버넌스 구조로의 발전은 계층성과 개방성 정도에 좌우될 수 있다. 기업은 조직의 특성과 상황에 따라서 적정 수준의 계층성과 개방성을 갖춘 거버넌스 구조를 구축해야 한다.

(1) 거버넌스 구조의 계층성 : 의사결정권과 책임이 조직 내에서 어떻게

〈그림 3-3〉 더 나은 거버넌스 구조

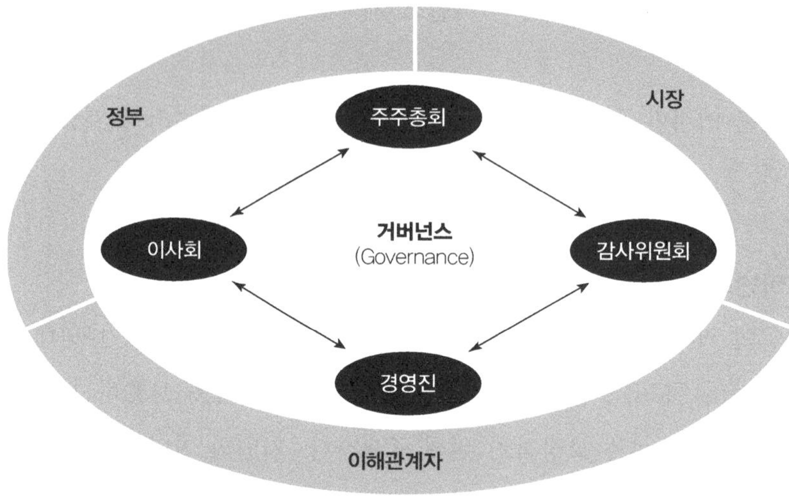

분배되어 있는지를 의미하는 것으로 계층성이 높은 거버넌스 구조는 의사결정권과 책임이 상위 계층에 집중되어 있는 구조인 반면, 계층성이 낮은 거버넌스 구조는 의사결정권과 책임이 하위 계층에까지 분산되어 있는 구조이다. 계층성이 높은 거버넌스 구조는 의사결정 과정이 단순하고, 의사결정권자가 명확하고 문제가 발생하더라도 책임 소재를 명확하게 할 수 있다. 그러나 계층성이 높은 거버넌스 구조는 의사결정 과정이 폐쇄적일 수 있고 의사결정권자가 상위 계층에 집중되어 있기 때문에, 이해관계자들의 의견이 반영되기 어려울 수 있고 변화에 대한 대응력이 떨어질 수 있다. 다른 한편 계층성이 낮은 거버넌스 구조는 의사결정이 민주적이고, 이해관계자들의 의견을 반영할 수 있는 장점이 있고 변화에 대한 대응력이 높을 수 있으나 의사결정이 지연될 수 있다. 이것은 의사결정 과정이 복잡해지고, 의사결정권자가 여러 명이므로 책임 소재가 명확하지 않을 수 있다. 따라서 기업은 경영 환경과 상황에 따라 적절한 수준의 계층성을 갖는 거버넌스 구조를 설계해야 한다.

(2) 거버넌스의 개방성 : 이해관계자들에게 기업의 경영활동에 대한 정보와 참여 기회를 제공하는 정도를 의미한다. 개방성이 높은 거버넌스는 이해관계자들에게 기업의 경영활동에 대한 정보를 투명하게 공개하고, 이해관계자들이 기업의 경영활동에 참여할 수 있는 기회를 제공한다. 반면, 개방성이 낮은 거버넌스는 이해관계자들에게 기업의 경영활동에 대한 정보를 제한적으로 공개하고, 이해관계자들이 기업의 경영활동에 참여할 수 있는 기회를 제한한다. 기업의 경영활동에 대한 정보의 투명한 공개, 이해관계자들과 활발한 의사소통, 이해관계자의 다양한 프로그램 등을 통해 이해관계자들과 다양한 의견을 수렴함으로써, 보다 투명하고 민주적인 거버넌스 구조를 구축할 수 있다. 기업은 자사의 특성과 경영환경을 고려하여, 적절한 수준의 개방성을 갖춘 거버넌스 구조를 구축하는 것이 중요하다.

이처럼 거버넌스의 구조는 거버넌스의 계층성과 개방성 등의 특성에 따라 다음과 같은 특성에 영향을 미친다.

① **효율성** : 수직적인 거버넌스는 의사결정과 책임이 명확하게 전달되어 효율적인 의사결정이 가능하나 수평적인 거버넌스는 의사결정 과정에서 이해관계자들의 의견을 수렴해야 하므로, 의사결정이 지연될 수 있다.

② **투명성** : 개방적인 거버넌스는 이해관계자들에게 기업의 경영활동에 대한 정보를 투명하게 공개하므로, 이해관계자들의 신뢰를 얻을 수 있으나, 폐쇄적인 거버넌스는 이해관계자들에게 기업의 경영활동에 대한 정보를 제한적으로 공개하므로 이해관계자들의 불신을 초래할 수 있다.

③ **포용성** : 수평적인 거버넌스는 이해관계자들에게 기업의 경영활동에 대한 참여 기회를 제공하므로 다양한 이해관계자들의 목소리를

반영할 수 있으나, 수직적인 거버넌스는 이해관계자들의 참여 기회가 제한되므로 다양한 이해관계자들의 목소리를 반영하기 어렵다.

따라서 거버넌스의 수직성, 수평성, 개방성, 폐쇄성은 거버넌스 구조의 특성을 크게 좌우하는 요소이므로 기업은 이러한 요소들을 고려하여, 기업의 특성에 맞는 거버넌스 구조를 구축해야 한다. 다만, 거버넌스 구조의 특성은 단일 요소에 의해서만 결정되는 것은 아니다. 다른 요소들도 거버넌스 구조의 특성에 영향을 미친다.

2.3 개방적 · 수평적 거버넌스

기업이 지속가능한 경영을 추구하기 위해서는 이해관계자들의 요구와 관심사를 충족시키는 것이 중요하다. 기업의 경영에 주주뿐만 아니라 고객, 직원, 지역사회 등 모든 이해관계자를 참여시켜서 사회적 가치와 경제적 가치를 모두 추구해 나가야 한다. 기업의 이해관계자들은 다양한 유형이 있으며, 각각의 이해관계자들은 각기 다른 요구와 관심사를 가지고 있다. 일반적으로 기업의 주요 이해관계자들이 가진 요구와 관심사항은 〈표 3-4〉와 같다.

〈표 3-4〉 이해관계자들의 요구사항

구분	세부내용
주주	기업의 이익 창출 및 성장과 더불어 주식 가치 상승과 배당금 수익 기대
고객	기업의 제품과 서비스를 이용하여 만족스러운 경험
직원	안정적인 일자리와 공정한 대우, 자신의 능력을 발휘할 기회
공급업체	안정적인 거래관계와 공정한 대우를 요구
지역사회	환경보호와 사회적 책임을 추구하는 기업의 활동을 기대
정부	법적 규제를 준수하고, 세금을 적절히 납부

〈그림 3-4〉 개방적 · 수평적 거버넌스

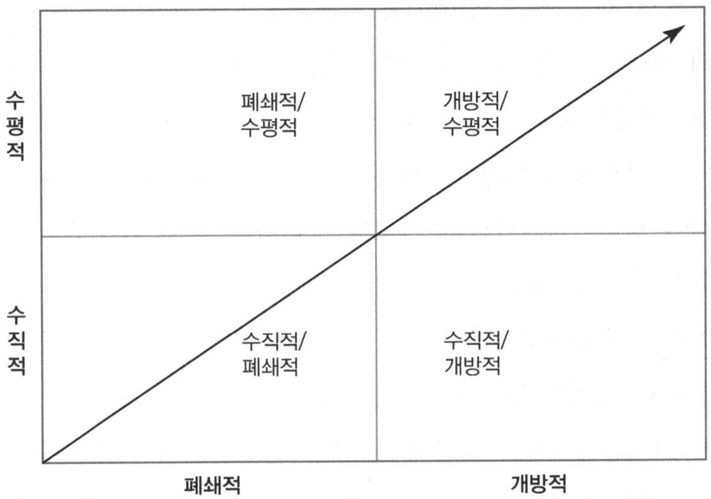

이외에도 미디어, 환경단체, 인권단체 등 다양한 이해관계자들이 있으며, 이들 각각이 가진 요구와 관심사는 상황에 따라 달라질 수 있다. 기업은 이러한 이해관계자들의 요구와 관심사를 파악하고, 이를 충족시키는 이해관계자 관점의 거버넌스를 구축해야 하는데, 가장 이상적인 거버넌스는 거버넌스의 계층성과 개방성에 따라 〈그림 3-4〉와 같이 개방적 · 수평적 거버넌스이다. 이해관계자 관점의 거버넌스를 구현하기 위한 수단과 방법은 다음과 같다.

(1) 이해관계자 참여 : 기업의 경영에 이해관계자를 참여시키는 것을 의미한다. 이해관계자 참여는 이해관계자와 소통하고, 그들의 의견을 경영에 반영하는 것을 통해 이루어진다. 예를 들어, 이케아(IKEA)는 이해관계자 참여를 위해 고객, 직원, 지역사회 등 모든 이해관계자를 경영에 참여시키고 있다. 이케아는 고객들의 의견을 제품 개발, 마케팅, 판매 등에 반영하고 있으며, 직원들의 의견을 인사, 복리후생, 교육 등에 반영하고 있고 지역사회의 의견을 환경보호, 지역경제 활성화 등에 반영하고 있다.

(2) 이해관계자 이익 보호 : 기업의 경영이 이해관계자들의 이익을 보호하도록 하는 것을 의미한다. 이해관계자 이익 보호는 이해관계자들의 권리를 보장하고, 그들의 이익을 고려하는 경영을 통해 이루어진다. 고객들의 안전을 위해 제품의 안전성을 보장하고, 직원들의 권리를 보장하기 위해 최저임금, 근로시간, 노동조합 활동 등을 보장해야 한다. 지역사회의 이익을 고려하기 위해 환경보호, 지역경제 활성화 등을 위해 노력을 해야 한다.

(3) 이해관계자들과의 협력 : 기업이 이해관계자들과 협력하여 문제를 해결하고, 가치를 창출하는 것을 의미한다. 이해관계자와의 협력을 위해 이해관계자들과 소통하고, 그들의 의견을 수렴하여 문제를 해결함으로써 가치를 창출할 수 있다. 고객들과 소통하기 위해 고객 만족도 조사, 고객 설문조사, 고객 서비스 등을 실시하고, 지역사회와 소통하기 위해 지역사회 주민과의 만남, 지역사회 행사 참여, 지역사회 봉사활동 등을 실시해야 한다.

이해관계자 관점의 개방적·수평적 거버넌스 체계를 구축하여 운영한다면 지속가능한 경영을 실현하여 사회적 가치와 경제적 가치를 동시에 달성할 수 있을 것이다.

3. ESG경영시대 더 나은 거버넌스의 발전

ESG경영은 천지인 사상을 바탕으로 환경과 사회, 그리고 기업을 연결하여 공존, 공생, 공영의 가치를 실현하는 인간중심의 경영시스템이다. ESG경영시대에 더 나은 거버넌스 구조는 기업의 경영이 주주와 이해관계자의 이익을 위해 이루어지고, 투명하고, 윤리적이며, 지속가능한 성장을 할 수 있도록 하는 데 필수적이다. 기업은 ESG경영을 통해 장기적인 지속가능성을 확보하고, 투자자와 소비자의 신뢰를 얻을 수 있다. 투자자는 ESG경영을 하는 기업에 투자를 하고, 소비자는 ESG경영을 하는 기업의 제품과 서비스를 구매하려고 한다. 정부는 기업의 ESG경영을 촉진하기 위해 규제를 강화할 것이다. 이러한 요소들은 ESG경영시대 거버넌스 구조의 미래에 큰 영향을 미칠 것이므로 거버넌스를 지속적으로 발전시켜야 할 것이다. ESG경영시대에 기업은 주주가 위임한 권한을 이사회, 최고경영진, 감사위원회로 분권화하여 견제와 균형의 메커니즘이 제대로 작동하도록 개방적・수평적 거버넌스 구조를 설계하여 운영하여야 할 것이다.

3.1 더 나은 거버넌스 모델

ESG시대에 더 나은 거버넌스는 투명성, 책임성, 다양성, 포괄성, 윤리성의 원칙하에 주주가 위임한 권한을 최고경영진, 이사회, 감사위원회가 적정하게 분점하여 다양한 이해관계자들의 기대와 요구를 충족시킬 수 있도록 지혜로운 의사결정과 협업을 할 수 있는 구조를 만들어야 한다. 이를 통해 기업의 지속가능한 성장을 도모할 수 있으며, 기업은 이러한 원칙을 바탕으로 거버넌스를 개선함으로써 다양한 이해관계자들의 기대와 요구를 충족시킬 수 있다.

정관의 전문

ESG는 기업의 지속가능 성장과 생존에 직결되는 핵심가치이므로 회사의 조직과 활동에 관하여 규정한 근본 규칙인 정관의 전문에 포함시키는 것이 바람직할 것이다. 정관에 ESG경영을 명시함으로써, 기업은 ESG경영을 기업의 핵심가치로 삼고, ESG경영을 체계적으로 추진하고자 하는 의지를 분명히 하며 이해관계자들에게 ESG경영의 중요성을 강조할 수 있다. ESG경영을 통해 기업은 환경, 사회, 지배구조 측면에서 지속가능한 경영을 실천함으로써 지속가능한 성장과 발전을 도모할 수 있다. SKT, 풀무원 등의 기업에서 기업의 경영철학, 미션, ESG경영을 정관 전문에 명시하여 기업 안팎으로 분명한 실천 의지를 보이고 있다.

사례 SKT 정관 전문

경영활동의 궁극적 목적으로 구성원의 지속적 행복을 추구하고, 구성원은 주주의 장기적 가치와 이해관계자의 행복이 지속가능하도록 기여한다. 이를 회사의 경영철학에 다음과 같이 정립하고 경영활동의 근간으로 삼아 실천한다.

구성원이 지속적으로 행복을 추구하기 위한 터전이자 기반인 회사는 안정과 성장을 지속적으로 이루어 영구히 존속 · 발전하여야 한다. 이를 위해 구성원은 구성원 행복과 함께 회사를 둘러싼 이해관계자 행복을 동시에 추구해 나간다. 이해관계자 행복을 위해 창출하는 모든 가치가 곧 사회적 가치이다. 사회적 가치 창출을 통해 경제적 가치를 키워나가며, 이해관계자와 신뢰관계를 발전시켜 나간다. 고객에게 다양한 가치를 제공하고 고객을 지속적으로 만족시켜 신뢰를 얻으며, 궁극적으로 고객과 더불어 발전한다.

비즈니스 파트너와 함께 공정하고 경쟁력 있는 생태계를 조성하고, 이에 기반한 선순환적 협력을 통해 상호 발전을 이끌어 나간다. 주주의 가치를 지속적으로 창출하여 기업가치를 높여 나간다.

사회에서 필요로 하는 환경보호, 고용창출, 삶의 질 제고, 지역사회 기여 등 다양한 역할을 수행하여 사회와 더불어 성장한다. 모든 구성원은 이해관계자 간 행복이 조화와 균형을 이루도록 노력하며, 장기적으로 지속가능하도록 현재와 미래의 행복을 동시에 고려해야 한다. (2020. 3. 26 전문 개정)

KT와 같이 오너가 없는 소유분산기업은 최고경영진의 교체 주기가 짧고 최고경영진에 따라서 기업 정체성의 혼란이 야기될 수 있으므로 정관의 전문에 기업이념과 경영철학, 핵심가치를 명시하는 것은 기업의 정체성과 경영의 연속성을 유지하는 데 도움이 될 것이다. 최고경영진이 교체되더라도, 정관에 명시된 기업이념과 경영철학, 핵심가치, ESG를 바탕으로 경영을 수행함으로써, 기업의 정체성과 경영의 연속성을 유지할 수 있다. 이러한 목적으로 소액주주로서 KT이사회에 정관 전문 신설 등을 포함한 더 나은 지배구조를 제안한 바 있으나 전문 신설은 수용이 되지 않았다. 당시 제안했던 정관 전문의 내용은 다음과 같다.

예시 KT 정관의 전문 신설 제안

국가사회의 정보통신의 발전을 선도해 온 ㈜케이티는 인간 중심 정보와 통신의 융합으로 국민생활의 편익을 증진하고 정보통신기술 진흥을 도모해 온 국민기업의 전통을 계승하고 인공지능과 디지털 기술의 발전에 맞추어 다양한 이해관계자들과 함께 협력하여 인공지능과 디지털의 혁신을 이끌고 디지털 생태계를 조성하여 고객 삶의 편익과 국가산업의 발전에 기여해 나갈 것이다. 이와 함께 기업의 생존과 지속가능한 성장과 직결되는 ESG(Environment, Social, Governance) 경영을 창의적으로 실천하여 정보통신사업 등 일체의 비즈니스를 친환경적인 인프라를 구축, 운영하고 안으로는 조직구성원들이 창의적 상상력을 펼쳐 고객가치의 제공을 통해 경제적 가치를 창출하며 밖으로는 고객, 협력기업, 지역사회 등 이해관계자들에게 사회적 가치를 제공함으로써 더불어 상생하고 성장해 갈 수 있도록 인간중심의 지속가능한 경영을 해 나갈 것이다.

거버넌스 모델

경제적 가치와 사회적 가치를 균형되게 실현할 수 있는 더 나은 거버넌스 모델은 주주로부터 위임받은 권한을 최고경영진(CEO), 이사회(Board of Directors), 감사위원회(Audit Committee)가 분점하여 의사결정과 경영을 하고 성과평가에 따라 책임지게 하는 시스템이라 할 수 있다. 이 세 기관의 상호 견제와 균형을 이루면서 기업의 지속가능한 성장과 발전을 도모해 나갈 수 있을 것이다. 구체적으로 살펴보면 최고경영진은 기업의 경영활동을 실질적으로 총괄하는 기관이고, 이사회는 기업의 최고 의사결정기구로서, 최고 경영진의 경영활동을 감독하고 기업의 전략과 정책을 결정하는 역할을 하며, 감사위원회는 기업의 경영활동을 감시·감독하는 기관으로서 최고경영진의 경영활동의 적법성과 투명성을 확보하는 역할을 한다. 이 세 기관이 견제와 균형을 이루지 못하면, 기업의 의사결정이 비효율적이거나 부실한 경영으로 이어질 수 있다. 또한 기업의 이해관계자들에게 신뢰를 잃고, 기업의 장기적인 성장과 발전에 어려움을 겪을 수 있다. 따라서 최고경영진, 이사회, 감사위원회는 상호 협력과 소통을 강화하여 견제와 균형을 이루는 것이 중요하다. CEO가 이사회의 통제하에 경영을 수행하고, 이사회는 감사위원회의 도움을 받아 CEO의 경영활동을 감시하고 감독하는 것이다. 감사위원회는 이사회의 감독을 받아 기업의 재무제표와 ESG성과를 감사하고, 내부통제시스템의 적정성을 평가하며, CEO의 경영활동에 대한 독립적인 의견을 제시하는 것이다. 더 나은 거버넌스 모델은 〈그림 3-5〉와 같다. 세 기관의 견제와 균형이 이루어지고 있는 기업은 부패와 횡령을 방지하고, 주주와 이해관계자의 권익을 보호할 수 있으며, 생존과 지속가능한 성장을 이룰 수 있을 것이다.

그러나 현실적으로는 이 세 기관의 견제와 균형이 제대로 이루어지지 않는 경우가 많다. CEO가 이사회를 장악하거나, 이사회가 CEO의 편을 들

〈그림 3-5〉 더 나은 거버넌스 모델

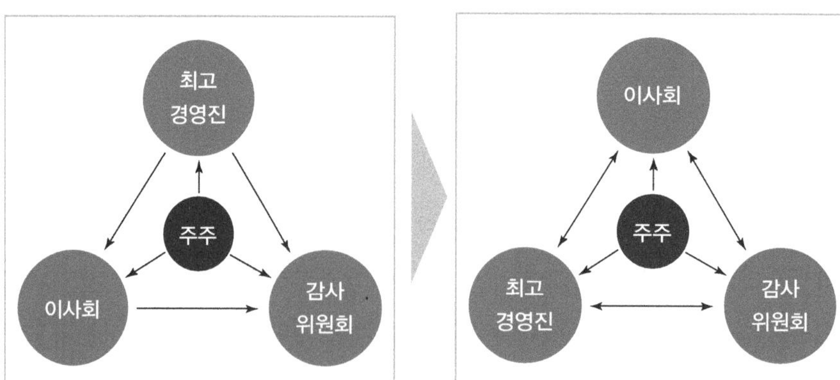

거나, 감사위원회가 독립적으로 활동하지 못하는 경우가 있다. 이러한 기업은 부패와 횡령의 위험에 노출되고, 주주와 이해관계자의 권익이 침해되며, 장기적인 성장과 발전이 어려워질 수 있다.

따라서 기업은 세 기관이 견제와 균형을 이루도록 하기 위한 노력을 기울여야 한다. 이사회는 CEO의 경영활동을 철저히 감시하고 감독해야 하며, 감사위원회는 독립적으로 활동하면서 이사회에 독립적인 의견을 제시할 수 있어야 한다. CEO는 이사회와 감사위원회의 의견을 존중하고, 기업의 장기적인 성장과 발전을 위해 노력해야 한다.

"KT CEO 요건 정보통신 삭제 반대… 특별결의 선임은 찬성"

> KT OB모임 이끄는 한영도 상명대 교수
> 뉴거버넌스 TF에 18페이지짜리 제안서 발송
> 정보통신 없애면 1년은 학습에 허비할 것
> CEO 연임규정 삭제해야, 사내이사 3명 유지 바람직
> 구글 바드에 물었더니... "정보통신 삭제 타당하지 않다"

(출처: 이데일리, 2023.05.30)

"KT 대표이사 요건 중 정보통신 분야 전문성을 삭제하는 데 반대합니다. (하지만) 다수의 소유주가 참여하는 기업이니 주총 특별결의로 CEO를 선임하자는 데는 찬성합니다."

KT 전·현직 임직원들이 모인 'K-Business 연구포럼'을 이끄는 한영도 상명대 교수가 '지속가능한 국민기업으로 가기 위한 KT 더 나은 지배구조 제안'이란 18페이지짜리 문건을 만들어, KT 뉴거버넌스TF(전담팀) 위원들에게 보냈다고 30일 밝혔다.

한 교수는 ① 차기 대표이사(CEO) 자격요건 중 정보통신(ICT)분야 지식과 경험을 유지하고 ② CEO 주주총회 선임 시 출석 주주 의결권의 3분의 2 이상 특별결의로 기준을 끌어올리며 ③ 이사회 내 사내이사는 CEO 포함 3명을 유지하는 게 바람직하다고 밝혔다.

그는 "KT는 정보통신사업을 기반으로 AI/DX 산업 등으로 확장하는 기업인데 CEO가 ICT에 대한 이해도가 없다면 경영상황을 파악하는 데 1년 이상 소요될 것"이라고 했다. 포럼은 정관에서 CEO 연임 불가를 못 박자고 제안했는데, 이리되면 CEO 3년 임기에 1년은 학습시간으로 허비할 것이란 우려다.

CEO 연임 규정 삭제.. 해임 때도 특별결의로

주주총회 특별결의로 CEO를 선임하자는 이유에 대해선 “주요 주주와 외국인 주주, 소액주주의 다양한 이해관계를 담아낼 역량과 리더십을 갖춘 CEO 선임이 필요하다”고 설명했다. 다만, CEO 해임 때도 특별결의로 하자고 했다.

KT 이사회 사내이사를 현재 3명에서 CEO 1명으로 줄이자는 일각의 의견에는 반대했다. 한영도 교수는 “50개 계열사, 매출액 기준 15위 대기업군에 속한 KT에 사내이사가 1명이 되면 오히려 CEO 1인에 집중된 권한과 책임으로 감독기능이 약화해 되려 주주가치를 훼손할 수 있다”고 설명했다. 11명의 이사 중 사내이사가 3명으로 유지되면 이른바 내부 참호구축 논란이 벌어지지 않겠느냐는 시각에는 “대표이사의 권한 및 책임 분산, 이사회 및 감사기능 강화로 견제가 가능하다”고 했다.

CEO 견제 방안으로는 △이사회 사무국을 CEO 소속에서 이사회 소속으로 전환 △내부감사부서의 감사위원회 소속으로 전환 △사내이사 선정을 이사회의 이사후보추천위원회로 전환 △정관에 대표이사 연임조항 삭제를 제시했다.

구글 바드도 같은 대답

한 교수는 “사외이사 역시 사내이사와 마찬가지로 해임조항이 정관에 있어야 한다”면서, 질환으로 1년 이상 직무를 감당하지 못할 경우, 직무수행능력이 현저히 부족한 경우, 회사의 명예를 크게 훼손할 우려가 있는 경우 등을 제시했다.

또 구글의 생성AI 챗봇인 바드(Bard)에게 물었더니, KT CEO 요건에서 정보통신 전문성을 삭제하는 것은 “타당하지 않다”고 답했고, CEO 특별결의 선정에는 “적정하다”고 했으며, 이사회 내 사내이사 비율에 대해서는 “30~39%로 구성하는 게 적정하다(사내이사 수 3명 유지)”로 답했다고 부연했다.

3.2 이사회 중심의 지속가능 경영

이사회는 기업의 지속가능 경영을 위한 최적의 주체로서 기업의 전략과 정책을 결정하고, 지속가능 경영을 위한 방향성을 제시하며, 경영진이 이를 실천하도록 감독하는 데 중요한 역할을 수행해야 한다. ESG경영시대에서 이사회 중심의 거버넌스 체계는 ESG경영의 효과적인 수행을 통해 이해관계자들의 권익을 보호하고 기업의 장기적 지속가능성을 보장할 수 있다. 이를 위하여 ESG경영에 대한 전문성을 보유한 이사를 선임하고, ESG경영의 전략과 목표를 수립하며, ESG경영의 성과를 평가해야 한다. ESG경영은 기업의 장기적 지속가능성을 위해 중요한 역할을 하기 때문에, ESG경영을 효과적으로 수행하기 위해 이사회의 역할을 강화해야 한다. 따라서 주주와 경영자를 이어주는 기구로서 이사회는 ESG경영시대에 맞게 그 역할과 기능이 변화해야 한다. 이전에는 이사회의 역할이 회사의 이익 극대화에 초점을 맞추었지만, 이제는 이사회가 기업의 장기적인 지속가능성과 사회적 책임을 고려하는 것이 중요하다. 주주들은 개인주주이든 기관투자자이든 개별적으로 기업경영에 영향력을 행사하기에는 많은 제약이 있다. 경영자를 견제하고 감사하는 기능을 효과적으로 수행하기 위해서는 독립적이고 투명한 이사회, 전문성을 바탕으로 합리적인 의사결정을 할 수 있는 이사회가 되어야 한다. 이사회 중심 경영은 기업의 경영 투명성 제고, 경영 효율성 제고, 주주권익 보호 등 다양한 효과를 가져올 수 있으므로 미국, 유럽, 일본 등 글로벌 선진기업에서는 이사회 중심 경영이 보편화되어 가고 있다.

이사회 구성의 원칙

ESG경영시대에 이사회는 기업의 거버넌스와 비즈니스 전략의 개발과 실행을 지도하면서 ESG 이슈와 관련된 리스크와 기회를 적극적으로 탐색하고 관리해야 한다. 이사회 중심의 경영은 기업의 최고 의사결정기구인 이사회가 기업의 경영에 관한 주요 의사결정을 하고 리더십을 발휘하여 경영진의 경영활동을 감독, 견제하는 경영방식이다. ESG시대에 더 나은 이사회 구성과 기능에 대해서는 다음과 같은 원칙들이 중요하게 고려되어야 한다.

(1) 다양성 : 이사회 구성원은 다양한 경험과 배경을 가지고 있어야 한다. 성별, 인종, 국적 등을 고려한 다양한 이사회 구성원의 적극적인 참여는 기업의 경영성과를 향상시키고 사회적 책임을 다하는 데 큰 역할을 한다.

(2) 전문성 : 이사회 구성원은 해당 기업의 산업과 경영, 기술 등 관련된 전문적인 지식과 경험, 디지털 역량을 가져야 한다. 전문성 있는 이사회 구성원들은 기업의 전략 수립과 실행, 성과평가과정에 중요한 역할을 할 수 있다.

(3) 독립성 : 이사회 구성원들은 기업과의 이해관계가 없어야 하며, 외부에서 중립적으로 기업을 평가할 수 있는 입장에 있어야 한다. 이를 통해 이사회는 기업의 이익을 위해 최선의 결정을 내릴 수 있다.

(4) 책임성 : 이사회 구성원들은 기업의 이익과 주주의 이익을 최우선으로 고려해야 한다. 이를 위해 이사회 구성원들은 기업의 재무상태와 비즈니스 모델을 충분히 이해하고, 전략 수립과 실행에 대한 책임을 질 수 있어야 한다.

(5) 포용성 : 이사회가 다양한 이해관계를 조정하여 의사결정을 해야 하고 특히 소수주주, 공급업체 등 여러 이해관계자를 고려해야 하므로 포용성 원칙이 중요하다. 포용적인 이사회는 다양한 관점과 의견을 바탕으로 더 나은 의사결정을 내릴 수 있다. 포용적인 이사회는 직원들의 사기를 높이고 기업의 혁신을 촉진하는 데 도움이 될 수 있다. 포용적인 이사회를 구성하기 위해서는 다양한 배경과 경험을 가진 사람들을 이사회에 참여시킬 수 있도록 노력해야 한다.

ESG경영시대에서는 이사회가 기업의 지속가능성 및 사회적 책임을 고려하여 의사결정을 내리는 것이 중요하다. 이를 위해 이사회는 기업의 사회적 책임 및 지속가능성에 관한 전략과 목표를 수립하고, 이를 추진하기 위한 조직과 프로세스를 만들어야 함과 더불어 이를 효과적으로 추진하기 위한 성과 측정 지표를 개발하고, 이를 바탕으로 기업의 지속가능성과 사회적 책임을 평가하고 개선하는 역할을 수행해야 한다.

사외이사의 역할 강화

ESG경영시대에서 사외이사의 기능과 역할은 이전과 달라져야 한다. 사외이사는 기존의 이사회 구성원들과는 다른 관점과 경험을 바탕으로 이사회의 전반적인 역할을 보완하고 이해관계자들의 이익을 보호하고 경영진에 대한 감사 역할을 수행하는 것이 중요하다.

첫째, 사외이사는 기업의 ESG 전략 관련한 조언과 지원을 제공하는 역할을 해야 한다. 이것은 기업의 장기적인 가치 창출과 지속가능한 경영을 위해 필수적인 역할이다. 또한 ESG 정보를 수집하고 분석하여 이사회에 보고하고 기업의 ESG 리스크와 기회를 평가하며, 이에 대한 대응전략을 수립하는 것도 중요한 역할 중 하나이다.

둘째, 사외이사는 기업의 사회적 책임과 윤리적 측면을 강화하기 위한 제도나 프로그램 개발을 지원하고 감시하는 역할도 해야 한다. 이를 통해 기업의 ESG 측면에서의 지속가능성을 강화하고, 사회적으로 책임 있는 기업이 되도록 돕는 것이다.

셋째, 사외이사는 이사회의 효과적인 운영을 위한 역할도 수행하여야 한다. 이것은 이사회의 구성원들 간의 의사소통 및 협력을 촉진하고, 이사회의 역할과 책임을 명확히 하여 이사회의 역할을 효과적으로 수행하도록 지원하는 것이다.

따라서 ESG경영시대에서는 ESG 관점에서 사외이사의 전문성과 역할에 대한 이해가 필요하며, 이를 바탕으로 이사회 전반의 역할을 보완하는 역할을 수행하도록 해야 한다.

견제 및 균형(check and balance)기능 강화

기업의 견제 및 균형 기능은 기업의 경영진이 독단적으로 의사결정을 내리지 못하도록 견제하고, 기업의 이익을 보호하는 역할을 한다. 견제 및 균형 기능이 제대로 작동하기 위해서는 〈표 3-5〉와 같은 것들이 필요하다.

기업의 경영과 관리는 주주들이 아닌 경영진, 이사회가 책임지고 있다. 경영진은 이사회에서 결정된 경영전략 등을 실행하여 경영성과를 창출하여 기업가치가 극대화될 수 있도록 노력해야 한다. 주주는 경영자의 행위와 회사의 경영 상황을 모니터링하고 감사할 권한이 있다. 이를 위해 주주들은 회사의 재무정보와 경영진의 보고서를 확인하고, 회사의 이익 추구와 투명성을 확인하기 위해 주주총회에 참여하거나 외부감사인의 감사보고서를 검토할 수 있다.

주주와 경영진, 이사회, 감사기구, 이해관계자는 서로 다른 역할과 책임을 갖고 있지만, 서로 협력하여 ESG시대에 있어 기업의 생존, 성장과 발전을 이루어야 하며, 이를 위해 다음 사항이 중요하다.

〈표 3-5〉 견제 및 균형기능의 강화방안

구분	세부내용
명확한 역할과 책임의 분담	기업의 경영진, 이사회, 감사위원회는 명확한 역할과 책임을 분담 : 경영진은 기업의 경영책임, 이사회는 경영진 감독, 감사위원회는 경영진의 업무 감사
거버넌스기관 독립적 운영	경영진, 이사회, 감사위원회는 독립적으로 운영 : 이사회와 감사위원회는 경영진의 견제와 감독
투명한 정보 공개	경영진, 이사회, 감사위원회는 투명하게 정보 공개 : 경영진은 이사회와 감사위원회에, 이사회는 경영진과 감사위원회에, 감사위원회는 경영진과 이사회에 정보를 공개
강력한 법적 제도	주주의 권한 확대, 이사회와 감사위원회의 독립성을 보장하는 법적 제도를 보완

(1) 전략 수립 : 경영자와 이사회는 지속가능한 경영을 실현하기 위해 회사의 비전과 목표를 설정하고, 이를 달성하기 위한 전략과 계획을 수립한다. 경영자는 산업과 시장의 동향을 분석하고, 경쟁력을 확보하기 위한 전략을 개발한다. 이를 통해 회사의 방향성을 결정하고, 성장과 발전을 위한 비즈니스 모델을 설계한다.

(2) 조직 운영과 리더십 : 경영자와 이사회는 회사의 조직을 효과적으로 운영하기 위해 리더십을 발휘해야 한다. 그들은 조직의 구조를 설계하고, 적절한 인력을 고용하고 관리한다. 또한 직원들에게 동기부여와 개발을 위해 리더십을 발휘하여 조직의 성과를 극대화한다.

(3) 재무관리 : 경영자와 이사회는 회사의 재무를 관리하고 이를 효과적으로 운용한다. 이는 예산 편성, 자금 조달, 자산 관리, 재무 보고 등을 포함한다. 경영자는 회사의 재무건전성을 유지하고 투자자들에게 신뢰를 줄 수 있는 재무정보를 제공해야 한다.

(4) 위험관리 : 경영자와 이사회는 회사가 직면하는 다양한 위험요소를 식별하고 관리해야 한다. 이는 외부 환경의 변화, 경영적인 오류, 법적인 문제 등을 포함한다. 경영자는 위험 평가를 수행하고 적절한 대응책을 마련하여 회사의 안전성과 지속가능성을 확보해야 한다.

(5) 이해관계자 관리 : 경영자와 이사회는 회사의 이해관계자들과의 관계를 관리한다. 이해관계자는 주주, 고객, 직원, 공급자, 정부기관 등을 포함하며, 경영자는 이들의 요구와 기대를 이해하고 조화로운 관계를 유지해야 한다.

(6) 윤리적인 행동 : 경영자와 이사회는 윤리적인 행동과 책임을 갖고 회사를 운영해야 한다. 이는 부정행위와 관련된 윤리적인 기준을 준수하고, 감사위원회는 윤리적인 문제가 발생했을 때 이를 적확하게 인식하고 철저히 감사하여 적합한 조치를 취해야 한다. 경영자와 이사회는 윤리적인 기준을 적용하여 중요한 결정을 내려야 한다. 이것은 이해관계자의 이익과 공공의 이익을 고려하고, 합법성과 정직성을

준수하는 것을 의미한다. 이해관계자들과의 상호작용을 통해 투명하고 공정한 의사결정을 내리고, 윤리적인 원칙을 따르는 행동을 보여주어야 한다.

ESG경영시대에는 주주총회, 이사회, 최고경영진, 감사위원회가 서로 견제와 균형을 이루며 기업의 장기적인 성장과 발전을 위한 ESG경영을 실천해야 한다. 이를 위해서는 천지인 사상을 기반으로 지구환경 보전과 인간중심의 경영을 실천하는 것이 필수적이다. 환경을 보호하고 사회에 공헌하는 기업은 주주, 경영자, 이사회, 감사기구, 이해관계자가 각자의 역할을 다하고 협력함으로써 그 기업의 미래는 장기적인 성장과 발전을 이룰 수 있을 것이다.

3.3 최고경영진의 책임경영

최고경영진은 이사회의 결정을 집행하고 기업의 경영을 책임을 지며, 기업의 장기적인 이익을 위해 책임경영을 해야 한다. 이사회가 기업의 전략, 운영, 위험관리 등을 총괄 감독하고, 최고경영진은 책임경영을 통해 경제적 가치와 사회적 가치를 동시에 창출할 수 있으며 주주, 고객, 직원, 지역사회 등 모든 이해관계자의 이익을 보호해야 할 수 있을 것이다. ESG경영시대에서 최고경영진의 역할과 기능은 기업의 사회적 책임과 지속가능성을 보장하면서 경영전략을 수립하는 것이 중요하다. 이를 위해서는 다음과 같은 변화가 필요할 수 있다.

(1) ESG 리더십 : 최고경영진은 기업의 ESG 전략을 개발하고 추진하는 리더십을 가져야 한다. 기업의 사회적 책임과 지속가능성을 고려한 경영전략의 수립과 실행을 이끌어나가야 하며, 이를 위해 적극적으

로 지속가능성을 위한 리더십 역할을 수행해야 한다.

(2) 지속가능성 경영시스템 구축 : 최고경영진은 기업 내에서 지속가능성 경영시스템을 구축해야 한다. 이를 위해 지속가능성 경영시스템에 대한 이해와 역량이 필요하며, 이를 바탕으로 기업의 비즈니스 모델과 프로세스를 재설계하여야 할 것이다.

(3) 리스크 관리 : 최고경영진은 기업의 ESG 리스크를 관리하는 데 중요한 역할을 담당한다. 이를 위해 기업 내에서 ESG 리스크 관리를 위한 시스템을 구축하고, 이를 체계적으로 관리해야 한다.

(4) 이해관계자와의 소통 강화 : 최고경영진은 기업의 이해관계자들과의 소통을 강화해야 한다. 이를 위해 이해관계자들의 요구와 관심사를 파악하고 이에 대한 대처 전략을 수립해야 하며, 이를 통해 기업의 지속가능성과 경영전략에 대한 공감대를 형성해야 한다.

투명한 경영

투명한 경영이란 최고경영진은 외부 이해관계자들에게 기업의 경영활동에 대한 정보를 공개함으로써 이해관계자들이 정보에 쉽게 접근하고 이해할 수 있도록 하는 것이다. 투명성은 기업의 거버넌스를 강화하고 이해

〈표 3-6〉 경영 투명성의 수단

구분	세부내용
정보의 공개	자체적으로 정보 공개, 이해관계자들의 질문에 응답 : 기업의 재무정보, 사업보고서, 환경보고서, 사회공헌활동 등
감사기능 강화	감사위원회의 기능을 강화하고 외부감사인을 통해 재무제표, 내부통제 등을 통해 기업의 신뢰성 향상
업계 자율규제의 도입	업계에서 자율적으로 규제기준을 설정하고 이를 준수하는 것을 통해 투명성 확보
기업윤리와 가치관의 확립	직원들에게 기업윤리 교육을 강화하고 고객과의 신뢰도를 높여 기업의 평판과 이미지를 개선
공적규제의 준수	관련 법규와 규제 기준을 준수하고 적법한 활동을 수행

관계자들과의 신뢰관계를 유지하며, 불법적이거나 부적절한 행동을 예방하고 사회적 책임을 다하는 데 중요한 역할을 한다. 경영의 투명성을 높이는 방법과 수단은 다양하지만, 일반적으로 〈표 3-6〉과 같은 것들이 있다.

기업의 투명성은 경영환경의 변화와 함께 더욱 중요해지고 있다. 투명성이 부족한 기업은 법적, 금융적, 사회적 위험에 직면할 가능성이 높아지며, 거래상대로부터 신뢰성을 상실할 수 있다. 따라서 투명성은 기업의 경쟁력을 유지하고 사회적 지위를 높이는 데 매우 중요한 요소 중 하나이다.

책임경영체계 구축

ESG시대에 기업이 성공하기 위해서는 최고경영진은 환경과 사회에 대한 책임을 다하고, 기업의 장기적인 목표를 설정하여, ESG경영을 실천하기 위한 전략을 수립하고 실행하는 책임경영체제를 구축해야 한다. 이처럼 최고경영진이 책임경영체계를 갖추는 것은 기업이 ESG경영을 실천하고, 지속가능한 성장을 달성하는 데 필수적이다. 기업의 책임경영의 목적은 기업이 단순히 이윤 추구만을 위한 조직이 아니라 사회적 책임을 다하며 지속가능한 성장을 추구하는 것에 있다. 이것은 기업이 사회와 함께 상생하며 지속가능한 성장을 이루기 위한 것이다. 기업이 이윤만 추구하면서 사회적 책임을 무시하게 되면, 그로 인한 부정적 영향이 기업의 이미지와 신뢰도, 브랜드 가치 등에 큰 타격을 줄 뿐만 아니라 사회적 요구에 부응하지 못하여 정부, NGO 등 많은 이해관계자들과의 갈등이나 법적 분쟁 등으로 인해 많은 비용이 발생할 수 있다. 따라서 최고경영자는 책임경영을 통해 이를 방지하고 사회적 요구에 부응하며 기업가치를 유지하고 높일 수 있다. 또한 기업이 사회적 책임과 윤리적 가치를 고려하여 경영활동을 수행함으로써 이해관계자들의 요구와 기대를 충족시키고, 이를 통해 기업의 이미지와 평판을 향상시킬 수 있다.

3.4 감사위원회의 기능과 역할 강화

감사위원회는 기업 거버넌스 구조의 핵심적인 기관으로 이사회의 감독을 받으며, 독립성을 갖추어 기업의 경영활동을 공정하고 투명하게 감사해야 한다.

감사위원회의 독립성 강화

감사위원회의 독립성을 강화하기 위해서는 사내감사부서를 감사위원회 소속으로 전환하여야 한다. 사내감사부서는 기업의 경영활동을 독립적으로 감사하고, 경영진의 불법 또는 부당한 행위를 감시하는 기관이므로 최고경영진 소속의 사내감사부서는 경영진의 영향력으로부터 자유롭게 활동할 수 없게 된다. 경영진이 사내감사부서에 대한 인사권, 예산권 등을 행사할 수 있기 때문에 사내감사부서의 활동을 통제할 수 있다. 그렇지만 사내감사부서가 감사위원회 소속으로 운영되는 경우, 감사위원회가 사내감사부서의 예산 편성과 인사권을 갖고 사내 감사활동을 지휘, 감독하여 사내 감사부서의 독립성을 보장하여야 할 것이다.

경영감사 기능의 강화

경영감사 기능은 기업의 경영진을 감시하고, 기업의 경영에 대한 투명성과 책임성을 확보하는 역할을 한다. 기업의 ESG경영을 통해 기업의 장기적 지속가능성을 보장하고, 이해관계자들의 권익을 보호하기 위해 감사위원회의 기능과 역할도 더욱 중요해지고 있다. 이를 위해 감사위원회는 독립적이고 전문적인 인사들로 구성되어야 하며, 기업의 경영에 대한 충분한 권한을 갖추어야 한다. 이러한 권한을 바탕으로 기업의 경영진이 ESG경영 전략과 실행, 그리고 성과가 어떤한지, 이해관계자들에게 의무를 다하고 있는지, 경영진이 기업의 재무제표를 정확하게 작성하고 있는지 그리고 기업의 경영이 법과 규정을 준수하고 있는지 여부를 감독한다. 또한 기업의 자산이 적절하게 관리되고 있는지 등을 감독한다. 기업의 경영진이 이해관계자들에게 의무를 다하지 않는 경우에는 기업의 경영진의 해임을 청구하거나 기업의 경영진에게 시정조치를 요구함으로써 기업의 경영진이 이해관계자들에게 의무를 다하도록 해야 하며, 기업의 지속가능한 성장과 발전을 도모해야 한다.

ESG경영시대의 감사

감사위원회는 ESG경영시대에 걸맞은 기능과 역할을 수행하고, 기업의 지속가능한 성장과 발전을 도모하는 데 기여할 수 있을 것이다.

(1) ESG경영활동의 독립적인 감시 및 감독 : 감사위원회는 기업의 ESG 경영활동이 지속가능성, 투명성, 책임성의 원칙을 준수하고 있는지 독립적으로 감시하고 감독해야 한다. 이를 위해 감사위원회는 ESG 경영활동에 대한 전문성을 갖춘 인력을 확보하고, ESG경영활동에 대한 체계적인 감사 절차를 마련해야 한다.

(2) ESG경영활동에 대한 주주들의 의견 수렴 및 반영 : 감사위원회는 ESG경영활동에 대한 주주들의 의견을 수렴하고, 이를 경영진의 의사결정에 반영할 수 있도록 지원해야 한다. 이를 위해 감사위원회는 주주총회에서 ESG경영활동에 대한 주주들의 의견을 수렴할 수 있는 기회를 마련하고, 주주들의 의견을 경영진에게 전달할 수 있는 채널을 구축해야 한다.

(3) ESG경영활동의 성과 측정 및 평가 : 감사위원회는 기업의 ESG경영활동의 성과를 측정하고 평가하여, 기업의 ESG경영활동의 지속가능성을 확보해야 한다. 이를 위해 감사위원회는 ESG경영활동의 성과를 측정할 수 있는 지표를 개발하고, 성과 측정 및 평가 절차를 마련해야 한다.

ESG경영시대에는 기존의 감사위원회의 역할뿐 아니라, 회사의 ESG 관련 리스크와 기회를 평가하고 보고하는 역할도 필요하다. 감사위원회는 이러한 역할과 기능을 수행하기 위해 전문적이고 경험이 풍부한 전문가로 구성되어야 한다. 감사위원회의 역할과 기능은 이사회와 조화를 이루어야 하며, 이사회와 긴밀한 협력을 통해 회사의 지속가능성과 사회적 가치를 고도화시켜 나가야 한다. ESG시대에 기업의 ESG경영활동을 감독하고 평가함으로써 기업의 장기적 지속가능성을 보장하고, 이해관계자들의 권익을 보호하는 역할을 독립적으로 수행해야 한다.

3.5 주주의 경영참여 확대

주주는 기업의 소유주로서 기업의 경영에 대한 의사결정에 참여할 권리가 있으며 기업의 경영에 대해 정보를 제공받고, 경영진을 선출하고, 해임할 수 있다. 주주들의 경영참여 확대를 통해 기업의 경영이 주주와 이해관계자의 이익을 위해 이루어지도록 하며, 투명하고 윤리적이며 지속가능한 성장을 할 수 있다. ESG경영시대에 있어서 주주 및 기관투자자의 역할이 중요해지고 있다. ESG경영은 기업의 장기적 성장과 지속가능성을 위해 필수적이고 투자자들의 투자 결정에 중요한 요소가 되고 있으므로 주주 및 기관투자자는 기업의 ESG경영을 촉진하고 기업의 장기적 가치를 제고할 수 있도록 이사회와 경영진에 의견을 개진해야 할 것이다. 최근 국내외적으로 활발한 주주행동주의는 주주가 기업의 경영진에게 기업의 이익을 위해 행동할 것을 요구하며 기업의 경영진에 대해 이의를 제기하고 주주이익을 보호하는 수단으로 많이 활용되고 있다.

기관투자자

기관투자자는 주주로서의 권리를 행사하여 기업의 경영을 감시하는 역할을 수행한다. 보유한 주식에 대한 의결권을 행사하여 경영진의 의사결정에 영향을 미칠 수 있으며 경영진과 직접 소통하여 경영에 대한 의견을 개진할 수도 있다. 이처럼 다양한 방법을 통해 경영감시를 수행하고 있으며, 일반적인 방법으로는 주주총회에서 의결권을 행사하는 것이다. 주주총회에서 경영진의 연임, 배당, 이사회 구성 등 다양한 안건에 대한 찬반 의사를 표시할 수 있다. 경영감시를 통해 기업의 경영을 개선하고 주주가치를 제고하는 데 기여할 수 있으며, 기관투자자의 경영감시로 인해 경영진은 주주이익을 위해 보다 책임감 있게 경영할 수밖에 없게 된다. 또한 기관투자자의 경영감시로 인해 기업의 투명성과 공정성이 향상될 수 있다. 최근 국내에서도 기관투자자의 경영감시는 활성화되기 시작했다. 기관투자자에 대한 의결권 행사가 허용되었고, 기관투자자가 5% 이상의 지분을 보유한 경우 투자목적과 함께 투자 기업을 공시하도록 의무화되었다. 이러한 법 개정으로 인해 기관투자자의 경영감시 기능이 강화되었다. 기관투자자가 경영을 감시하는 방법은 크게 다음과 같다.

(1) 의결권 행사 : 기관투자자는 주주총회에서 의결권을 행사하여 경영진의 의사결정에 영향을 미칠 수 있다. 예를 들어, 기관투자자는 경영진의 보수, 배당, 기업의 전략적 의사결정 등에 반대하는 의결권을 행사할 수 있다.

(2) 주주제안 : 기관투자자는 주주총회에서 주주제안을 통해 경영진에게 의사결정을 요구할 수 있다. 예를 들어, 기관투자자는 경영진에게 보수를 낮추거나, 배당을 늘리거나, 새로운 경영진을 선임하도록 요구할 수 있다.

(3) 스튜어드십 코드 : 기관투자자는 스튜어드십 코드에 따라 경영을 감시해야 한다. 스튜어드십 코드는 기관투자자가 기업의 경영에 적극적으로 참여하고, 주주권을 행사하도록 권고하는 규범이다.

기관투자자의 경영감시활동이 활발해졌으며, 주주제안과 스튜어드십 코드의 도입으로 기관투자자의 경영감시기능이 더욱더 강화되고 있다. 해외에서는 기관투자자의 경영감시활동이 더욱 활발하다. 미국의 경우 기관투자자들은 스튜어드십 코드에 따라 경영을 감시해야 하며, 많은 기관투자자들이 주주제안을 통해 경영진에게 의사결정을 요구하고 있다. 기관투자자의 경영감시활동은 기업의 투명성과 책임성을 높이고, 주주이익을 보호하는 데 중요한 역할을 한다. 앞으로 기관투자자의 경영감시활동이 더욱 활성화될 것으로 기대된다.

소수주주의 권리 강화

소수주주권은 주식회사에서 주주권의 일종으로 소수주주에게 인정되는 권리로 다수결의 원리가 지배하는 주식회사에서 회사 또는 주주의 이익보호를 위하여 소수주주에게 인정한 특별한 권리를 말한다. 주요 소수주주권

〈표 3-7〉 소수주주권

구분	세부내용
주주총회 소집청구권	주주총회 소집을 청구할 수 있는 소수주주는 발행주식 총수의 100분의 3 이상 가진 주주이어야 함(상장법인의 경우는 6월 이상 계속하여 주식을 보유하고 1.5% 지분 요구)
주주제안권	의결권을 가진 발행주식 총수의 3% 이상을 가진 주주는 이사회에 주주총회의 목적사항에 추가할 것을 제안(상장법인의 경우는 6월 이상 계속하여 주식을 보유하고 1% 이상 지분 요구)
집중투표권	의결권을 가진 발행주식 총수의 3% 이상을 가진 주주는 이사 선임에 있어서 각 주주가 1주마다 선임할 이사의 수와 동일한 수의 의결권을 행사(상장법인의 경우는 6월 이상 계속하여 주식을 보유하고 1% 이상 지분 요구)
이사의 해임청구권	의결권을 가진 발행주식 총수의 3% 이상을 가진 주주는 이사회의 승인을 얻어 이사 해임을 청구(상장법인의 경우는 6월 이상 계속하여 주식을 보유하고 0.5% 이상 지분 요구)
회계장부 열람권	의결권을 가진 발행주식 총수의 3% 이상을 가진 주주는 회계의 장부와 서류를 열람(상장법인의 경우는 6월 이상 계속하여 주식을 보유하고 0.1% 이상 지분 요구)

은 〈표 3-7〉과 같다.

소수주주권은 소수주주들이 회사의 경영에 참여하고 자신의 권리를 보호할 수 있는 중요한 수단이다. 그러나 소수주주권은 행사하기가 까다롭고 소액주주들이 자신의 권리를 제대로 행사하지 못하는 경우가 많다. 따라서 소수주주권을 행사하기 위한 절차를 간소화함으로써 소액주주들이 자신의 권리를 쉽게 행사할 수 있도록 하는 것이 필요하다.

주주 및 기관투자자는 기업의 ESG경영에 대한 투자를 결정함으로써 기업의 ESG경영을 촉진할 수 있다. 이러한 투자는 기업의 ESG경영을 개선하고, 기업의 장기적 성장과 지속가능성을 촉진하는 데 도움이 될 것이다.

주주 직접경영 참여 확대

AI/GX로의 전환, ESG경영의 본격화, 기업의 전자투표시스템 도입 등의 주주의 기업경영참여 여건 변화에 따라 온라인 전자투표제도를 적극 활용하여 주주들이 직접 주요 의사결정에 참여하는 주주 직접경영 참여를 확대해 나가는 것이 다음과 같은 이유에서 타당할 수 있다.

첫째, AI/GX 및 ESG경영의 본격화로 인해 기업의 경영 환경이 급변하고 있다. 이러한 변화에 대응하기 위해서는 주주들이 기업의 경영에 보다 적극적으로 참여하고, 기업의 경영 방향을 결정하는 데 있어 주주들의 의견을 반영하는 것이 중요하다.

둘째, 기업의 전자투표시스템 도입으로 인해 주주들의 의사결정 참여가 보다 용이해졌다. 과거에는 주주들이 주주총회에 직접 참석하여 의사결정에 참여하는 것이 일반적이었지만, 전자투표시스템 도입으로 인해 주주들은 인터넷이나 모바일을 통해 편리하게 의사결정에 참여할 수 있게 되었다.

셋째, 주주 직접경영 참여는 기업의 민주화와 투명성을 강화하는 데 기여할 수 있다. 주주들이 직접 주요 의사결정에 참여함으로써, 기업의 경영이 주주들의 의사에 따라 이루어지게 되고, 기업의 경영활동이 보다 투명하게 공개될 수 있다.

물론 주주 직접경영 참여가 기업의 모든 경영에 직접 개입하는 것은 적합한 것은 아니다. 대규모 기업이나 복잡한 경영구조를 가진 기업의 경우, 주주들이 직접 주요 의사결정에 참여하기가 쉽지 않을 수 있고 주주 직접경영이 기업의 의사결정 속도를 지연시키거나, 경영의 효율성을 저하시킬 수 있다는 우려도 있다. 따라서 주주 직접경영은 기업의 특성과 상황에 맞게 도입하고 운영될 수 있도록 주주들의 의견을 충분히 수렴하고, 주주들이 의사결정에 참여하기 위한 적절한 절차와 시스템을 마련해야 할 것이다. 구체적으로 주주 직접경영을 도입하기 위해서는 다음과 같은 기반과 제도개선이 필요하다.

(1) 주주들의 참여를 위한 인프라 구축 : 온라인 전자투표시스템을 개선하고, 주주들에게 의사결정에 참여할 수 있는 교육을 제공해야 한다.
(2) 주주들의 의사결정권 확대 : 주주총회에서의 의결권 행사 범위를 확대하고, 주주들의 의견을 수렴하기 위한 다양한 채널을 마련해야 한다.
(3) 주주들의 참여 활성화 : 주주들의 참여를 장려하기 위한 법제도적 보완책을 마련해야 한다.

이러한 법제도 및 문화의 개선 등을 통해, 주주 직접경영 참여는 기업경영의 민주화와 투명성을 강화하고, 기업의 지속가능한 성장과 발전을 도모하는 데 기여할 수 있을 것이다.

엔데믹發 과도기 맞은 ESG … 한국은 돌고 돌아 다시 '거버넌스'로

> 엔데믹 · 전쟁에 인기 식은 ESG 투자
> 그린워싱 논란에 ESG 회의론도 부상
> 과도기 온 ESG에 국내시장도 '혼란'
> 투자자들, 다시 '거버넌스'에 관심 집중

(출처: 조선일보, 2022.6.13)

…(중략)

돌고 돌아 지배구조… "G없이는 E·S도 소용없다"

ESG 열풍이 휩쓸고 간 지금, 국내 투자자들 사이에선 '이게 문제가 아니다'란 인식이 커졌다. 물론 친환경 등 세계적인 흐름을 거스르는 것은 안 되지만, "E와 S를 챙긴다고 주가가 오르는 게 아니다"는 것이다. 결국 ESG 투자의 핵심이 지배구조 이슈로 귀결되는 분위기다. 코로나 이전 국내에선 ESG 논의는 대부분 지배구조에 치우쳐 있었다. 재벌이란 특수한 구조가 항상 '뜨거운 감자'였다. 거버넌스가 ESG 차원에서 논의되기 시작한 것도 2019년쯤부터다. 그러다 2020년 초반부터 팬데믹을 겪으며 '환경'이 급부상했다. 정책적인 영향도 컸다. 2020년 '한국판 뉴딜'이 발표되면서 친환경을 내세운 자금조달이나 투자를 둘러싼 분위기도 고조됐다.

엔데믹, 정권 교체로 다시 'G'가 투자자들의 최대 관심사로 돌아왔다. 탄소중립 등 친환경이 '방향'은 맞지만 속도조절이 필요하다는 공감대도 형성됐다. 물론 리스크 관리 차원의 E와 S의 중요성은 여전하다. 해외 석유업체 등 환경 이슈를 제대로 관리하지 못하면 기업의 존립이 위태롭다는 사례도 확인했다. 인종차별, 성추문, 갑질 등 사회적인 이슈도 평판에 지대한 영향을 미쳤다. 다만, 시장에선 'E'와 'S'도 결국엔 'G'가 핵심이라는 점을 깨달았다. 환경과 사회 요소와 관련한 실행력 자체가 거버넌스에서 나오기 때문에 'G'가 전제되지 않으면 'E'와 'S'도 요원하다는 것이다. 정해진 기간에 성과를 내야 하는 투자업계에서는 더욱 'G'로 초점이 모이는 분위기다. 기업의 ESG경영은 장기적인 호흡이지만, 수익을 내야 하는 투자업계에서는 거버넌스 수준의 변화가 아니면 ESG 투자의 실효성이 높지 않다는 것이다. 투자자들이 ESG를 내세우는 건 광고 효과와 더불어 리스크 관리 차원이 큰데, 어쨌든 결과적으로 ESG 펀드수익률을 끌어올리는 것이 중요하다.

그런데 한국 ESG투자는 '가성비'가 그리 좋지 않다. 선진국에서 투자에서 G를 고려하는 수준은 이사회의 다양성과 같은 선진적 거버넌스 차원이다. 환경, 사회적 책임과 더불어 해당 부분들이 지켜지지 않은 곳들을 투자에서 배제하면 수익률도 좋고, ESG가 고려된 투자라는 식이다. 반면 국내에서의 'G'는 유럽, 미국 등에서 고려하는 내용과 달라 수익 개선으로 바로 이어지지 않는다.

한 금융투자업계 관계자는 "국내 기업들은 소수의 지분을 든 대주주가 주가를 누르거나 배당을 하지 않는 것들을 희석하기 위해 'ESG 선진기업'과 같은 용어를 내건다"며 "기본적으로 대주주 이슈 등 더 넓은 차원의 거버넌스 이슈가 해결되지 않으면 전반적인 ESG를 관리한다고 주가가 오르진 않는다"고 말했다.

…(중략)

하지만 국내 시장에서 'ESG 투자→기업 ESG 개선→주가 부양'까지 이어지는 선순환을 실현하기는 갈 길이 멀다. 기업 입장에서도 주식의 분산, 최대주주의 대표이사 겸직 수준을 넘는 지배구조 변화는 오너의 경영권 행사와 연결되어 있어 해결이 쉽지 않다. 투자자 입장에서도 지배구조 차원에서 주가 '디스카운트'가 있는 회사들은 많지만, 그 중 의미있게 회사를 바꿔 주가를 부양할 기업은 많지 않다는 평이다. "이사회 자체가 대주주 위주고 제대로 시행되지 않는데" 선진 거버넌스를 통한 주가부양까지는 먼 일이라는 설명이다…(중략)

부록

K-ESG 가이드라인*

기본 진단항목 정의서

* K-ESG 가이드라인은 정부에서 2021.12.1 관계부처와 각 분야 전문가, 이해관계자의 의견을 반영하여 글로벌 기준에 부합하면서도 우리 기업이 활용 가능한 가이드라인을 제시한 것임.

1. 정보공시

<table>
<tr><td rowspan="2">구분</td><td>분류번호</td><td>영역</td><td>범주</td></tr>
<tr><td>P-1-1</td><td>정보공시</td><td>정보공시 형식</td></tr>
<tr><td>항목</td><td colspan="3">ESG 정보공시 방식</td></tr>
<tr><td>항목 설명</td><td colspan="3">• 조직이 ESG 정보공시 동향에 맞추어 정보 수요자의 접근성을 고려한 ESG 정보공시 방식을 정립하고 있는지 점검
• ESG 정보를 종합한 온/오프라인 채널 운영 및 ESG 정보공시 외부 확산/전파 등 정보 접근성 향상 측면의 노력을 확인</td></tr>
<tr><td>성과 점검</td><td colspan="3">조직의 홈페이지, 지속가능경영보고서, 사업보고서, 기타 간행물 등에 ESG 정보가 종합적으로 수록되어 있는지, ESG 정보공시 여부를 대외에 알리는지 측정

[데이터 원천] 홈페이지, 지속가능경영보고서, 사업보고서, 기타간행물, 전자공시시스템 上 '자율공시'
[데이터 기간] 직전 회계연도
[데이터 범위] N/A
[데이터 산식] N/A</td></tr>
<tr><td>점검 기준</td><td colspan="3">
<table>
<tr><td>1단계</td><td>조직이 어떠한 방식으로든 ESG 정보를 공시하지 않는 경우</td></tr>
<tr><td>2단계</td><td>조직의 홈페이지, 지속가능경영보고서, 사업보고서, 기타 간행물 등에
ESG 정보를 분산하여 공시하고 있는 경우</td></tr>
<tr><td>3단계</td><td>조직의 홈페이지, 지속가능경영보고서, 사업보고서, 기타 간행물 등에
ESG 정보를 통합하여 공시하고 있는 경우</td></tr>
<tr><td>4단계</td><td>ESG 정보를 통합한 조직의 홈페이지, 지속가능경영보고서, 사업보고서,
기타 간행물 등을 지정된 장소에 비치하거나, 특정 URL에 담고 있는 경우</td></tr>
<tr><td>5단계</td><td>ESG 정보를 통합한 조직의 홈페이지, 지속가능경영보고서, 사업보고서,
기타 간행물 등의 발행여부를 '전자공시시스템-자율공시' 사항으로 알리는 경우</td></tr>
</table>
점검 기준 적용방안(단계형)
<table>
<tr><td>1단계</td><td>2단계</td><td>3단계</td><td>4단계</td><td>5단계</td></tr>
<tr><td>0점</td><td>25점</td><td>50점</td><td>75점</td><td>100점</td></tr>
</table>
</td></tr>
</table>

<table>
<tr><th rowspan="2">구분</th><th>분류번호</th><th>영역</th><th>범주</th></tr>
<tr><td>P-1-2</td><td>정보공시</td><td>정보공시 형식</td></tr>
<tr><th>항목</th><td colspan="3">ESG 정보공시 주기</td></tr>
<tr><th>항목 설명</th><td colspan="3">• 투자자, 고객 등 정보 수요자의 의사결정 및 가치판단에 필요한 최신 ESG 정보를 적시에 제공하고 있는지 점검
• 조직의 ESG 데이터 취합/분석/마감 기간을 고려하여 1년 단위로 ESG 정보공시 주기를 설정하고 있는지 확인</td></tr>
<tr><th>성과 점검</th><td colspan="3">조직이 ESG 정보공시 일자, 또는 지속가능경영보고서 상 '발간 주기'를 확인하여 조직이 1년 단위로 ESG 정보를 공시하고 있는지 측정

[데이터 원천] ESG 정보공시 일자, 지속가능경영보고서 발간 주기
[데이터 기간] 최근 5개년 회계연도
[데이터 범위] N/A
[데이터 산식] N/A</td></tr>
<tr><th>점검 기준</th><td colspan="3">
<table>
<tr><th>1단계</th><td>ESG 정보공시 주기를 특정할 수 없거나, 명시하고 있지 않는 경우</td></tr>
<tr><th>2단계</th><td>2년 단위로 보고서 발간 및 ESG 정보를 공시하는 경우</td></tr>
<tr><th>3단계</th><td>1년 단위로 보고서 발간 및 ESG 정보를 공시하는 경우</td></tr>
</table>
점검 기준 적용방안(단계형)
<table>
<tr><th>1단계</th><th>2단계</th><th>3단계</th></tr>
<tr><td>0점</td><td>75점</td><td>100점</td></tr>
</table>
</td></tr>
</table>

<table>
<tr><td rowspan="2">구분</td><td>분류번호</td><td>영역</td><td>범주</td></tr>
<tr><td>P-1-3</td><td>정보공시</td><td>정보공시 형식</td></tr>
<tr><td>항목</td><td colspan="3">ESG 정보공시 범위</td></tr>
<tr><td>항목 설명</td><td colspan="3">• ESG 정보공시 제도화 움직임에 따라, 조직의 ESG 활동 및 성과를 충분히 대표하고 나타낼 수 있는 정보가 공시되고 있는지 점검
• 조직의 영향력과 통제력이 미치는 사업장(자회사 포함)의 ESG 정보가 최대한 공시되고 있는지 확인</td></tr>
<tr><td>성과 점검</td><td colspan="3">ESG 정보공시에 필요한 데이터를 취합하는 사업장 등의 범위를 비율(%)로 계산
(매출액, 직원 수, 생산량 등 모수로 활용)함

[데이터 원천] 홈페이지, 지속가능경영보고서, 사업보고서, 전자공시시스템 上 '자율공시'
[데이터 기간] 직전 회계연도
[데이터 범위] 사업적 영향력 및 통제력을 행사하는 사업장 및 기타 연결실체
[데이터 산식] ESG 정보공시 범위 = ESG 정보공시에 포함된 사업장 등의 (매출액 등) / 전체 조직의 (매출액 등)</td></tr>
<tr><td>점검 기준</td><td colspan="3">
<table>
<tr><td>1단계</td><td>ESG 정보공시 범위를 특정할 수 없거나, 명시하고 있지 않는 경우</td></tr>
<tr><td>2단계</td><td>조직이 법적으로 직접 소유하고 있는 사업장(ex. 별도재무제표 기준)의
일부 또는 모든 ESG 정보를 공시하고 있는 경우</td></tr>
<tr><td>3단계</td><td>조직의 영향력과 통제력 범위에 있는 곳(자회사, 종속법인, 연결실체 등)의
일부 ESG 정보를 공시하고 있는 경우</td></tr>
<tr><td>4단계</td><td>조직의 영향력과 통제력 범위에 있는 곳(자회사, 종속법인, 연결실체 등)의
일부 ESG 정보를 공시하고 있는 경우. 단, 조직의 영향력과 통제력 범위로
ESG 정보공시 범위를 확대한다는 계획을 제시하고 있는 경우</td></tr>
<tr><td>5단계</td><td>조직의 영향력과 통제력 범위에 있는 곳(자회사, 종속법인, 연결실체 등)의
모든 ESG 정보를 공시하고 있는 경우</td></tr>
</table>
점검 기준 적용방안(단계형)
<table>
<tr><td>1단계</td><td>2단계</td><td>3단계</td><td>4단계</td><td>5단계</td></tr>
<tr><td>0점</td><td>25점</td><td>50점</td><td>75점</td><td>100점</td></tr>
</table>
</td></tr>
</table>

<table>
<tr><td rowspan="2">구분</td><td>분류번호</td><td>영역</td><td>범주</td></tr>
<tr><td>P-2-1</td><td>정보공시</td><td>정보공시 내용</td></tr>
<tr><td>항목</td><td colspan="3">ESG 핵심이슈 및 KPI</td></tr>
<tr><td>항목 설명</td><td colspan="3">• 조직의 사업성과 및 환경/사회에 상당한 영향력을 미치는 핵심이슈를 명확히 정의하고, 이를 관리하기 위한 시스템 및 절차를 갖추고 있는지 확인
• 조직이 인식하고 관리하고 있는 핵심 ESG 이슈에 대한 조직의 정보공시 수준을 점검</td></tr>
<tr><td>성과 점검</td><td colspan="3">조직이 사업적/사회적 영향력이 높은 핵심이슈에 대해 '위험 및 기회 요인', '이슈 관리를 위한 시스템 및 절차', '이슈 관리현황을 점검할 수 있는 성과지표'의 공시여부를 확인

[데이터 원천] 홈페이지, 지속가능경영보고서, 사업보고서, 전자공시시스템 上 '자율공시'
[데이터 기간] 직전 회계연도
[데이터 범위] N/A
[데이터 산식] N/A</td></tr>
<tr><td>점검 기준</td><td colspan="3">
<table>
<tr><td>1단계</td><td>중대성 평가 결과 또는 ESG 핵심이슈를 공시하고 있지 않은 경우</td></tr>
<tr><td>2단계</td><td>중대성 평가 결과와 핵심이슈를 명확히 정의하고 있는 경우</td></tr>
<tr><td>3단계</td><td>2단계 + 핵심이슈에 대해 조직이 관리하고 있는 성과지표를 설명하고 있는 경우
(예를 들어, 기후변화가 핵심이슈일 경우, 온실가스 배출량 데이터 제시)</td></tr>
<tr><td>4단계</td><td>3단계 + 핵심이슈가 사업적/사회적 관점에서 중요한 사유를 설명하고 있는 경우
(예를 들어, 사업적/사회적 관점의 기회 요인과 리스크 요인 등)</td></tr>
<tr><td>5단계</td><td>4단계 + 핵심이슈를 관리하기 위한 시스템 및 절차를 설명하고 있는 경우
(조직, 전략 및 계획, 고충처리체계, 활동 및 교육 등)</td></tr>
</table>
점검 기준 적용방안(단계형)
<table>
<tr><td>1단계</td><td>2단계</td><td>3단계</td><td>4단계</td><td>5단계</td></tr>
<tr><td>0점</td><td>25점</td><td>50점</td><td>75점</td><td>100점</td></tr>
</table>
</td></tr>
</table>

<table>
<tr><td rowspan="2">구분</td><td>분류번호</td><td>영역</td><td>범주</td></tr>
<tr><td>P-3-1</td><td>정보공시</td><td>정보공시 검증</td></tr>
<tr><td>항목</td><td colspan="3">ESG 정보공시 검증</td></tr>
<tr><td>항목 설명</td><td colspan="3">• 조직의 ESG 정보를 직접적으로 또는 가공하여 활용하는 이해관계자가 증가함에 따라, 조직이 대외공시하는 ESG 정보가 타당성/신뢰성/투명성을 확보하고 있는지 확인
• 조직이 대외공시하는 정보에 관해 제3자 기관으로부터 검증을 받는 경우, 해당 검증의견이 갖추어야 할 형식적 요건을 점검</td></tr>
<tr><td>성과 점검</td><td colspan="3">ESG 정보 검증의견서가 갖추어야 할 요건인 '검증기관의 적격성', '검증기관과의 독립성', '검증방법론의 합리성', '검증수준의 명확성', '검증지표의 구체성'이 충족되고 있는지 측정

[데이터 원천] ESG 정보 검증의견서, 지속가능경영보고서 검증의견서
[데이터 기간] 직전 회계연도
[데이터 범위] N/A
[데이터 산식] N/A</td></tr>
<tr><td>점검 기준</td><td colspan="3">
<table>
<tr><td>요건1</td><td>검증의견서에 검증기관(또는 검증인)이 명시되어 있는 경우
(또는, 검증기관이 License Number를 보유하고 있는 경우)</td></tr>
<tr><td>요건2</td><td>검증의견서에 검증기관과의 독립성 성명이 포함되어 있는 경우
(즉, 검증기관과 검증받는 조직간 이해관계 상충이 없음을 선언한 경우)</td></tr>
<tr><td>요건3</td><td>검증의견서에 검증표준(방법론)이 제시되어 있는 경우
(AA1000AS, ISAE3000, 또는 제3자 검증기관이 개발한 자체 검증표준 등)</td></tr>
<tr><td>요건4</td><td>검증의견서에 ESG 정보 검증수준을 공개하고 있는 경우
(Type1/Type2, Moderate/High, 제한적/합리적 등)</td></tr>
<tr><td>요건5</td><td>검증의견서에 제3자 검증기관이 검증한 정보공시 지표가 적시되어 있는 경우
(즉, 조직의 모든 ESG 정보 중 어떠한 정보를 검증하였는지 명시하는 경우)</td></tr>
</table>
점검 기준 적용방안(선택형)
<table>
<tr><td>1개 이하 충족</td><td>2개 충족</td><td>3개 충족</td><td>4개 충족</td><td>5개 충족</td></tr>
<tr><td>0점</td><td>25점</td><td>50점</td><td>75점</td><td>100점</td></tr>
</table>
</td></tr>
</table>

2. 환경

<table>
<tr><td rowspan="2">구분</td><td>분류번호</td><td>영역</td><td>범주</td></tr>
<tr><td>E-1-1</td><td>환경</td><td>환경경영 목표</td></tr>
<tr><td>항목</td><td colspan="3">환경경영 목표 수립</td></tr>
<tr><td>항목 설명</td><td colspan="3">• 조직이 책임있는 환경경영을 수행하기 위한 방향성을 명확히 설정하고 효율적인 자원 배분이 이루어지고 있는지, 또한 조직이 외부에 미치는 환경 영향을 최소화하고 내부 환경성과를 향상시키기 위한 구체적인 계획이 마련되어 있는지 점검
• 조직이 수립한 환경 분야 단기/중장기 목표 구체성과 내재화 수준을 확인</td></tr>
<tr><td>성과 점검</td><td colspan="3">조직의 환경경영 방향성을 확인할 수 있는 구체적이고 정량적인 단기/중장기 목표가 설정되어 있는지, 해당 목표 달성을 위한 과제 및 이행점검을 위한 지표를 정의하고 있는지 측정

[데이터 원천] 환경 분야 목표 수립 현황
[데이터 기간] 직전 회계연도
[데이터 범위] N/A
[데이터 산식] N/A</td></tr>
<tr><td>점검 기준</td><td colspan="3">1단계: 단기/중장기 성과목표, 또는 조직의 환경경영 방향성을 나타내는 환경경영 미션/비전/지향점이 없는 경우
2단계: 단기/중장기 성과목표는 수립되지 않았으나, 조직의 환경경영 방향성을 나타내는 환경경영 미션/비전/지향점을 제시하고 있는 경우
3단계: 조직의 환경 분야 핵심이슈에 대한 단기 목표를 설정하고 있으나, 중장기 목표는 없는 경우
4단계: 조직의 환경 분야 핵심이슈에 대한 중장기 목표까지 수립하고 있는 경우
5단계: 조직의 환경 분야 핵심이슈에 대한 중장기 목표까지 설정하고 있으며, 중장기 목표 달성을 위한 과제와, 이행점검 지표를 마련한 경우

점검 기준 적용방안(단계형)
1단계: 0점 / 2단계: 25점 / 3단계: 50점 / 4단계: 75점 / 5단계: 100점</td></tr>
</table>

점검 기준 적용방안(단계형)

1단계	2단계	3단계	4단계	5단계
0점	25점	50점	75점	100점

구분	분류번호	영역	범주
	E-1-2	환경	환경경영 목표

항목

환경경영 추진체계

항목 설명

- 조직이 환경성과 향상과 환경 개선 등의 경영활동으로 인한 환경영향 관리, 원부자재/에너지/폐기물 등의 효율적 관리, 국제사회 등 이해관계자의 환경영역 요구 대응을 위해 체계적으로 환경경영을 추진하고 있는지 점검
- 국내외 규격에서 제시하는 환경경영시스템 구성요건을 기준으로 조직이 이를 따르거나, 준용하여 환경경영 추진체계를 갖추고 있는지 확인

성과 점검

조직이 환경경영을 체계적으로 추진하기 위한 '전사 거버넌스', '전사 전담조직', '자원 및 역량', '이행현황 점검 시스템', '구성원 성과평가 지표' 구축 여부를 측정

[데이터 원천] 환경경영시스템, 환경경영 정책, 환경경영 가이던스
[데이터 기간] 직전 회계연도
[데이터 범위] N/A
[데이터 산식] N/A

점검 기준

요건1	환경경영 추진을 위한 전사 거버넌스 체계를 구축하고 있는 경우 (전담조직, 실무협의회, 경영회의 및 내부점검체계 등)
요건2	환경경영 추진을 위한 전사 전담조직을 운영하고 있는 경우 (전사 환경경영 기획, 점검, 성과관리 등 실행업무 담당)
요건3	환경경영 과제 실행에 필요한 자원을 투입하고 있는 경우 (환경투자 예산, 역량강화 교육, 내외부 전문인력 등)
요건4	환경경영 추진 현황을 점검/분석/평가하는 시스템이 있는 경우 (IT기반 모니터링 시스템, 과제점검 회의, 제3자 의견수렴 등)
요건5	환경경영 과제 이행현황이 경영진 포함 관련 구성원의 성과평가지표(KPIs)에 반영되어 있는 경우

* 선택 항목의 합산값으로 평가

점검 기준 적용방안(선택형)

1개 이하 충족	2개 충족	3개 충족	4개 충족	5개 충족
0점	25점	50점	75점	100점

<table>
<tr><td rowspan="2">구분</td><td>분류번호</td><td>영역</td><td>범주</td></tr>
<tr><td>E-2-1</td><td>환경</td><td>원부자재</td></tr>
<tr><td>항목</td><td colspan="3">원부자재 사용량</td></tr>
<tr><td>항목 설명</td><td colspan="3">• 조직이 이윤을 창출하기 위한 재화를 생산하는 과정에서 자연으로부터 가져온 원부자재를 효율적으로 관리하고 있는지 점검
• 조직 규모 차이(매출액, 생산량 등) 또는 사업 변동(구조조정, 인수합병 등)을 고려하여 상대적 비교가능성이 높은 '원단위' 개념을 기반으로 원부자재 사용량을 점검</td></tr>
<tr><td>성과 점검</td><td colspan="3">조직의 지난 5개년 간 원단위 원부자재 사용량이 감소 추세에 있는지, 지난 1개년의 원단위 원부자재 사용량이 산업평균 미만인지 측정

[데이터 원천] '조직별 홈페이지' 上 지속가능경영보고서, 한국환경공단>자원순환정보시스템>연도별 전국 폐기물 발생 및 처리현황
[데이터 기간] 최근 5개 회계연도
[데이터 범위] 국내외 사업장 및 기타 연결실체
[데이터 산식] 총 원단위 원부자재 사용량 = 총 원부자재 사용량(재생불가능한, 재생가능한, 재생/재활용) / 원단위 활용 분모 (매출액 등)</td></tr>
<tr><td>점검 기준</td><td colspan="3">
<table>
<tr><td rowspan="3">현재 수준 (1/2)</td><td>1단계</td><td>직전 1개년 원단위 원부자재 사용량 당해년도 산업 평균 초과</td></tr>
<tr><td>2단계</td><td>직전 1개년 원단위 원부자재 사용량 당해년도 산업 평균 동일</td></tr>
<tr><td>3단계</td><td>직전 1개년 원단위 원부자재 사용량 당해년도 산업 평균 미만</td></tr>
<tr><td rowspan="3">추세 (1/2)</td><td>1단계</td><td>지난 5개년 원단위 원부자재 사용량 증가 추세</td></tr>
<tr><td>2단계</td><td>지난 5개년 원단위 원부자재 사용량 변동 없음</td></tr>
<tr><td>3단계</td><td>지난 5개년 원단위 원부자재 사용량 감소 추세</td></tr>
</table>
* 원단위 원부자재 사용량을 관리하지 않는 경우 0점 적용

점검 기준 적용방안(단계형)
* 2개 영역의 단계별 점수 산출 후, 가중평균해 해당 항목의 점수로 산출
= 현재수준 점검 기준에 따른 점수 * 1/2 + 추세 점검 기준에 따른 점수 * 1/2
<table>
<tr><td>1단계</td><td>2단계</td><td>3단계</td></tr>
<tr><td>0점</td><td>50점</td><td>100점</td></tr>
</table>
</td></tr>
</table>

<table>
<tr><td rowspan="2">구분</td><td>분류번호</td><td>영역</td><td>범주</td></tr>
<tr><td>E-2-2</td><td>환경</td><td>원부자재</td></tr>
<tr><td>항목</td><td colspan="3">재생 원부자재 비율</td></tr>
<tr><td>항목 설명</td><td colspan="3">• 지속적인 경제 성장으로 인한 천연자원 고갈 이슈가 증가함에 따라, 원부자재 조달-투입 방식을 자원순환형 체계로 전환하고 있는지 점검
• 조직이 생산하는 제품 중 재생 원부자재를 적용할 수 있는 부분을 실제 재생 원부자재로 대체하는 등의 자원순환 이행성과를 확인</td></tr>
<tr><td>성과 점검</td><td colspan="3">조직의 지난 5개년 간 재생 원부자재 사용 비율이 증가 추세에 있는지, 지난 1개년의 재생 원부자재 사용 비율이 산업평균을 초과하는지 측정

[데이터 원천] '전자공시시스템' 上 사업보고서, '조직별 홈페이지' 上 지속가능경영보고서
[데이터 기간] 최근 5개 회계연도
[데이터 범위] 국내외 사업장 및 기타 연결실체
[데이터 산식] 재생 원부자재 사용 비율 = 총 재생 원부자재 사용량 / 총 원부자재 사용량</td></tr>
<tr><td>점검 기준</td><td colspan="3">
<table>
<tr><td rowspan="3">현재 수준 (1/2)</td><td>1단계</td><td>직전 1개년 재생 원부자재 사용 비율 당해년도 산업 평균 미만</td></tr>
<tr><td>2단계</td><td>직전 1개년 재생 원부자재 사용 비율 당해년도 산업 평균 동일</td></tr>
<tr><td>3단계</td><td>직전 1개년 재생 원부자재 사용 비율 당해년도 산업 평균 초과</td></tr>
<tr><td rowspan="3">추세 (1/2)</td><td>1단계</td><td>지난 5개년 재생 원부자재 사용 비율 감소 추세</td></tr>
<tr><td>2단계</td><td>지난 5개년 재생 원부자재 사용 비율 변동 없음</td></tr>
<tr><td>3단계</td><td>지난 5개년 재생 원부자재 사용 비율 증가 추세</td></tr>
</table>
* 재생 원부자재를 사용하지 않는 경우 0점 적용
* 국내 및 해외 모든 사업장에서 재생 원부자재를 100% 사용하는 경우 100점 적용

점검 기준 적용방안(단계형)
* 2개 영역의 단계별 점수 산출 후, 가중평균해 해당 항목의 점수로 산출
= 현재수준 점검 기준에 따른 점수 * 1/2 + 추세 점검 기준에 따른 점수 * 1/2
<table>
<tr><th>1단계</th><th>2단계</th><th>3단계</th></tr>
<tr><td>0점</td><td>50점</td><td>100점</td></tr>
</table>
</td></tr>
</table>

<table>
<tr><td rowspan="2">구분</td><td>분류번호</td><td>영역</td><td>범주</td></tr>
<tr><td>E-3-1</td><td>환경</td><td>온실가스</td></tr>
<tr><td>항목</td><td colspan="3">온실가스 배출량 (Scope1 & Scope2)</td></tr>
<tr><td>항목 설명</td><td colspan="3">• 조직이 소유, 관리, 통제하는 물리적 경계(사업장 등) 내에서 에너지 사용으로 인해 발생하는 온실가스 배출(Scope1 & Scope2)을 감축하고 있는지 점검
• 조직 규모 차이(매출액, 생산량 등) 또는 사업 변동(구조조정, 인수합병 등)을 고려하여 상대적 비교가능성이 높은 '원단위' 개념을 기반으로 온실가스 배출량을 확인</td></tr>
<tr><td>성과 점검</td><td colspan="3">조직의 지난 5개년 간 원단위 온실가스 배출량(Scope1 & Scope2)이 감축 추세에 있는지, 지난 1개년의 원단위 온실가스 배출량이 산업평균 미만인지 측정

[데이터 원천] '전자공시시스템' 上 사업보고서, '조직별 홈페이지' 上 지속가능경영보고서, '국가온실가스종합관리 시스템' 上 명세서배출량통계
[데이터 기간] 최근 5개 회계연도
[데이터 범위] 국내외 사업장 및 기타 연결실체
[데이터 산식] 원단위 온실가스 배출량 = 총 온실가스 배출량 / 원단위 활용 분모</td></tr>
<tr><td>점검 기준</td><td colspan="3">
<table>
<tr><td rowspan="3">현재 수준 (1/2)</td><td>1단계</td><td>직전 1개년 원단위 온실가스 배출량 당해년도 당해년도 산업 평균 초과</td></tr>
<tr><td>2단계</td><td>직전 1개년 원단위 온실가스 배출량 당해년도 산업 평균 동일</td></tr>
<tr><td>3단계</td><td>직전 1개년 원단위 온실가스 배출량 당해년도 산업 평균 미만</td></tr>
<tr><td rowspan="3">추세 (1/2)</td><td>1단계</td><td>지난 5개년 원단위 온실가스 배출량 증가 추세</td></tr>
<tr><td>2단계</td><td>지난 5개년 원단위 온실가스 배출량 변동 없음</td></tr>
<tr><td>3단계</td><td>지난 5개년 원단위 온실가스 배출량 감소 추세</td></tr>
</table>
* 원단위 온실가스 배출량을 관리하고 있지 않은 경우 0점 적용
* 국내 및 해외 모든 사업장이 '탄소중립' 또는 '탄소제로'를 달성한 경우 100점 적용

점검 기준 적용방안(단계형)
* 2개 영역의 단계별 점수 산출 후, 가중평균해 해당 항목의 점수로 산출
= 현재수준 점검 기준에 따른 점수 * 1/2 + 추세 점검 기준에 따른 점수 * 1/2
<table>
<tr><td>1단계</td><td>2단계</td><td>3단계</td></tr>
<tr><td>0점</td><td>50점</td><td>100점</td></tr>
</table>
</td></tr>
</table>

<table>
<tr><td rowspan="2">구분</td><td>분류번호</td><td>영역</td><td>범주</td></tr>
<tr><td>E-3-2</td><td>환경</td><td>온실가스</td></tr>
<tr><td>항목</td><td colspan="3">온실가스 배출량 (Scope3)</td></tr>
<tr><td>항목 설명</td><td colspan="3">• 조직이 탄소중립(Net-Zero)을 달성하기 위해 물리적 경계 내에서 발생하는 Scope1 & Scope2 배출량뿐만 아니라, 조직의 외부에서 발생하는 Scope3 배출량의 감축도 관리하고 있는지 점검
• Scope3는 조직이 통제할 수 없는 범주에 속하기 때문에, 조직이 Scope3를 직접 감축하고 있는지를 확인하기보다는 Scope3의 인식/산정/검증 등 성과를 관리하는 노력 수준을 확인</td></tr>
<tr><td>성과 점검</td><td colspan="3">조직이 지난 1개년간 Scope3 온실가스 배출 범주를 인식, 배출량을 산정, 배출량 산정 결과를 검증하고 있는지 측정

[데이터 원천] Scope3 측정 범주, Scope3 배출 데이터, Scope3 검증의견서
[데이터 기간] 직전 회계연도
[데이터 범위] 국내외 사업장 및 기타 연결실체
[데이터 산식] N/A</td></tr>
<tr><td>점검 기준</td><td colspan="3">

	Scope3 범주 인식 (1/3)	Scope3 배출량 산정 (1/3)	Scope3 배출량 검증 (1/3)
1단계	조직의 Scope3 범주를 인식하고 있지 않는 경우	조직의 Scope3 배출량을 측정하고 있지 않는 경우	Scope3 배출량에 대한 제3자 검증을 하지 않는 경우
2단계	조직의 가치사슬 관련 일부 Scope3 범주만 인식하고 있는 경우	국내 등 일부 사업장의 Scope3 배출량만 측정하고 있는 경우	일부 Scope3 범주 및 측정값에 대해서만 제3자 검증을 하는 경우
3단계	조직의 가치사슬 관련 모든 Scope3 범주를 인식하고 있는 경우	조직의 모든 사업장의 Scope3 배출량을 측정하고 있는 경우	모든 Scope3 범주 및 측정값에 대해 제3자 검증을 하는 경우

점검 기준 적용방안(단계형)

※ 'Scope3 범주 인식', '배출량 측정', '배출량 검증' 각각의 점검 기준 적용 결과를 1/3씩하여 최종 점검 결과 산정
= (범주 인식 점수 + 배출량 산정 점수 + 배출량 검증 점수) * 1/3

1단계	2단계	3단계
0점	50점	100점

</td></tr>
</table>

구분	분류번호	영역	범주
	E-3-3	환경	온실가스

항목	온실가스 배출량 검증
항목 설명	• 온실가스 배출권 거래제, 온실가스 목표관리제, 기타 온실가스 정보를 기반으로 의사결정하는 이해관계자가 증가함에 따라, 조직이 대외공시하는 온실가스 배출량 데이터가 타당성/신뢰성/투명성을 확보하고 있는지 확인 • 조직의 온실가스 배출량 데이터에 관해 제3자 기관으로부터 검증을 받는 경우, 해당 검증의견이 갖추어야 할 형식적 요건을 점검
성과 점검	온실가스 배출량 데이터 검증의견서가 갖추어야 할 '검증기관의 적격성', '검증기관과의 독립성', '검증방법론의 합리성', '검증수준의 명확성', '검증지표의 구체성' 요건이 충족되고 있는지 측정 [데이터 원천] 온실가스 배출량 검증의견서 [데이터 기간] 직전 회계연도 [데이터 범위] N/A [데이터 산식] N/A
점검 기준	(아래 참조)

요건1	검증의견서에 검증기관(또는 검증인)이 명시되어 있는 경우 (또는, 검증기관이 License Number를 갖추고 있는 경우)
요건2	검증의견서에 검증표준(방법론)이 제시되어 있는 경우 (온실가스 배출권거래제의 배출량 보고 및 인증에 관한 지침, GHG Protocol, ISO14064-1 등)
요건3	검증의견서에 ESG 정보 검증수준을 공개하고 있는 경우 (전체/일부 데이터 검증, 제한적/합리적 보증 등)
요건4	제3자 검증기관이 검증한 온실가스 배출량 검증 범위가 적시되어 있는 경우 (즉, 조직의 사업장 중 온실가스 배출량을 검증받은 사업장 및 지역 등)
요건5	조직의 온실가스 관리에 관한 제3자 검증기관 의견이 명시되어 있는 경우 (온실가스 관리 시스템 개선, 향후 검증값의 변동가능성 등)

점검 기준 적용방안(선택형)

1개 이하 충족	2개 충족	3개 충족	4개 충족	5개 충족
0점	25점	50점	75점	100점

<table>
<tr><td rowspan="2">구분</td><td>분류번호</td><td>영역</td><td>범주</td></tr>
<tr><td>E-4-1</td><td>환경</td><td>에너지</td></tr>
<tr><td>항목</td><td colspan="3">에너지 사용량</td></tr>
<tr><td>항목 설명</td><td colspan="3">• 조직이 소유, 관리, 통제하는 물리적 경계(사업장 등) 내에서 직접 생산하거나, 외부로부터 구매하는 에너지 사용 총량을 절감하고 있는지 점검
• 조직 규모 차이(매출액, 생산량 등) 또는 각 조직의 사업 변동(구조조정, 인수합병 등)을 고려하여 상대적으로 비교가 용이한 단위 당 개념의 '원단위'를 기반으로 에너지 사용량을 확인</td></tr>
<tr><td>성과 점검</td><td colspan="3">조직의 직전 1개년의 원단위 에너지 사용량이 산업평균 미만인지, 지난 5개년 간 원단위 에너지 사용량이 절감 추세에 있는지 측정

[데이터 원천] '전자공시시스템' 上 사업보고서, '조직별 홈페이지' 上 지속가능경영보고서, '한국에너지공단 홈페이지' 上 산업부문 에너지 사용 및 온실가스 배출량 통계
[데이터 기간] 최근 5개 회계연도
[데이터 범위] 국내외 사업장 및 기타 연결실체
[데이터 산식] 원단위 에너지 사용량 = 총 에너지 사용량 / 원단위 활용 분모</td></tr>
<tr><td>점검 기준</td><td colspan="3">
<table>
<tr><td rowspan="3">현재 수준 (1/2)</td><td>1단계</td><td>직전 1개년 원단위 에너지 사용량이 당해년도 산업 평균 초과</td></tr>
<tr><td>2단계</td><td>직전 1개년 원단위 에너지 사용량이 당해년도 산업 평균 동일</td></tr>
<tr><td>3단계</td><td>직전 1개년 원단위 에너지 사용량이 당해년도 산업 평균 미만</td></tr>
<tr><td rowspan="3">추세 (1/2)</td><td>1단계</td><td>지난 5개년 원단위 에너지 사용량이 증가 추세</td></tr>
<tr><td>2단계</td><td>지난 5개년 원단위 에너지 사용량이 변동 없음</td></tr>
<tr><td>3단계</td><td>지난 5개년 원단위 에너지 사용량이 감소 추세</td></tr>
</table>
* 원단위 에너지 사용량을 관리하지 않고 있는 경우 0점 적용

점검 기준 적용방안(단계형)
* 2개 영역의 단계별 점수 산출 후, 가중평균해 해당 항목의 점수로 산출
= 현재수준 점검 기준에 따른 점수 * 1/2 + 추세 점검 기준에 따른 점수 * 1/2
<table>
<tr><td>1단계</td><td>2단계</td><td>3단계</td></tr>
<tr><td>0점</td><td>50점</td><td>100점</td></tr>
</table>
</td></tr>
</table>

<table>
<tr><td rowspan="2">구분</td><td>분류번호</td><td>영역</td><td>범주</td></tr>
<tr><td>E-4-2</td><td>환경</td><td>에너지</td></tr>
<tr><td>항목</td><td colspan="3">재생에너지 사용 비율</td></tr>
<tr><td>항목 설명</td><td colspan="3">• 조직이 에너지 체계를 재생에너지로 전환하고 있는지 확인
• 조직의 총 에너지 사용량 대비 재생에너지가 차지하는 비율로 해당 항목을 점검
• 국내 ‘신에너지 및 재생에너지 개발·이용·보급촉진법’ 上 2025년까지 대규모 발전소가 공급하는 신재생에너지공급의무비율(RPS)은 25%로써 수요 대비 한계가 있으므로, 해당 지표에서 다루는 재생에너지 범위는 ‘자가 재생에너지 발전’, ‘녹색프리미엄요금제 사용’, ‘재생에너지 크레딧 구매’, ‘재생에너지 발전사업 지분 참여’, ‘제3자 전력구매계약’ 등을 포괄함</td></tr>
<tr><td>성과 점검</td><td colspan="3">조직의 직전 1개년의 재생에너지 사용 비율이 산업평균을 초과하는지, 지난 5개년 간 재생에너지 사용 비율이 증가 추세에 있는지 측정

[데이터 원천] ‘조직별 홈페이지’ 上 지속가능경영보고서
[데이터 기간] 최근 5개 회계연도
[데이터 범위] 국내외 사업장 및 기타 연결실체
[데이터 산식] 재생에너지 사용 비율 = 총 재생에너지 사용량 / 총 에너지 사용량</td></tr>
<tr><td>점검 기준</td><td colspan="3">
<table>
<tr><td rowspan="3">현재 수준 (1/2)</td><td>1단계</td><td>직전 1개년 재생에너지 사용비율이 당해년도 산업 평균 미만</td></tr>
<tr><td>2단계</td><td>직전 1개년 재생에너지 사용비율이 당해년도 산업 평균 동일</td></tr>
<tr><td>3단계</td><td>직전 1개년 재생에너지 사용비율이 당해년도 산업 평균 초과</td></tr>
<tr><td rowspan="3">추세 (1/2)</td><td>1단계</td><td>지난 5개년 재생에너지 사용비율이 감소 추세</td></tr>
<tr><td>2단계</td><td>지난 5개년 재생에너지 사용비율이 변동 없음</td></tr>
<tr><td>3단계</td><td>지난 5개년 재생에너지 사용비율이 증가 추세</td></tr>
</table>
* 재생에너지를 사용하고 있지 않은 경우 0점 적용
* 국내 및 해외 모든 사업장에서 재생에너지를 100% 사용하는 경우 100점 적용

점검 기준 적용방안(단계형)
* 2개 영역의 단계별 점수 산출 후, 가중평균해 해당 항목의 점수로 산출
= 현재수준 점검 기준에 따른 점수 * 1/2 + 추세 점검 기준에 따른 점수 * 1/2
<table>
<tr><td>1단계</td><td>2단계</td><td>3단계</td></tr>
<tr><td>0점</td><td>50점</td><td>100점</td></tr>
</table>
</td></tr>
</table>

<table>
<tr><td rowspan="2">구분</td><td>분류번호</td><td>영역</td><td>범주</td></tr>
<tr><td>E-5-1</td><td>환경</td><td>용수</td></tr>
<tr><td>항목</td><td colspan="3">용수 사용량</td></tr>
<tr><td>항목 설명</td><td colspan="3">• 조직이 용수를 공급받는 취수원을 보호하고 있는지, 또는 사업장이 위치한 지역의 수자원 고갈 리스크에 대비하고 있는지를 간접적으로 점검할 수 있는 항목으로써, 조직이 사용하는 용수 총량(신규 취수량, 내부 재사용량)을 효율적으로 관리하고 있는지 확인
• 조직간 규모 차이(매출액, 생산량 등) 또는 각 조직의 사업 변동(구조조정, 인수합병 등)을 고려하여 상대적 비교가능성이 높은 '원단위' 개념을 기반으로 용수 사용량을 점검</td></tr>
<tr><td>성과 점검</td><td colspan="3">조직의 직전 1개년의 원단위 용수 사용량이 산업평균 미만인지, 지난 5개년 간 원단위 용수 사용량이 절감 추세에 있는지 측정

[데이터 원천] '조직별 홈페이지' 上 지속가능경영보고서,
'한국에너지공단 물정보포털(My Water)' 上 GIS 수자원
[데이터 기간] 최근 5개 회계연도
[데이터 범위] 국내외 사업장 및 기타 연결실체
[데이터 산식] 원단위 용수 사용량 = 총 용수 사용량 / 원단위 활용 분모</td></tr>
<tr><td>점검 기준</td><td colspan="3">

현재 수준 (1/2)	1단계	직전 1개년 원단위 용수 사용량이 당해년도 산업 평균 초과
	2단계	직전 1개년 원단위 용수 사용량이 당해년도 산업 평균 동일
	3단계	직전 1개년 원단위 용수 사용량이 당해년도 산업 평균 미만
추세 (1/2)	1단계	지난 5개년 원단위 용수 사용량이 증가 추세
	2단계	지난 5개년 원단위 용수 사용량이 변동 없음
	3단계	지난 5개년 원단위 용수 사용량이 감소 추세

* 원단위 용수 사용량을 관리하고 있지 않은 경우 0점 적용

점검 기준 적용방안(단계형)

* 2개 영역의 단계별 점수 산출 후, 가중평균해 해당 항목의 점수로 산출
= 현재수준 점검 기준에 따른 점수 * 1/2 + 추세 점검 기준에 따른 점수 * 1/2

1단계	2단계	3단계
0점	50점	100점

</td></tr>
</table>

<table>
<tr><td rowspan="2">구분</td><td>분류번호</td><td>영역</td><td>범주</td></tr>
<tr><td>E-5-2</td><td>환경</td><td>용수</td></tr>
<tr><td>항목</td><td colspan="3">재사용 용수 비율</td></tr>
<tr><td>항목 설명</td><td colspan="3">• 조직이 도시화와 산업화 진전으로 인해 발생되는 수자원 부족 문제에 대비하여, 지속가능한 용수 순환 체계를 구축하고 있는지 확인
• 조직이 소유, 관리, 통제하는 물리적 경계(사업장 등) 내에서 중수도, 하폐수처리수 재이용시설 등을 설치하여 오수(汚水), 하수, 폐수를 효과적으로 순환·재사용하는지 점검</td></tr>
<tr><td>성과 점검</td><td colspan="3">조직의 직전 1개년의 재사용 용수 비율이 산업평균 초과인지, 지난 5개년 간 재사용 용수 비율이 증가 추세에 있는지 측정

[데이터 원천] '조직별 홈페이지' 上 지속가능경영보고서
[데이터 기간] 최근 5개 회계연도
[데이터 범위] 국내외 사업장 및 기타 연결실체
[데이터 산식] 재사용 용수 비율 = 총 재사용 용수량 / 총 용수 사용량</td></tr>
<tr><td>점검 기준</td><td colspan="3">
<table>
<tr><td rowspan="3">현재 수준 (1/2)</td><td>1단계</td><td>직전 1개년 재사용 용수 비율이 당해년도 산업 평균 미만</td></tr>
<tr><td>2단계</td><td>직전 1개년 재사용 용수 비율이 당해년도 산업 평균 동일</td></tr>
<tr><td>3단계</td><td>직전 1개년 재사용 용수 비율이 당해년도 산업 평균 초과</td></tr>
<tr><td rowspan="3">추세 (1/2)</td><td>1단계</td><td>지난 5개년 재사용 용수 비율이 감소 추세</td></tr>
<tr><td>2단계</td><td>지난 5개년 재사용 용수 비율이 변동 없음</td></tr>
<tr><td>3단계</td><td>지난 5개년 재사용 용수 비율이 증가 추세</td></tr>
</table>
* 용수를 재사용하지 않고 있는 경우 0점 적용
* 국내 및 해외 모든 사업장이 폐수 무방류 시스템을 구축한 경우 100점 적용

점검 기준 적용방안(단계형)
* 2개 영역의 단계별 점수 산출 후, 가중평균해 해당 항목의 점수로 산출
= 현재수준 점검 기준에 따른 점수 * 1/2 + 추세 점검 기준에 따른 점수 * 1/2
<table>
<tr><th>1단계</th><th>2단계</th><th>3단계</th></tr>
<tr><td>0점</td><td>50점</td><td>100점</td></tr>
</table>
</td></tr>
</table>

<table>
<tr><td rowspan="2">구분</td><td>분류번호</td><td>영역</td><td>범주</td></tr>
<tr><td>E-6-1</td><td>환경</td><td>폐기물</td></tr>
<tr><td>항목</td><td colspan="3">폐기물 배출량</td></tr>
<tr><td>항목 설명</td><td colspan="3">• 조직이 소유, 관리, 통제하는 물리적 경계(사업장 등) 내에서 사업 및 영업 활동 (ex. 연구개발, 제품 생산/가공/포장 등 포함, 소비자가 사용 이후 폐기한 폐제품은 제외)에 따라 발생하는 폐기물을 저감하고 있는지 확인
• 조직간 규모 차이(매출액, 생산량 등) 또는 각 조직의 사업 변동(구조조정, 인수합병 등)을 고려하여 상대적 비교가능성 높은 '원단위' 개념을 기반으로 폐기물 배출량을 점검</td></tr>
<tr><td>성과 점검</td><td colspan="3">조직의 직전 1개년의 원단위 폐기물 배출량이 산업평균 미만인지, 지난 5개년 간 원단위 폐기물 배출량이 저감 추세에 있는지 측정

[데이터 원천] '조직별 홈페이지' 上 지속가능경영보고서,
'한국환경공단'>자원순환정보시스템>연도별 전국 폐기물 발생 및 처리현황
[데이터 기간] 최근 5개 회계연도
[데이터 범위] 국내외 사업장 및 기타 연결실체
[데이터 산식] 원단위 폐기물 배출량 = 총 폐기물 배출량 / 원단위 활용 분모</td></tr>
<tr><td>점검 기준</td><td colspan="3">
<table>
<tr><td rowspan="3">현재 수준 (1/2)</td><td>1단계</td><td>직전 1개년 원단위 폐기물이 당해년도 산업 평균 초과</td></tr>
<tr><td>2단계</td><td>직전 1개년 원단위 폐기물이 당해년도 산업 평균 동일</td></tr>
<tr><td>3단계</td><td>직전 1개년 원단위 폐기물이 당해년도 산업 평균 미만</td></tr>
<tr><td rowspan="3">추세 (1/2)</td><td>1단계</td><td>지난 5개년 원단위 폐기물이 증가 추세</td></tr>
<tr><td>2단계</td><td>지난 5개년 원단위 폐기물이 변동 없음</td></tr>
<tr><td>3단계</td><td>지난 5개년 원단위 폐기물이 감소 추세</td></tr>
</table>
* 원단위 폐기물 배출량을 관리하지 않고 있는 경우 0점 적용

점검 기준 적용방안(단계형)
* 2개 영역의 단계별 점수 산출 후, 가중평균해 해당 항목의 점수로 산출
= 현재수준 점검 기준에 따른 점수 * 1/2 + 추세 점검 기준에 따른 점수 * 1/2
<table>
<tr><td>1단계</td><td>2단계</td><td>3단계</td></tr>
<tr><td>0점</td><td>50점</td><td>100점</td></tr>
</table>
</td></tr>
</table>

<table>
<tr><td rowspan="2">구분</td><td>분류번호</td><td>영역</td><td>범주</td></tr>
<tr><td>E-6-2</td><td>환경</td><td>폐기물</td></tr>
<tr><td>항목</td><td colspan="3">폐기물 재활용 비율</td></tr>
<tr><td>항목 설명</td><td colspan="3">• 조직이 자원순환 경제로 전환에 동참하기 위해, 생산 단계에서부터 폐기물을 원천 감량하는 것을 넘어, 폐기물의 순환이용을 높이고 있는지 확인
• 조직이 가공-생산-보관-유통 과정에서 발생하는 폐기물이 생산 과정에 재투입되거나, 조직 내/외부에서 2차 자원으로 재활용되고 있는지 점검</td></tr>
<tr><td>성과 점검</td><td colspan="3">조직의 직전 1개년의 폐기물 재활용(재사용 포함) 비율이 산업평균 초과인지, 지난 5개년 간 폐기물 재활용(재사용 포함) 비율이 증가 추세에 있는지 측정

[데이터 원천] '조직별 홈페이지' 上 지속가능경영보고서, '한국환경공단' 연도별 전국 폐기물 발생 및 처리현황, 폐기물 재활용 실적 및 업체현황, 재활용지정사업자 재활용실적, 포장재폐기물 발생량 및 재활용량
[데이터 기간] 최근 5개 회계연도
[데이터 범위] 국내외 사업장 및 기타 연결실체
[데이터 산식] 폐기물 재활용 비율 = 폐기물 재활용량(재사용 포함) / 재활용(재사용 포함) 대상 폐기물 발생량</td></tr>
<tr><td>점검 기준</td><td colspan="3">
<table>
<tr><td rowspan="3">현재 수준 (1/2)</td><td>1단계</td><td>직전 1개년 폐기물 재활용 비율이 당해년도 산업 평균 미만</td></tr>
<tr><td>2단계</td><td>직전 1개년 폐기물 재활용 비율이 당해년도 산업 평균 동일</td></tr>
<tr><td>3단계</td><td>직전 1개년 폐기물 재활용 비율이 당해년도 산업 평균 초과</td></tr>
<tr><td rowspan="3">추세 (1/2)</td><td>1단계</td><td>지난 5개년 폐기물 재활용 비율이 감소 추세</td></tr>
<tr><td>2단계</td><td>지난 5개년 폐기물 재활용 비율이 변동 없음</td></tr>
<tr><td>3단계</td><td>지난 5개년 폐기물 재활용 비율이 증가 추세</td></tr>
</table>
* 폐기물 재활용 비율을 관리하지 않고 있는 경우 0점 적용
* 국내 및 해외 모든 사업장이 재활용 및 재사용 가능한 폐기물 전부를 재활용 및 재사용하고 있는 경우 100점 적용

점검 기준 적용방안(단계형)
* 2개 영역의 단계별 점수 산출 후, 가중평균해 해당 항목의 점수로 산출
= 현재수준 점검 기준에 따른 점수 * 1/2 + 추세 점검 기준에 따른 점수 * 1/2
<table>
<tr><td>1단계</td><td>2단계</td><td>3단계</td></tr>
<tr><td>0점</td><td>50점</td><td>100점</td></tr>
</table>
</td></tr>
</table>

<table>
<tr><th rowspan="2">구분</th><th>분류번호</th><th>영역</th><th>범주</th></tr>
<tr><td>E-7-1</td><td>환경</td><td>오염물질</td></tr>
<tr><th>항목</th><td colspan="3">대기오염물질 배출량</td></tr>
<tr><th>항목 설명</th><td colspan="3">• 조직이 소유, 관리, 통제하는 물리적 경계(사업장 등) 내에서 발생하는 대기오염물질을 지속적으로 저감하는 등 대기환경 개선을 위한 노력을 이행하고 있는지 확인
• 「대기환경보전법」 上 64개 대기오염물질 중 대다수를 구성하는 질소산화물, 황산화물, 미세먼지 배출농도를 기간별, 산업평균과 비교하는 방식으로 점검</td></tr>
<tr><th>성과 점검</th><td colspan="3">조직의 직전 1개년 질소산화물(NOx), 황산화물(SOx), 미세먼지($PM_{2.5}$) 평균 배출농도가 산업평균 미만인지, 지난 5개년 간 평균 배출농도가 저감 추세에 있는지 측정

[데이터 원천] '조직별 홈페이지' 上 지속가능경영보고서, '한국환경공단-에어코리아' 上 실시간 자료조회
[데이터 기간] 최근 5개 회계연도
[데이터 범위] 국내외 사업장 및 기타 연결실체
[데이터 산식] 대기오염물질 배출 = 질소산화물, 황산화물, 미세먼지의 배출농도(PPM, mg/㎥)</td></tr>
<tr><th>점검 기준</th><td colspan="3">
<table>
<tr><td rowspan="3">현재 수준 (1/2)</td><td>1단계</td><td>직전 1개년 대기오염물질 평균 배출농도가 당해년도 산업 평균 초과</td></tr>
<tr><td>2단계</td><td>직전 1개년 대기오염물질 평균 배출농도가 당해년도 산업 평균 동일</td></tr>
<tr><td>3단계</td><td>직전 1개년 대기오염물질 평균 배출농도가 당해년도 산업 평균 미만</td></tr>
<tr><td rowspan="3">추세 (1/2)</td><td>1단계</td><td>지난 5개년 대기오염물질 평균 배출농도가 증가 추세</td></tr>
<tr><td>2단계</td><td>지난 5개년 대기오염물질 평균 배출농도가 변동 없음</td></tr>
<tr><td>3단계</td><td>지난 5개년 대기오염물질 평균 배출농도가 감소 추세</td></tr>
</table>
* 대기오염물질 평균 배출농도를 관리하지 않고 있는 경우 0점 적용
* 국내 및 해외 모든 사업장의 대기오염물질 배출농도가 '0'인 경우 100점 적용

점검 기준 적용방안(단계형)
* 2개 영역의 단계별 점수 산출 후, 가중평균해 해당 항목의 점수로 산출
= 현재수준 점검 기준에 따른 점수 * 1/2 + 추세 점검 기준에 따른 점수 * 1/2
<table>
<tr><th>1단계</th><th>2단계</th><th>3단계</th></tr>
<tr><td>0점</td><td>50점</td><td>100점</td></tr>
</table>
</td></tr>
</table>

<table>
<tr><th rowspan="2">구분</th><th>분류번호</th><th>영역</th><th>범주</th></tr>
<tr><td>E-7-2</td><td>환경</td><td>오염물질</td></tr>
<tr><th>항목</th><td colspan="3">수질오염물질 배출량</td></tr>
<tr><th>항목 설명</th><td colspan="3">• 조직이 소유, 관리, 통제하는 물리적 경계(사업장 등) 내에서 최종 발생하는 수질오염물질을 저감하는 등 수자원 보호를 위한 노력을 이행하고 있는지 확인
• 「물환경보전법」 上 수질오염물질을 대표하는 생물화학적 산소요구량, 화학적 산소요구량, 부유물질량의 배출농도를 기간별, 산업평균과 비교하는 방식으로 점검</td></tr>
<tr><th>성과 점검</th><td colspan="3">조직의 직전 1개년 간 최종 배출한 폐수 내 생물화학적 산소요구량(BOD), 화학적 산소요구량(COD), 부유물질량(SS)의 평균 배출농도가 산업평균 미만인지, 지난 5개년 간 평균 배출농도가 저감 추세에 있는지 측정

[데이터 원천] '조직별 홈페이지' 上 지속가능경영보고서, '환경부-물환경정보시스템' 上 수질측정망
[데이터 기간] 최근 5개 회계연도
[데이터 범위] 국내외 사업장 및 기타 연결실체
[데이터 산식] 수질오염물질 배출 = 생물화학적 산소요구량, 화학적 산소요구량, 부유물질량의 배출농도(PPM, mg/l)</td></tr>
<tr><th>점검 기준</th><td colspan="3">
<table>
<tr><th rowspan="3">현재 수준 (1/2)</th><th>1단계</th><td>직전 1개년 수질오염물질 평균 배출농도가 당해년도 산업 평균 초과</td></tr>
<tr><th>2단계</th><td>직전 1개년 수질오염물질 평균 배출농도가 당해년도 산업 평균 동일</td></tr>
<tr><th>3단계</th><td>직전 1개년 수질오염물질 평균 배출농도가 당해년도 산업 평균 미만</td></tr>
<tr><th rowspan="3">추세 (1/2)</th><th>1단계</th><td>지난 5개년 수질오염물질 평균 배출농도가 증가 추세</td></tr>
<tr><th>2단계</th><td>지난 5개년 수질오염물질 평균 배출농도가 변동 없음</td></tr>
<tr><th>3단계</th><td>지난 5개년 수질오염물질 평균 배출농도가 감소 추세</td></tr>
</table>
* 수질오염물질 평균 배출농도를 관리하지 않고 있는 경우 0점 적용
* 국내 및 해외 모든 사업장의 수질오염물질 배출농도가 '0'인 경우 100점 적용

점검 기준 적용방안(단계형)
* 2개 영역의 단계별 점수 산출 후, 가중평균해 해당 항목의 점수로 산출
= 현재수준 점검 기준에 따른 점수 * 1/2 + 추세 점검 기준에 따른 점수 * 1/2
<table>
<tr><th>1단계</th><th>2단계</th><th>3단계</th></tr>
<tr><td>0점</td><td>50점</td><td>100점</td></tr>
</table>
</td></tr>
</table>

<table>
<tr><td rowspan="2">구분</td><td>분류번호</td><td>영역</td><td>범주</td></tr>
<tr><td>E-8-1</td><td>환경</td><td>환경 법/규제 위반</td></tr>
<tr><td>항목</td><td colspan="3">환경 법/규제 위반</td></tr>
<tr><td>항목 설명</td><td colspan="3">• 조직이 사업을 운영하는 과정에서 준수해야 할 환경 관리 법/규제를 명확하게 인식하고, 환경 법/규제 리스크 해결을 위한 투자 및 개선활동이 효과적인지 확인
• 환경 관련 법/규제 위반 사건 중 조직의 재무구조 및 평판 관리에 상당한 영향력을 미치는 사법상 형벌, 행정상 처분(금전적, 비금전적)에 대해 가중치를 달리 적용하는 방식으로 '환경 법/규제 위반' 을 점검</td></tr>
<tr><td>성과 점검</td><td colspan="3">조직의 지난 5개년 간 환경 법/규제 위반 건수에 대해 처벌수위별 감점 기준을 달리 적용하며, 이를 종합한 감점이 몇 점인지 확인하는 방법으로 측정

[데이터 원천] '전자공시시스템' 上 사업보고서, '조직별 홈페이지' 上 지속가능경영보고서
[데이터 기간] 최근 5개 회계연도
[데이터 범위] 국내외 사업장 및 기타 연결실체
[데이터 산식] Σ(환경 법/규제 위반 건 * 처벌수위별 감점 기준)</td></tr>
<tr><td>점검 기준</td><td colspan="3">
<table>
<tr><td>유형 1</td><td>지난 5개년 간 환경 법/규제 위반내역 중 판결이 확정된 건수에 대해, 처벌수위가 사법상 형벌, 벌금, 과료인 경우, 또는 국가나 지방자치단체를 당사자로 하는 계약에서 입찰참가자격을 제한당한 경우</td></tr>
<tr><td>유형 2</td><td>지난 5개년 간 환경 법/규제 위반내역 중 판결이 확정된 건수에 대해, 처벌수위가 행정상 처분 중 금전적 처분에 해당하는 과태료, 과징금, 이행강제금 등인 경우</td></tr>
<tr><td>유형 3</td><td>지난 5개년 간 환경 법/규제 위반내역 중 판결이 확정된 건수에 대해, 처벌수위가 행정상 처분 중 비금전적 처분에 해당하는 시정명령, 시정권고, 경고 등인 경우</td></tr>
</table>
* 감점 사항이 없을 경우, 본 항목의 점수는 100점으로 산정. 최저점은 0점으로 제한

점검 기준 적용방안(감점형)
<table>
<tr><td>유형 1</td><td>유형 2</td><td>유형 3</td></tr>
<tr><td>-50점</td><td>-30점</td><td>-10점</td></tr>
</table>
</td></tr>
</table>

<table>
<tr><td rowspan="2">구분</td><td>분류번호</td><td>영역</td><td>범주</td></tr>
<tr><td>E-9-1</td><td>환경</td><td>환경 라벨링</td></tr>
<tr><td>항목</td><td colspan="3">친환경 인증 제품 및 서비스 비율</td></tr>
<tr><td>항목 설명</td><td colspan="3">• 제품의 조달-생산-사용 등 과정에서 자원·에너지 사용, 오염물질 배출, 인체·생태계 독성 등 제품 전 과정의 환경영향을 파악하며, 제품의 긍정적 환경영향을 확대하고 부정적 환경영향은 축소하고 있는지 확인
• ISO 등 국제인증표준에 준하거나, 환경부 등 정부기관에서 시행하고 있는 친환경 인증 획득 제품이 전체 제품에서 차지하는 비율을 점검</td></tr>
<tr><td>성과 점검</td><td colspan="3">조직의 지난 1개년 간 판매한 전체 제품 및 서비스 중 친환경 인증 제품 및 서비스 판매가 차지하는 비율을 산업평균과 상대 비교하는 방식으로 측정

[데이터 원천] '전자공시시스템' 上 사업보고서, '조직별 홈페이지' 上 지속가능경영보고서
[데이터 기간] 직전 회계연도
[데이터 범위] 국내외 사업장 및 기타 연결실체
[데이터 산식] 친환경 인증 제품 및 서비스 비율 = (친환경 인증 제품 및 서비스 매출액 / 조직의 총 매출액)</td></tr>
<tr><td>점검 기준</td><td colspan="3">1단계: 친환경 인증을 획득한 제품 및 서비스, 또는 친환경 인증 원부자재 등이 포함된 제품군의 매출비율이 '산업평균 대비 20% 낮은 수준'인 경우
2단계: 친환경 인증을 획득한 제품 및 서비스, 또는 친환경 인증 원부자재 등이 포함된 제품군의 매출비율이 '산업평균 대비 10% 낮은 수준'인 경우
3단계: 친환경 인증을 획득한 제품 및 서비스, 또는 친환경 인증 원부자재 등이 포함된 제품군의 매출비율이 '산업평균 수준'인 경우
4단계: 친환경 인증을 획득한 제품 및 서비스, 또는 친환경 인증 원부자재 등이 포함된 제품군의 매출비율이 '산업평균 대비 10% 높은 수준'인 경우
5단계: 친환경 인증을 획득한 제품 및 서비스, 또는 친환경 인증 원부자재 등이 포함된 제품군의 매출비율이 '산업평균 대비 20% 높은 수준'인 경우

점검 기준 적용방안(단계형)
1단계: 0점 / 2단계: 25점 / 3단계: 50점 / 4단계: 75점 / 5단계: 100점</td></tr>
</table>

3. 사회

<table>
<tr><td rowspan="2">구분</td><td>분류번호</td><td>영역</td><td>범주</td></tr>
<tr><td>S-1-1</td><td>사회</td><td>목표</td></tr>
<tr><td>항목</td><td colspan="3">목표 수립 및 공시</td></tr>
<tr><td>항목 설명</td><td colspan="3">• 조직이 중요하게 생각하는 사회분야의 이슈에 대하여, 재무적 가치와 사회적 가치의 균형점을 찾는 구체적인 목표를 설정하고, 이를 달성하기 위한 노력을 하는지 확인
• ESG(지속가능경영)보고서를 통해 도출된 중요한 사회분야 이슈에 대해서 정성/정량적인 목표를 투자자, 고객 등 이해관계자에게 공개하고 있는지 점검</td></tr>
<tr><td>성과 점검</td><td colspan="3">ESG(지속가능경영)보고서를 통해 사회분야 핵심토픽에 대한 목표 및 성과 관리현황을 측정

[데이터 원천] ESG(지속가능경영)보고서 내 핵심토픽 리스트
핵심토픽 단기/중장기 성과목표 공시데이터(정성/정량)
핵심토픽 단기/중장기 이행현황 공시데이터(정성/정량)
[데이터 기간] 직전 회계연도
[데이터 범위] 국내 및 해외 사업장
[데이터 산식] N/A</td></tr>
<tr><td>점검 기준</td><td colspan="3">
<table>
<tr><td>1단계</td><td>단기/중장기 성과목표 또는 조직의 사회 분야 추진 방향성을 나타내는 사회분야 경영 미션/비전/지향점이 없는 경우</td></tr>
<tr><td>2단계</td><td>단기/중장기 성과목표는 수립되지 않았으나, 조직의 사회 분야 추진 방향성을 나타내는 사회분야 미션/비전/지향점을 제시하고 있는 경우</td></tr>
<tr><td>3단계</td><td>조직의 사회분야 핵심이슈에 대한 단기 목표를 설정하고 있는 경우</td></tr>
<tr><td>4단계</td><td>조직의 사회분야 핵심이슈에 대한 중장기 목표를 설정하고 있으나, 모든 중장기 목표가 정성적 형태로 되어 있는 경우</td></tr>
<tr><td>5단계</td><td>조직의 사회분야 핵심이슈에 대한 중장기 목표를 설정하고 있으며, 중장기 목표에는 정성 外 정량적 목표를 포함하고 있는 경우</td></tr>
</table>
점검 기준 적용방안(단계형)
<table>
<tr><td>1단계</td><td>2단계</td><td>3단계</td><td>4단계</td><td>5단계</td></tr>
<tr><td>0점</td><td>25점</td><td>50점</td><td>75점</td><td>100점</td></tr>
</table>
</td></tr>
</table>

<table>
<tr><td rowspan="2">구분</td><td>분류번호</td><td>영역</td><td>범주</td></tr>
<tr><td>S-2-1</td><td>사회</td><td>노동</td></tr>
<tr><td>항목</td><td colspan="3">신규 채용 및 고용 유지</td></tr>
<tr><td>항목 설명</td><td colspan="3">• 조직이 신규 채용을 통해 지속적 성장에 필요한 인적자본을 축적함과 동시에, 지역사회의 일자리 창출, 고용안정성 증대에 기여하고 있는지 확인
• 조직이 창출한 부가가치를 채용에 투자하고 있는지, 조직의 고용 규모가 안정적인지 점검</td></tr>
<tr><td>성과 점검</td><td colspan="3">조직의 직전 1개년 신규 채용 지수 및 고용 규모가 산업 평균 초과인지, 지난 5개년 간 부가가치 증감률 대비 신규 채용률이 증가 추세에 있는지 측정

[데이터 원천] '전자공시시스템' 上 사업보고서, '조직별 홈페이지' 上 지속가능경영보고서
[데이터 기간] 최근 5개 회계연도
[데이터 범위] 국내 및 해외 사업장
[데이터 산식] ① 신규 채용 지수 = (당해년도 신규 채용 인원 / 전년도 신규 채용 인원) / (당해년도 부가가치 / 전년도 부가가치)
* 부가가치 = 영업손익 + 대손상각비 + 인건비 + 순금융비용 + 조세공과 + 감가상각비
② 고용 규모 = 당해연도 총 인원 – 전년도 총 인원</td></tr>
<tr><td>점검 기준</td><td colspan="3">
<table>
<tr><td rowspan="3">현재 수준 (1/2)</td><td>1단계</td><td>직전 1개년 '신규 채용 지수'가 산업 평균 미만</td></tr>
<tr><td>2단계</td><td>직전 1개년 '신규 채용 지수'가 산업 평균 동일</td></tr>
<tr><td>3단계</td><td>직전 1개년 '신규 채용 지수'가 산업 평균 초과</td></tr>
<tr><td rowspan="3">추세 (1/2)</td><td>1단계</td><td>직전 5개년 연평균(CAGR)적으로 '고용 규모'가 감소</td></tr>
<tr><td>2단계</td><td>직전 5개년 연평균(CAGR)적으로 '고용 규모'가 유지</td></tr>
<tr><td>3단계</td><td>직전 5개년 연평균(CAGR)적으로 '고용 규모'가 증가</td></tr>
</table>
점검 기준 적용방안(단계형)
* 2개 영역의 단계별 점수 산출 후, 가중평균하여 해당 항목의 점수로 산출
= 현재수준 점검 기준에 따른 점수 * 1/2 + 추세 점검 기준에 따른 점수 * 1/2
* 조직이 최근 신규 채용을 하지 않아, '신규 채용 지수'를 산출할 수 없는 경우, 직전 5개년 '고용 규모'만으로 성과를 점검
<table>
<tr><td>1단계</td><td>2단계</td><td>3단계</td></tr>
<tr><td>0점</td><td>50점</td><td>100점</td></tr>
</table>
</td></tr>
</table>

<table>
<tr><th rowspan="2">구분</th><th>분류번호</th><th>영역</th><th>범주</th></tr>
<tr><td>S-2-2</td><td>사회</td><td>노동</td></tr>
<tr><th>항목</th><td colspan="3">정규직 비율</td></tr>
<tr><th>항목 설명</th><td colspan="3">• 정규직 근로자의 비율 확대가 조직과 사회의 지속가능성에 긍정적 영향을 미친다는 가정 하에 조직이 정규직 확대를 통해 지역사회의 고용안정성 증가와 비정규직 근로자 문제에 기여하고 있는 정도를 확인
• 조직의 전체 인력 대비 정규직 비율을 점검</td></tr>
<tr><th>성과 점검</th><td colspan="3">국내외 모든 사업장을 기준으로 정규직 비율을 확인

[데이터 원천] '전자공시시스템' 上 사업보고서, '조직별 홈페이지' 上 지속가능경영보고서
[데이터 기간] 직전 회계연도
[데이터 범위] 국내 및 해외 사업장
[데이터 산식] 정규직 비율 = (해당연도 말 기준 총 근로자 수 – 한시적 근로자 또는 기간제 근로자 – 단시간 근로자 – 파견·용역·호출 등의 형태로 종사하는 근로자) / 해당연도 말 기준 총 근로자 수</td></tr>
<tr><th>점검 기준</th><td colspan="3">
<table>
<tr><th>1단계</th><td>한시적 근로자, 기간제 근로자, 단시간 근로자, 파견·용역·호출 등의 형태로 종사하는 근로자 현황이 관리되지 않는 경우</td></tr>
<tr><th>2단계</th><td>조직의 정규직 비율이 40%인 이하인 경우</td></tr>
<tr><th>3단계</th><td>조직의 정규직 비율이 40% 초과 60% 이하인 경우</td></tr>
<tr><th>4단계</th><td>조직의 정규직 비율이 60% 초과 80% 이하인 경우</td></tr>
<tr><th>5단계</th><td>조직의 정규직 비율이 80%를 초과하는 경우</td></tr>
</table>
점검 기준 적용방안(단계형)
<table>
<tr><th>1단계</th><th>2단계</th><th>3단계</th><th>4단계</th><th>5단계</th></tr>
<tr><td>0점</td><td>25점</td><td>50점</td><td>75점</td><td>100점</td></tr>
</table>
</td></tr>
</table>

<table>
<tr><td rowspan="2">구분</td><td>분류번호</td><td>영역</td><td>범주</td></tr>
<tr><td>S-2-3</td><td>사회</td><td>노동</td></tr>
<tr><td>항목</td><td colspan="3">자발적 이직률</td></tr>
<tr><td>항목 설명</td><td colspan="3">• 조직의 인적자원 관리 수준이 산업평균 대비 적정한 수준을 유지하며 관리되고 있는지 확인
• 구성원이 자발적으로 조직을 이동하는 자발적 이직률을 점검(산업적 특성 반영)</td></tr>
<tr><td>성과 점검</td><td colspan="3">국내외 모든 직원에 대하여 자발적 이직률 증감 추이를 분석하며, 동종산업 평균과 비교하여 자발적 이직률의 상대적 수준을 측정

[데이터 원천] ‘전자공시시스템’ 上 사업보고서, ‘조직별 홈페이지’ 上 지속가능경영보고서
[데이터 기간] 최근 5개 회계연도
[데이터 범위] 국내 및 해외 사업장
[데이터 산식] 자발적 퇴사(이직)율 = 해당연도 총 자발적 퇴사자(이직자) 수 / 해당연도 말 총 직원 수</td></tr>
<tr><td>점검 기준</td><td colspan="3">
<table>
<tr><td rowspan="3">현재 수준 (1/2)</td><td>1단계</td><td>직전 1개년 자발적 이직률이 당해년도 산업 평균 초과</td></tr>
<tr><td>2단계</td><td>직전 1개년 자발적 이직률이 당해년도 산업 평균 동일</td></tr>
<tr><td>3단계</td><td>직전 1개년 자발적 이직률이 당해년도 산업 평균 미만</td></tr>
<tr><td rowspan="3">추세 (1/2)</td><td>1단계</td><td>지난 5개년 자발적 이직률이 증가 추세</td></tr>
<tr><td>2단계</td><td>지난 5개년 자발적 이직률이 변동 없음</td></tr>
<tr><td>3단계</td><td>지난 5개년 자발적 이직률이 감소 추세</td></tr>
</table>
* 자발적 이직률 데이터를 관리하지 않고 있는 경우 0점 적용

점검 기준 적용방안(단계형)
* 2개 영역의 단계별 점수 산출 후, 가중평균해 해당 항목의 점수로 산출
= 현재수준 점검 기준에 따른 점수 * 1/2 + 추세 점검 기준에 따른 점수 * 1/2
<table>
<tr><td>1단계</td><td>2단계</td><td>3단계</td></tr>
<tr><td>0점</td><td>50점</td><td>100점</td></tr>
</table>
</td></tr>
</table>

<table>
<tr><td rowspan="2">구분</td><td>분류번호</td><td>영역</td><td>범주</td></tr>
<tr><td>S-2-4</td><td>사회</td><td>노동</td></tr>
<tr><td>항목</td><td colspan="3">교육훈련비</td></tr>
<tr><td>항목 설명</td><td colspan="3">• 조직이 미래 경쟁력 및 지속가능성 확보를 위해 구성원의 교육 및 훈련에 얼마나 투자하고 있는지 확인
• 상대적 비교가능성이 높은 '원단위' 개념을 적용하여 인적자본 관리 기본 진단항목인 구성원 수 기반의 1인당 교육훈련비를 점검. 최근 5개 회계연도의 1인당 교육훈련비 추세를 함께 고려</td></tr>
<tr><td>성과 점검</td><td colspan="3">조직이 과거 5개년의 1인당 교육훈련비 데이터를 관리하고 있는지, 동종산업 평균과 비교하여 1인당 교육훈련비 지출의 상대적 수준을 측정

[데이터 원천] '전자공시시스템' 上 사업보고서, '조직별 홈페이지' 上 지속가능경영보고서
[데이터 기간] 최근 5개 회계연도
[데이터 범위] 국내 사업장
[데이터 산식] 1인당 교육훈련비 = 직전 1개년도 교육훈련 지출 비용 / 해당연도 말 총 구성원 수</td></tr>
<tr><td>점검 기준</td><td colspan="3">
<table>
<tr><td rowspan="3">현재 수준 (1/2)</td><td>1단계</td><td>직전 1개년 교육훈련비 당해년도 산업 평균 미만</td></tr>
<tr><td>2단계</td><td>직전 1개년 교육훈련비 당해년도 산업 평균 동일</td></tr>
<tr><td>3단계</td><td>직전 1개년 교육훈련비 당해년도 산업 평균 초과</td></tr>
<tr><td rowspan="3">추세 (1/2)</td><td>1단계</td><td>지난 5개년 교육훈련비 감소 추세</td></tr>
<tr><td>2단계</td><td>지난 5개년 교육훈련비 변동 없음</td></tr>
<tr><td>3단계</td><td>지난 5개년 교육훈련비 증가 추세</td></tr>
</table>
* 지난 5개년 간 교육훈련비가 없거나, 1인당 교육훈련비 데이터가 관리되지 않는 경우 0점 적용

점검 기준 적용방안(단계형)
* 2개 영역의 단계별 점수 산출 후, 가중평균해 해당 항목의 점수로 산출
= 현재수준 점검 기준에 따른 점수 * 1/2 + 추세 점검 기준에 따른 점수 * 1/2
<table>
<tr><td>1단계</td><td>2단계</td><td>3단계</td></tr>
<tr><td>0점</td><td>50점</td><td>100점</td></tr>
</table>
</td></tr>
</table>

<table>
<tr><td rowspan="2">구분</td><td>분류번호</td><td>영역</td><td>범주</td></tr>
<tr><td>S-2-5</td><td>사회</td><td>노동</td></tr>
<tr><td>항목</td><td colspan="3">복리후생비</td></tr>
<tr><td>항목 설명</td><td colspan="3">• 조직이 임직원의 업무환경 및 근무조건 개선을 통해 직원 만족도를 높이고 있는지를 점검하는 항목으로 법률상 강제성이 있는 법정 복리후생비를 제외한 조직별 복리후생비를 확인
• 상대적 비교가능성이 높은 '원단위' 개념을 적용하여 인적자본 관리 기본 진단항목인 구성원 수 기반의 1인당 복리후생비를 점검 (최근 5개 회계연도의 1인당 복리후생비 추세 고려)</td></tr>
<tr><td>성과 점검</td><td colspan="3">조직의 과거 5개년 간 1인당 복리후생비가 증가 추세에 있는지, 동종산업 평균과 비교하여 1인당 복리후생비 지출의 상대적 수준을 측정

[데이터 원천] '전자공시시스템' 上 사업보고서, '조직별 홈페이지' 上 지속가능경영보고서
[데이터 기간] 최근 5개 회계연도
[데이터 범위] 국내 사업장
[데이터 산식] 1인당 복리후생비 = 직전 회계연도 복리후생비 / 직전 회계연도 말 총 구성원 수</td></tr>
<tr><td>점검 기준</td><td colspan="3">
<table>
<tr><td rowspan="3">현재 수준 (1/2)</td><td>1단계</td><td>직전 1개년 1인당 복리후생비가 산업 평균 미만</td></tr>
<tr><td>2단계</td><td>직전 1개년 1인당 복리후생비가 산업 평균 동일</td></tr>
<tr><td>3단계</td><td>직전 1개년 1인당 복리후생비가 산업 평균 초과</td></tr>
<tr><td rowspan="3">추세 (1/2)</td><td>1단계</td><td>지난 5개년 1인당 복리후생비가 감소 추세</td></tr>
<tr><td>2단계</td><td>지난 5개년 1인당 복리후생비가 변동 없음</td></tr>
<tr><td>3단계</td><td>지난 5개년 1인당 복리후생비가 증가 추세</td></tr>
</table>
* 지난 5개년 간 1인당 복리후생비 정보 없는 경우 0점 적용

점검 기준 적용방안(단계형)
* 2개 영역의 단계별 점수 산출 후, 가중평균해 해당 항목의 점수로 산출
= 현재수준 점검 기준에 따른 점수 * 1/2 + 추세 점검 기준에 따른 점수 * 1/2
<table>
<tr><td>1단계</td><td>2단계</td><td>3단계</td></tr>
<tr><td>0점</td><td>50점</td><td>100점</td></tr>
</table>
</td></tr>
</table>

<table>
<tr><th rowspan="2">구분</th><th>분류번호</th><th>영역</th><th>범주</th></tr>
<tr><td>S-2-6</td><td>사회</td><td>노동</td></tr>
<tr><th>항목</th><td colspan="3">결사의 자유 보장</td></tr>
<tr><th>항목 설명</th><td colspan="3">• 조직의 직원이 유엔 세계인권선언 제20조에서 제시하는 결사의 자유를 보장받을 수 있는지, 근로자 이해대변 및 협력적 노사관계 형성·유지를 위한 협의기구가 있는지 확인
- (결사의 자유 보장) 근로자가 주체가 되어 자주적으로 단결하여 근로조건의 유지·개선, 기타 근로자의 경제적·사회적 지위의 향상을 도모함을 목적으로 조직하는 노동조합의 설립 및 정당한 노동조합 활동을 보장하고 있는지를 점검
- (노사협력) 아울러, 「근로자참여 및 협력증진에 관한 법률」에 따른 노사 협의기구인 노사협의회의 설치 및 실질적인 운영을 통한 노사 파트너십 수준을 점검</td></tr>
<tr><th>성과 점검</th><td colspan="3">결사의 자유 보장 수준을 확인하기 위해 노동조합 조직, 단체협약 체결, 체결된 단체협약의 성실한 이행 등을 측정하고, 이와 병행하여 노사협력 수준을 측정하기 위해 노사협의회가 설치되어 관리되고 있는지, 정기회의 개최 등 실질적인 운영 수준 등을 측정

[데이터 원천] 노동조합 가입·설립, 단체교섭 및 단체협약 체결, 단체협약 위반 여부, 노사협의회 설치 및 정기회의 개최, 노사협의회 의결(합의) 여부 등
[데이터 기간] 최근 5개 회계연도
(단, 노동조합 가입·설립 또는 노사협의회 설치 시점이 5개 회계연도 이내인 경우에는 그 기간)
[데이터 범위] 국내 사업장
[데이터 산식] 국내 N/A</td></tr>
<tr><th>점검 기준</th><td colspan="3">※ 노동조합 가입·설립 정보가 없는 경우에는 노사협의회 설치·운영에 한정하여 점검 기준을 적용

<table>
<tr><th>1단계</th><td>노동조합 가입 · 설립, 노사협의회 설치 관련 정보가 모두 없음(노조 가입 · 신설 관련 부당노동행위로 노동위 판정 또는 법원 판결이유죄로 확정된 경우)</td></tr>
<tr><th>2단계</th><td>노동조합 가입 · 설립 또는 상시근로자 30인 이상인 경우 노사협의회 설치
(위원 선임, 협의회규정 제정 등)</td></tr>
<tr><th>3단계</th><td>2단계 + 과거 또는 현재 적법한 교섭당사자로서의 노동조합과 단체교섭 진행
+ 3개월마다 노사협의회 정기회의 개최(회의록 작성·비치)</td></tr>
<tr><th>4단계</th><td>3단계 + 노동조합과 단체협약(임금협약 포함) 체결
+ 노사협의회 정기회의 외 추가 임시회의(노사 실무협의 포함) 개최</td></tr>
<tr><th>5단계</th><td>4단계 + 체결된 단체협약의 성실한 이행(단체협약 위반 시 불이행으로 간주)
+ 노사협의회 의결(합의) 여부</td></tr>
</table>
점검 기준 적용방안(단계형)
<table>
<tr><th>1단계</th><th>2단계</th><th>3단계</th><th>4단계</th><th>5단계</th></tr>
<tr><td>0점</td><td>25점</td><td>50점</td><td>75점</td><td>100점</td></tr>
</table></td></tr>
</table>

<table>
<tr><td rowspan="2">구분</td><td>분류번호</td><td>영역</td><td>범주</td></tr>
<tr><td>S-3-1</td><td>사회</td><td>다양성 및 양성평등</td></tr>
<tr><td>항목</td><td colspan="3">여성 구성원 비율</td></tr>
<tr><td>항목 설명</td><td colspan="3">• 조직의 중장기적 성장 및 새로운 사업기회 발굴에 필요한 창조적이고 혁신적인 조직문화를 위해 모든 직급의 구성원 다양성이 관리되고 있는지 확인
• 국내 인구구조적 특성을 고려하여, 다수의 다양성 기준 중 성별에 따른 다양성 현황을 점검하고자 함. 이를 위해, 조직의 남성 구성원 대비 여성 구성원(또는 여성 구성원 대비 남성 구성원)이 차지하는 비율을 직급별로 점검</td></tr>
<tr><td>성과 점검</td><td colspan="3">조직의 전체 구성원 중 여성 비율과, 미등기임원 중 여성 비율의 차이를 측정

[데이터 원천] ‘전자공시시스템’ 上 사업보고서, ‘조직별 홈페이지’ 上 지속가능경영보고서
[데이터 기간] 직전 회계연도
[데이터 범위] 국내 및 해외 사업장
[데이터 산식] 여성 구성원 비율 = 직전 회계연도 말 여성 구성원 수 (전체, 미등기임원) / 직전 회계연도 말 총 구성원 수 (전체, 미등기임원)</td></tr>
<tr><td>점검 기준</td><td colspan="3">1단계: 조직의 전체 구성원 중 여성이 차지하는 비율과, 미등기임원 중 여성이 차지하는 비율의 차이가 80%를 초과하는 경우
2단계: 조직의 전체 구성원 중 여성이 차지하는 비율과, 미등기임원 중 여성이 차지하는 비율의 차이가 60% 초과 ~ 80% 이하인 경우
3단계: 조직의 전체 구성원 중 여성이 차지하는 비율과, 미등기임원 중 여성이 차지하는 비율의 차이가 40% 초과 ~ 60% 이하인 경우
4단계: 조직의 전체 구성원 중 여성이 차지하는 비율과, 미등기임원 중 여성이 차지하는 비율의 차이가 20% 초과 ~ 40% 이하인 경우
5단계: 조직의 전체 구성원 중 여성이 차지하는 비율과, 미등기임원 중 여성이 차지하는 비율의 차이가 20% 이하인 경우

점검 기준 적용방안(단계형)
1단계: 0점 / 2단계: 25점 / 3단계: 50점 / 4단계: 75점 / 5단계: 100점</td></tr>
</table>

구분	분류번호	영역	범주
	S-3-2	사회	다양성 및 양성평등

항목	여성 급여 비율 (평균 급여액 대비)
항목 설명	• 조직이 다양성 측면에서 소수계층, 사회적 취약계층, 기타 단순한 신체적 차이를 사유로 급여 지급에 차별을 두는 인사제도, 고용관행이 있는지 확인 • 국내 인구구조적 특성을 고려하여, 차별이 발생하는 다양한 사례 중 성별에 따른 급여 차이가 발생하는지 점검하고자 함. 조직의 남/녀 구성원 중 평균 급여액 미만의 급여를 받는 집단을 기준으로 급여 차이를 확인하는 항목으로써, 1인 평균 급여액 대비 '여성 1인 평균 급여액'(또는, 남성 1인 평균 급여액) 비율을 점검
성과 점검	조직의 1인 평균 급여액 대비 여성(또는 남성) 1인 평균 급여액 차이를 측정 ※ 조직의 남/녀 구성원 중 평균 급여액 이하의 급여를 받는 집단을 기준으로 함 [데이터 원천] '전자공시시스템' 上 사업보고서, '조직별 홈페이지' 上 지속가능경영보고서 [데이터 기간] 직전 회계연도 [데이터 범위] 국내 및 해외 사업장 [데이터 산식] 여성 급여 비율 = 직전 회계연도 여성(또는 남성) 1인 평균 급여액 / 직전 회계연도 조직의 1인 평균 급여액

점검 기준

1단계	조직의 1인 평균 급여액 대비 '여성(또는 남성) 1인 평균 급여액' 비율이 60% 이하인 경우
2단계	조직의 1인 평균 급여액 대비 '여성(또는 남성) 1인 평균 급여액' 비율이 60% 초과 ~ 80% 이하인 경우
3단계	조직의 1인 평균 급여액 대비 '여성(또는 남성) 1인 평균 급여액' 비율이 70% 초과 ~ 80% 이하인 경우
4단계	조직의 1인 평균 급여액 대비 '여성(또는 남성) 1인 평균 급여액' 비율이 80% 초과 ~ 90% 이하인 경우
5단계	조직의 1인 평균 급여액 대비 '여성(또는 남성) 1인 평균 급여액' 비율이 90%를 초과하는 경우

점검 기준 적용방안(단계형)

1단계	2단계	3단계	4단계	5단계
0점	25점	50점	75점	100점

<table>
<tr><td rowspan="2">구분</td><td>분류번호</td><td>영역</td><td>범주</td></tr>
<tr><td>S-3-3</td><td>사회</td><td>다양성 및 양성평등</td></tr>
<tr><td>항목</td><td colspan="3">장애인 고용률</td></tr>
<tr><td>항목 설명</td><td colspan="3">• 장애인은 능력에 따라 보장받고, 고용되어, 유익하고 생산적인 업무를 통해 합리적인 보수를 받을 권리가 있음에 따라, 조직이 해당 권리 향상을 지원하는지 확인
• 정부의 장애인 의무고용률을 기준으로 조직이 해당 사회적 책임을 이행하고 있는지를 점검 (매년 고용노동부에서 공시하는 장애인 의무고용률과 비교)</td></tr>
<tr><td>성과 점검</td><td colspan="3">조직의 직전 1개 회계연도 장애인 고용률을 법적 의무고용률과 비교하여 측정

[데이터 원천] '전자공시시스템' 上 사업보고서, '조직별 홈페이지' 上 지속가능경영보고서
[데이터 기간] 직전 회계연도
[데이터 범위] 국내 및 해외 사업장
[데이터 산식] 장애인 고용률 = Σ(월별 장애인 상시근로자 수) / Σ(월별 상시근로자 수)
* 상시근로자수: 해당 월 15일 이상 또는 60시간 이상 근무한 자</td></tr>
<tr><td>점검 기준</td><td colspan="3">1단계: 직전 1개년 장애인 의무고용률의 60% 미만인 경우
2단계: 직전 1개년 장애인 고용률이 법적 의무고용률의 60% 이상 80% 미만인 경우
3단계: 직전 1개년 장애인 고용률이 법적 의무고용률의 80% 이상 100% 미만인 경우
4단계: 직전 1개년 장애인 고용률이 법적 의무고용률의 100% 이상 120% 미만인 경우
5단계: 직전 1개년 장애인 고용률이 법적 의무고용률의 120% 이상인 경우
※ 장애인 미고용 부담금 납부 시에도 실제 고용한 인원을 기준으로 산정
※ 중증장애인 중 월 임금지급기초일수 16일 이상, 소정근로시간 60시간 이상인 근로자는 2명으로 계산

점검 기준 적용방안(단계형)
1단계: 0점 / 2단계: 25점 / 3단계: 50점 / 4단계: 75점 / 5단계: 100점</td></tr>
</table>

구분	분류번호	영역	범주
	S-4-1	사회	산업안전

항목

안전보건 추진체계

항목 설명

- 조직이 산업인력 손실, 구성원 사기 저하, 생산성 및 품질 하락, 노사관계 악화 등 경제적 손실과 사회적 비용을 예방하기 위해, 안전 리스크 저감 및 건강·복지 증진 등 안전보건 성과 개선을 체계적으로 추진하고 있는지 확인
- 국내외 규격에서 제시하는 안전보건경영시스템 구성요건을 기준으로, 조직이 이를 따르거나 준용하여 안전보건 추진체계를 갖추고 있는지 점검

성과 점검

조직의 안전보건 관리가 체계적으로 추진되고 있는지 점검하기 위해 ①경영자 리더십, ②근로자 참여, ③위험요인 파악 및 제거·대체·통제, ④비상조치 계획의 수립, ⑤평가 및 개선 여부를 측정

[데이터 원천] 안전보건경영시스템, 안전보건 정책, 안전보건 관리 규정
[데이터 기간] 직전 회계연도
[데이터 범위] N/A
[데이터 산식] N/A

점검 기준

요건	내용
요건1	경영자가 확고한 리더십으로 비전을 제시하고 필요한 자원을 배정하는 경우 (안전경영방침 공표, 인력·시설·장비 등 배정, 구성원에게 책임과 권한 부여)
요건2	안전보건관리체계 구축을 위해 근로자의 참여 및 협의를 보장하는 경우 (안전보건 정보공개, 구성원 참여절차 마련, 의견제시 문화 조성 등)
요건3	조직의 위험요인 파악과 이에 대한 제거·대체·통제 조치를 하는 경우 (유해위험요인 파악, 위험성 평가, 위험요인 제거·대체·통제 방안 마련, 교육훈련 실시)
요건4	중대한 위험요인에 대처할 수 있는 비상 조치계획을 수립한 경우 (위험요인별 시나리오 및 조치계획 수립, 주기적 훈련, 사업장 내 도급 근로자 등 모든 구성원에 대한 보호 여부)
요건5	안전보건 과제 및 목표의 이행현황을 평가하고 개선하는 경우 (목표 설정, 계획대비 달성 여부 평가, 문제점에 대한 주기적 검토와 개선)

점검 기준 적용방안(선택형)

1개 이하 충족	2개 충족	3개 충족	4개 충족	5개 충족
0점	25점	50점	75점	100점

<table>
<tr><th rowspan="2">구분</th><th>분류번호</th><th>영역</th><th>범주</th></tr>
<tr><td>S-4-2</td><td>사회</td><td>산업안전</td></tr>
<tr><th>항목</th><td colspan="3">산업재해율</td></tr>
<tr><th>항목 설명</th><td colspan="3">• 조직의 안전보건 거버넌스 구축, 중점과제 추진, 업무시스템 구축, 성과점검 및 평가 등 안전보건 추진체계가 효과성을 나타내고 있는지 확인
• 조직 구성원의 안전보건을 위협하는 요인을 지속적으로 관리하고 재해율을 줄이기 위해 노력하고 있는지 점검 (국내외 모든 구성원으로부터 발생하는 산업재해율 추이와 산업 평균 비교/분석)</td></tr>
<tr><th>성과 점검</th><td colspan="3">조직의 지난 5개년 간 산업재해율이 감소 추세에 있는지, 지난 1개년 산업재해율이 미만인지 측정

[데이터 원천] ‘전자공시시스템’ 上 사업보고서, ‘홈페이지’ 上 지속가능경영보고서, ‘고용노동부 홈페이지’ 上 산업재해 현황분석
[데이터 기간] 최근 5개 회계연도
[데이터 범위] 국내 및 해외 사업장
[데이터 산식] 산업재해율 = (재해자 수 / 연 평균 근로자 수) * 100</td></tr>
<tr><th>점검 기준</th><td colspan="3">
<table>
<tr><th rowspan="3">현재 수준 (1/2)</th><th>1단계</th><td>직전 1개년 산업재해율 당해년도 산업평균 초과</td></tr>
<tr><th>2단계</th><td>직전 1개년 산업재해율 당해년도 산업평균 동일</td></tr>
<tr><th>3단계</th><td>직전 1개년 산업재해율 당해년도 산업평균 미만</td></tr>
<tr><th rowspan="3">추세 (1/2)</th><th>1단계</th><td>지난 5개년 산업재해율 증가 추세</td></tr>
<tr><th>2단계</th><td>지난 5개년 산업재해율 변동 없음</td></tr>
<tr><th>3단계</th><td>지난 5개년 산업재해율 감소 추세</td></tr>
</table>
* 지난 5개년 간 산업재해율 정보를 관리하지 않는 경우 0점 적용

점검 기준 적용방안(단계형)
* 2개 영역의 단계별 점수 산출 후, 가중평균해 해당 항목의 점수로 산출 = 현재수준 점검 기준에 따른 점수 * 1/2 + 추세 점검 기준에 따른 점수 * 1/2
<table>
<tr><th>1단계</th><th>2단계</th><th>3단계</th></tr>
<tr><td>0점</td><td>50점</td><td>100점</td></tr>
</table>
</td></tr>
</table>

<table>
<tr><td rowspan="2">구분</td><td>분류번호</td><td>영역</td><td>범주</td></tr>
<tr><td>S-5-1</td><td>사회</td><td>인권</td></tr>
<tr><td>항목</td><td colspan="3">인권정책 수립</td></tr>
<tr><td>항목 설명</td><td colspan="3">• 조직이 UN의 '세계인권선언' 및 '기업과 인권 이행원칙', 'ILO 핵심협약', 'OECD 책임있는 사업을 위한 실사 가이드라인' 등에 기반하여, 인권경영 추진을 선언하는 대외공식적 정책을 제시하고 있는지 확인
• 조직이 인권정책(Human Rights Policy)을 통해 인권보호가 필요한 이슈에 대해 어떠한 정책적 접근을 하고 있는지 점검</td></tr>
<tr><td>성과 점검</td><td colspan="3">[데이터 원천] 조직의 인권정책 내 아래의 이슈 중 어떠한 이슈가 다루어지고 있는지 측정
1) 차별금지, 2) 근로조건 준수, 3) 인도적 대우, 4) 강제근로 금지, 5) 아동노동 착취 금지,
6) 결사 및 단체교섭의 자유, 7) 산업안전 보장, 8) 지역주민 인권 보호,
9) 고객의 인권 보호, 10) 기타
[데이터 기간] 직전 회계연도
[데이터 범위] N/A
[데이터 산식] N/A</td></tr>
<tr><td>점검 기준</td><td colspan="3">1단계: 조직의 대외공식적 인권정책이 수립되지 않은 경우. 또는, 인권정책이 있으나, 상기의 이슈 중 1~2개에 대한 조직의 정책적 접근방향이 설명되어 있는 경우
2단계: 상기의 이슈 중 3~4개에 대한 조직의 정책적 접근방향이 설명되어 있는 경우
3단계: 상기의 이슈 중 5~6개에 대한 조직의 정책적 접근방향이 설명되어 있는 경우
4단계: 상기의 이슈 중 7~8개에 대한 조직의 정책적 접근방향이 설명되어 있는 경우
5단계: 상기의 이슈 중 9개 이상에 대한 조직의 정책적 접근방향이 설명되어 있는 경우

점검 기준 적용방안(단계형)
1단계 0점 / 2단계 25점 / 3단계 50점 / 4단계 75점 / 5단계 100점</td></tr>
</table>

<table>
<tr><td rowspan="2">구분</td><td>분류번호</td><td>영역</td><td>범주</td></tr>
<tr><td>S-5-2</td><td>사회</td><td>인권</td></tr>
<tr><td>항목</td><td colspan="3">인권 리스크 평가</td></tr>
<tr><td>항목 설명</td><td colspan="3">• 조직의 사업운영과 관련되어 있는 구성원(직접고용 임직원, 협력사 근로자, 기타 사업장이 위치한 지역의 원주민 등)이 직면하거나, 또는 해당 구성원에게 잠재되어 있는 인권 리스크를 관리하고 있는지 확인
• 조직이 인권 리스크 평가 체계를 구축하고 있으며, 해당 인권 리스크 평가 체계에 따라 실제 인권 리스크를 평가 및 개선하고 있는지 점검</td></tr>
<tr><td>성과 점검</td><td colspan="3">조직의 인권 리스크 평가 체계의 구체성 및 실제 기능 여부를 측정

[데이터 원천] 안전현장 인권정책, 인권 리스크 관리 프로세스
[데이터 기간] 직전 회계연도
[데이터 범위] 국내외 사업장 및 기타 연결실체
[데이터 산식] N/A</td></tr>
<tr><td>점검 기준</td><td colspan="3">
<table>
<tr><td>1단계</td><td>인권 리스크 평가 지표, 평가 기준, 평가 일정 등의 체계가 구축되지 않은 경우</td></tr>
<tr><td>2단계</td><td>인권 리스크 평가 지표, 평가 기준, 평가 일정 등의 체계가 구축되어 있는 경우
단, 해당 인권 리스크 평가 체계를 운용하지 않은 경우</td></tr>
<tr><td>3단계</td><td>인권 리스크 평가 체계를 구축하고 있으나, 온라인/서면 등 비대면 방식으로
인권 리스크 진단 행위만 실시한 경우</td></tr>
<tr><td>4단계</td><td>인권 리스크 평가 체계를 구축하고 있으며, 온라인/서면 등 비대면 방식의
진단과 함께, 고위험 인권 리스크에 대해서는 현장실사까지 실시한 경우</td></tr>
<tr><td>5단계</td><td>인권 리스크 평가 체계를 구축하고 있으며, 비대면 진단 및 현장실사 행위를 실시한
경우. 또한, 확인된 인권 리스크에 대한 개선계획/개선활동을 추진한 경우</td></tr>
</table>
점검 기준 적용방안(단계형)
<table>
<tr><td>1단계</td><td>2단계</td><td>3단계</td><td>4단계</td><td>5단계</td></tr>
<tr><td>0점</td><td>25점</td><td>50점</td><td>75점</td><td>100점</td></tr>
</table>
</td></tr>
</table>

구분	분류번호	영역	범주
	S-6-1	사회	동반성장
항목	협력사 ESG 경영		
항목 설명	• 조직이 협력사가 직면한 ESG 관련 리스크를 인지하고 있는지, 협력사에 잠재되어 있는 ESG 리스크가 조직에게 전이되는 상황을 미연에 방지하기 위해 노력하는지 확인 • 조직이 협력사 ESG 리스크 관리 체계를 구축하고 있으며, 해당 관리 체계에 따라 실제 협력사 ESG 리스크를 진단-실사-개선하고 있는지 점검		
성과 점검	조직의 협력사 ESG 리스크 관리 체계가 구체화되어 있으며, 실제 기능하고 있는지 측정 [데이터 원천] 협력사 행동규범, 협력사 ESG 리스크 관리 프로세스 [데이터 기간] 직전 회계연도 [데이터 범위] 국내외 사업장 및 기타 연결실체 [데이터 산식] N/A		

점검 기준

단계	내용
1단계	협력사 ESG 리스크 평가 지표, 평가 기준, 평가 일정 등의 관리 체계가 구축되지 않은 경우
2단계	협력사 ESG 리스크 평가 지표, 평가 기준, 평가 일정 등의 관리 체계를 구축하고 있으나, 해당 협력사 ESG 리스크 관리 체계를 운용하지 않은 경우
3단계	협력사 ESG 리스크 관리 체계를 구축하고 있으나, 온라인/서면 등 비대면 방식으로 리스크 진단 행위만 실시한 경우
4단계	협력사 ESG 리스크 관리 체계를 구축하고 있으며, 온라인/서면 등 비대면 방식의 진단과 함께, 고위험 ESG 리스크에 대해서는 현장실사까지 실시한 경우
5단계	협력사 ESG 리스크 관리 체계를 구축하고 있으며, 비대면 진단 및 현장실사 행위를 실시한 경우. 또한, 확인된 리스크에 대한 개선계획/개선활동을 추진한 경우

점검 기준 적용방안(단계형)

1단계	2단계	3단계	4단계	5단계
0점	25점	50점	75점	100점

<table>
<tr><th rowspan="2">구분</th><th>분류번호</th><th>영역</th><th>범주</th></tr>
<tr><td>S-6-2</td><td>사회</td><td>동반성장</td></tr>
<tr><th>항목</th><td colspan="3">협력사 ESG 지원</td></tr>
<tr><th>항목 설명</th><td colspan="3">• 조직이 협력사 ESG 관리에 있어 진단-평가-개선으로 이어지는 일련의 프로세스 외, 협력사가 ESG 역량을 갖출 수 있는 지원 방안을 마련하고 있는지 확인
• 조직이 협력사의 ESG 지원에 대한 의지를 선언하는 것과 함께, 협력사 ESG 지원 전략과 계획이 마련되어 있는지 점검
• 단, 조직은 협력사 ESG 지원을 위한 별도 전략 및 실행방안을 수립할 수 있으나, 조직의 일반적인 협력사 지원방안 내 ESG 관련 내용을 포함할 수도 있음</td></tr>
<tr><th>성과 점검</th><td colspan="3">협력사의 ESG 지원을 구체적이고 체계적으로 추진하는 조직의 노력 수준을 측정

[데이터 원천] 협력사 동반성장/상생협력 추진계획, 협력사 ESG 지원계획
[데이터 기간] 직전 회계연도
[데이터 범위] N/A
[데이터 산식] N/A</td></tr>
<tr><th>점검 기준</th><td colspan="3">
<table>
<tr><th>요건1</th><td>협력사 ESG 지원에 관한 공식적 선언을 하고 있는 경우</td></tr>
<tr><th>요건2</th><td>협력사 ESG 지원 전략방향, 추진영역을 제시하고 있는 경우</td></tr>
<tr><th>요건3</th><td>협력사 ESG 지원 전략방향 및 추진영역별 세부 실행과제를 제시하고 있는 경우</td></tr>
<tr><th>요건4</th><td>협력사 ESG 지원에 관한 성과관리 지표(KPIs)를 제시하고 있는 경우</td></tr>
<tr><th>요건5</th><td>협력사 ESG 지원에 관한 성과관리 지표(KPIs) 달성을 위해 투자재원(예산), 역량투입(인력) 방안을 마련한 경우</td></tr>
</table>
점검 기준 적용방안(선택형)
<table>
<tr><th>1개 이하 충족</th><th>2개 충족</th><th>3개 충족</th><th>4개 충족</th><th>5개 충족</th></tr>
<tr><td>0점</td><td>25점</td><td>50점</td><td>75점</td><td>100점</td></tr>
</table>
</td></tr>
</table>

<table>
<tr><th rowspan="2">구분</th><th>분류번호</th><th>영역</th><th>범주</th></tr>
<tr><td>S-6-3</td><td>사회</td><td>동반성장</td></tr>
<tr><th>항목</th><td colspan="3">협력사 ESG 협약사항</td></tr>
<tr><th>항목 설명</th><td colspan="3">• 조직이 협력사 ESG 지원을 상생 및 동반성장에 필요한 핵심요소이자, 사회적 책무로 인식하고 있으며, 이를 위해 중장기적으로 협력사의 성장과 혁신에 필요한 지원을 다각적으로 추진하고 있는지 확인
• 조직이 중장기적으로 안정적이고 지속가능한 협력사 ESG 지원 의지가 있는지 확인할 수 있는 항목으로써, 협력사와 체결한 협약사항을 점검</td></tr>
<tr><th>성과 점검</th><td colspan="3">협력사와 협약을 통해 ESG 지원을 다각적 방식으로 추진하고 있는지 측정

[데이터 원천] 협력사 ESG 지원 협약사항
[데이터 기간] 직전 회계연도
[데이터 범위] 국내 및 해외 사업장
[데이터 산식] N/A</td></tr>
<tr><th>점검 기준</th><td colspan="3">
<table>
<tr><th>요건1</th><td>협력사의 ESG 추진에 필요한 교육 운영 지원 협약 체결</td></tr>
<tr><th>요건2</th><td>협력사의 ESG 추진에 필요한 기술 및 R&D 지원 협약 체결</td></tr>
<tr><th>요건3</th><td>협력사의 ESG 추진에 필요한 금융 및 자금 지원 협약 체결</td></tr>
<tr><th>요건4</th><td>협력사의 ESG 추진에 필요한 인허가 획득 지원 협약 체결</td></tr>
<tr><th>요건5</th><td>협력사의 ESG 추진에 필요한 설비/장치 도입 지원 협약 체결</td></tr>
</table>
점검 기준 적용방안(선택형)
<table>
<tr><th>1개 이하 충족</th><th>2개 충족</th><th>3개 충족</th><th>4개 충족</th><th>5개 충족</th></tr>
<tr><td>0점</td><td>25점</td><td>50점</td><td>75점</td><td>100점</td></tr>
</table>
</td></tr>
</table>

<table>
<tr><td rowspan="2">구분</td><td>분류번호</td><td>영역</td><td>범주</td></tr>
<tr><td>S-7-1</td><td>사회</td><td>지역사회</td></tr>
<tr><td>항목</td><td colspan="3">전략적 사회공헌</td></tr>
<tr><td>항목 설명</td><td colspan="3">• 조직이 지역사회로부터 사업을 운영할 권리(License to Operate)를 획득함과 동시에, 지역사회 일원으로서 공동의 환경/사회 문제 해결에 필요한 활동에 앞장서는 등 전략적 사회공헌을 추진하고 있는지 확인
• 조직이 사업적 필요와 사회적 기대를 충분히 고려한 사회공헌 추진방향을 수립하고 있으며, 해당 방향에 따라 사회공헌 프로그램이 운영되고 있는지 점검</td></tr>
<tr><td>성과 점검</td><td colspan="3">전략적이고 체계적으로 사회공헌을 추진하려는 조직의 노력 수준을 측정

[데이터 원천] 사회공헌 전략, 사회공헌 분야/영역, 사회공헌 성과지표
[데이터 기간] 직전 회계연도
[데이터 범위] 국내 및 해외 사업장
[데이터 산식] N/A</td></tr>
<tr><td>점검 기준</td><td colspan="3">
<table>
<tr><td>요건1</td><td>조직의 사회공헌을 대표할 수 있으며, 대사회적 메시지로써 활용되는 사회공헌 미션, 비전, 또는 슬로건이 있는 경우</td></tr>
<tr><td>요건2</td><td>조직의 사회공헌 미션, 비전, 또는 슬로건을 달성하기 위한 사회공헌 추진 분야/영역을 제시하고 있는 경우</td></tr>
<tr><td>요건3</td><td>조직의 사회공헌 추진 분야/영역별 대표 프로그램을 제시하고 있는 경우</td></tr>
<tr><td>요건4</td><td>조직의 사회공헌 대표 프로그램별 중장기 실행계획을 마련하고 있는 경우</td></tr>
<tr><td>요건5</td><td>조직의 대표 사회공헌 프로그램이 사업적 또는 사회적으로 기여하는 성과를 측정할 수 있는 성과관리 지표(KPIs)가 있는 경우</td></tr>
</table>
점검 기준 적용방안(선택형)
<table>
<tr><td>1개 이하 충족</td><td>2개 충족</td><td>3개 충족</td><td>4개 충족</td><td>5개 충족</td></tr>
<tr><td>0점</td><td>25점</td><td>50점</td><td>75점</td><td>100점</td></tr>
</table>
</td></tr>
</table>

<table>
<tr><td rowspan="2">구분</td><td>분류번호</td><td>영역</td><td>범주</td></tr>
<tr><td>S-7-2</td><td>사회</td><td>지역사회</td></tr>
<tr><td>항목</td><td colspan="3">구성원 봉사참여</td></tr>
<tr><td>항목 설명</td><td colspan="3">• 조직이 봉사활동 프로그램을 기획하여 구성원의 강제적 참여를 요구하는 방식에서 벗어나, 봉사활동 참여 의지가 있는 구성원의 니즈를 충족시켜주기 위해 조직이 기여하는 수준을 확인
• 구성원의 자율적 봉사활동을 지원하는 인센티브 제도를 운영하고 있는지 점검 (다양한 형태의 봉사활동 참여 인센티브 제도가 운영되고 있는지 확인)</td></tr>
<tr><td>성과 점검</td><td colspan="3">[데이터 원천] 봉사활동 참여 인센티브 제도를 다각적으로 운영하고 있는지 측정
1) 구성원 KPIs 내 봉사활동 반영, 2) 봉사활동 참여 유급휴가, 3) 봉사활동 참여 비용 지원,
4) 우수 봉사활동 참여자 금전적 포상, 5) 우수 봉사활동 참여자 표창,
6) 자율봉사자 대상 네트워킹 모임 지원, 7) 자원봉사처 연계, 8) 기타
[데이터 기간] 직전 회계연도
[데이터 범위] 국내 및 해외 사업장
[데이터 산식] N/A</td></tr>
<tr><td>점검 기준</td><td colspan="3">1단계: 봉사활동 참여 인센티브 제도가 없는 경우
2단계: 현재, 봉사활동 참여자에 대한 인센티브 제도가 없으나,
향후, 봉사활동 참여 인센티브 제도 도입계획이 수립된 경우
3단계: 상기 봉사활동 참여 인센티브 제도 중 1개를 도입하고 있는 경우
4단계: 상기 봉사활동 참여 인센티브 제도 중 2개를 도입하고 있는 경우
5단계: 상기 봉사활동 참여 인센티브 제도 중 3개 이상을 도입하고 있는 경우

점검 기준 적용방안(단계형)
1단계: 0점 / 2단계: 25점 / 3단계: 50점 / 4단계: 75점 / 5단계: 100점</td></tr>
</table>

<table>
<tr><td rowspan="2">구분</td><td>분류번호</td><td>영역</td><td>범주</td></tr>
<tr><td>S-8-1</td><td>사회</td><td>정보보호</td></tr>
<tr><td>항목</td><td colspan="3">정보보호 시스템 구축</td></tr>
<tr><td>항목 설명</td><td colspan="3">• 조직이 보유하고 있는 정보통신망 및 기타 정보자산 등의 안정성 이슈가 강조되고 있음. 이에 따라, 정보자산 해킹, 네트워크 침입 등의 외부공격과, 물리적/인적 오류로 인해 발생하는 장애에 대응할 수 있는 체계를 갖추고 있는지 확인
• 정보보호 최고책임자(CISO) 선임, 정보보호 시스템 인증, 모의해킹 등 취약성 분석, 정보보호 공시 이행(의무 또는 자율), 정보보호 시스템 사고에 대비하기 위한 보험가입 여부 등을 점검</td></tr>
<tr><td>성과 점검</td><td colspan="3">정보통신망 및 기타 정보자산 등을 체계적으로 관리하려는 조직의 노력 수준을 측정

[데이터 원천] 정보보호 시스템 관리규정, 정보보호 추진 계획 및 결과,*정보보호 공시 내역
[데이터 기간] 직전 회계연도
[데이터 범위] N/A
[데이터 산식] N/A</td></tr>
<tr><td>점검 기준</td><td colspan="3">
<table>
<tr><td>요건1</td><td>등기임원이나 미등기임원(또는 이에 준하는 관리자급 구성원)을 정보보호 최고책임자(CISO)로 선임하고 있는 경우</td></tr>
<tr><td>요건2</td><td>정보보호 시스템의 안정성에 대해 제3자(또는 규제기관)의 인증을 획득하고 있는 경우</td></tr>
<tr><td>요건3</td><td>모의해킹 등 외부공격에 대한 취약성 분석을 실시하고 있는 경우</td></tr>
<tr><td>요건4</td><td>정보보호 공시(의무 또는 자율)사항을 이행하고 있는 경우</td></tr>
<tr><td>요건5</td><td>정보보호 시스템의 손상 또는 외부공격 등 정보보안 관련 사고에 대비하기 위한 보험에 가입하고 있는 경우</td></tr>
</table>
점검 기준 적용방안(선택형)
<table>
<tr><td>1개 이하 충족</td><td>2개 충족</td><td>3개 충족</td><td>4개 충족</td><td>5개 충족</td></tr>
<tr><td>0점</td><td>25점</td><td>50점</td><td>75점</td><td>100점</td></tr>
</table>
</td></tr>
</table>

구분	분류번호	영역	범주
	S-8-2	사회	정보보호
항목	개인정보 침해 및 구제		

항목 설명

- 조직이 관리하고 있는 고객, 협력사 등 다양한 이해관계자의 개인정보 침해에 대한 법/규제 요건을 명확하게 인식하고, 개인정보 침해 사건이 발생하였을 경우 이에 대한 구제 활동을 추진하는지 확인
- 정보보호 법상 형벌, 행정상 처분(금전적, 비금전적)에 대해 가중치를 달리 적용하는 방식으로 '개인정보 침해 및 구제' 현황을 점검

성과 점검

조직의 지난 5개년 간 개인정보 보호 관련 법/규제 위반 건수에 대해 처벌수위별 감점 기준을 달리 적용하며, 이를 종합한 감점이 몇 점인지 확인하는 방법으로 측정

[데이터 원천] '전자공시시스템' 上 사업보고서, '조직별 홈페이지' 上 지속가능경영보고서
[데이터 기간] 최근 5개 회계연도
[데이터 범위] 국내 및 해외 사업장
[데이터 산식] 총 개인정보 보호 관련 법/규제 위반 감점 = Σ(개인정보 법/규제 위반 건 * 처벌수위별 감점 기준)

점검 기준

유형	내용
유형 1	지난 5개년 간 개인정보 보호 관련 법/규제 위반내역 중 처분이 확정된 건수에 대해, 처벌수위가 사법상 형벌, 벌금, 과료인 경우, 또는 국가나 지방자치단체를 당사자로 하는 계약에서 입찰참가자격을 제한당한 경우
유형 2	지난 5개년 간 개인정보 보호 관련 법/규제 위반내역 중 처분이 확정된 건수에 대해, 처벌수위가 행정상 처분 중 금전적 처분에 해당하는 과태료, 과징금, 이행강제금 등인 경우
유형 3	지난 5개년 간 개인정보 보호 관련 법/규제 위반내역 중 처분이 확정된 건수에 대해, 처벌수위가 행정상 처분 중 비금전적 처분에 해당하는 시정명령, 시정권고, 경고 등인 경우

* 감점 사항이 없을 경우, 본 항목의 점수는 100점으로 산정. 최저점은 0점으로 제한

점검 기준 적용방안(감점형)

유형 1	유형 2	유형 3
-50점	-30점	-10점

<table>
<tr><td rowspan="2">구분</td><td>분류번호</td><td>영역</td><td>범주</td></tr>
<tr><td>S-9-1</td><td>사회</td><td>사회 법/규제 위반</td></tr>
<tr><td>항목</td><td colspan="3">사회 법/규제 위반</td></tr>
<tr><td>항목 설명</td><td colspan="3">• 조직이 재화와 용역을 제공하는 과정에서 준수해야 할 법/규제 요건을 명확하게 인식하고, 법/규제 리스크 해결을 위한 사회영역의 투자/유지/보수 활동을 추진하고 있는지 확인
• 사회영역 관련 법/규제 위반 건 중 조직의 재무구조 및 명성관리에 상당한 영향력을 미치는 사법상 형벌, 행정상 처분(금전적, 비금전적)에 대해 가중치를 달리 적용하는 방식으로 점검</td></tr>
<tr><td>성과 점검</td><td colspan="3">조직의 지난 5개년 간 사회 법/규제 위반 건수에 대해 처벌수위별 감점 기준을 달리 적용하며, 이를 종합한 감점이 몇 점인지 확인하는 방법으로 측정

[데이터 원천] '전자공시시스템' 上 사업보고서, '조직별 홈페이지' 上 지속가능경영보고서
[데이터 기간] 최근 5개 회계연도
[데이터 범위] 국내 및 해외 사업장
[데이터 산식] 총 사회 관련 법/규제 위반 감점 = Σ(사회 법/규제 위반 건 * 처벌수위별 감점 기준)</td></tr>
<tr><td>점검 기준</td><td colspan="3">
<table>
<tr><td>유형 1</td><td>지난 5개년 간 사회 관련 법/규제 위반내역 중 처분이 확정된 건수에 대해, 처벌수위가 사법상 형벌, 벌금, 과료인 경우, 또는 국가나 지방자치단체를 당사자로 하는 계약에서 입찰참가자격을 제한당한 경우</td></tr>
</table>
<table>
<tr><td>유형 2</td><td>지난 5개년 간 사회 관련 법/규제 위반내역 중 처분이 확정된 건수에 대해, 처벌수위가 행정상 처분 중 금전적 처분에 해당하는 과태료, 과징금, 이행강제금 등인 경우</td></tr>
</table>
<table>
<tr><td>유형 3</td><td>지난 5개년 간 사회 관련 법/규제 위반내역 중 처분이 확정된 건수에 대해, 처벌수위가 행정상 처분 중 비금전적 처분에 해당하는 시정명령, 시정권고, 경고 등인 경우</td></tr>
</table>
* 감점 사항이 없을 경우, 본 항목의 점수는 100점으로 산정. 최저점은 0점으로 제한

점검 기준 적용방안(감점형)
<table>
<tr><td>유형 1</td><td>유형 2</td><td>유형 3</td></tr>
<tr><td>-50점</td><td>-30점</td><td>-10점</td></tr>
</table>
</td></tr>
</table>

4. 지배구조

<table>
<tr><th rowspan="2">구분</th><th>분류번호</th><th>영역</th><th>범주</th></tr>
<tr><td>G-1-1</td><td>지배구조</td><td>이사회 구성</td></tr>
<tr><th>항목</th><td colspan="3">이사회 내 ESG 안건 상정</td></tr>
<tr><th>항목 설명</th><td colspan="3">• 조직의 최고의사결정기구인 이사회 또는 산하 위원회가 ESG 관련 안건을 보고받고 있으며, 특히 중대한 ESG 안건에 대해서는 심의/의결하고 있는지 확인
• 이사회 또는 산하 위원회를 통해 조직의 ESG 경영이 효율적으로 관리 및 감독되고 있는지 점검하기 위해 1) 활동내역, 2) 운영규정의 2가지를 점검
• 조직은 ESG 안건을 다루기 위해 이사회 산하에 ‘ESG위원회’를 설립할 수 있으나, 이사회 또는 기존의 산하 위원회(사회책임위원회, 투명경영위원회, 거버너스위원회, 경영위원회, 감사위원회 등)를 통해서도 ESG 안건을 다룰 수 있음</td></tr>
<tr><th>성과 점검</th><td colspan="3">이사회 또는 산하 위원회 활동 내역 중 ESG 안건을 보고/심의/의결하였는지, 이사회 또는 산하 위원회 운영규정 상 ‘권한과 역할’에 ESG 관련 항목이 명시되어 있는지 측정

[데이터 원천] 이사회 또는 산하 위원회 개최 내역, 이사회 또는 산하 위원회 운영규정
[데이터 기간] 직전 회계연도
[데이터 범위] N/A
[데이터 산식] N/A</td></tr>
<tr><th>점검 기준</th><td colspan="3">
<table>
<tr><th rowspan="3">영역1
(1/2)</th><th>1단계</th><td>이사회 또는 산하 위원회에서 ESG 관련 안건을 다루고 있지 않는 경우</td></tr>
<tr><th>2단계</th><td>최근 1년간 ESG 관련 안건이 모두 ‘보고’ 사항인 경우</td></tr>
<tr><th>3단계</th><td>최근 1년간 ESG 관련 안건 중 ‘심의/의결’ 사항이 있는 경우</td></tr>
<tr><th rowspan="3">영역2
(1/2)</th><th>1단계</th><td>이사회 또는 산하 위원회 운영규정에 ESG 관련 사항을 명시하지 않는 경우</td></tr>
<tr><th>2단계</th><td>이사회 또는 산하 위원회 운영규정에 ‘ESG’라는 단어만 기재하고 있는 경우</td></tr>
<tr><th>3단계</th><td>이사회 또는 산하 위원회 운영규정에 ESG 이외에, 조직과 관련된 중요 ESG 이슈 또는 안건을 명시하고 있는 경우</td></tr>
</table>
점검 기준 적용방안(단계형)
* 2개 영역의 단계별 점수 산출 후, 가중평균해 해당 항목의 점수로 산출
= (영역1 점검 기준에 따른 점수 + 영역2 점검 기준에 따른 점수) * 1/2
<table>
<tr><th>1단계</th><th>2단계</th><th>3단계</th></tr>
<tr><td>0점</td><td>50점</td><td>100점</td></tr>
</table>
</td></tr>
</table>

<table>
<tr><td rowspan="2">구분</td><td>분류번호</td><td>영역</td><td>범주</td></tr>
<tr><td>G-1-2</td><td>지배구조</td><td>이사회 구성</td></tr>
<tr><td>항목</td><td colspan="3">사외이사 비율</td></tr>
<tr><td>항목 설명</td><td colspan="3">• 조직이 사외이사 제도를 통해 경영진 및 지배주주에 대한 견제, 기업경영 투명성의 제고, 소수주주의 권리보호 등의 목적을 달성하고 있는지 확인
• 경영진의 의사결정 행위를 견제할 수 있으며, 독립적인 시각에서 기업 발전에 관한 제언을 할 수 있는 사외이사 비율이 충분한지 점검</td></tr>
<tr><td>성과 점검</td><td colspan="3">조직과 독립적인 사외이사 비율을 측정
※ 조직이 선임한 모든 사외이사(기타 비상무이사 포함)를 대상으로 한다. 단, 독립성 관련 사회적 논란이나 지적사항이 있는 사외이사는 해당 비율에서 제외한다.

[데이터 원천] 이사회 구성현황, 전자공시시스템 [사업보고서-이사회에 관한 사항]
[데이터 기간] 직전 회계연도
[데이터 범위] N/A
[데이터 산식] N/A</td></tr>
<tr><td>점검 기준</td><td colspan="3">
<table>
<tr><td>1단계</td><td>총원의 과반수로 구성되었으나, 사외이사가 3인인 경우</td></tr>
<tr><td>2단계</td><td>3인 이상, 이사 총원의 과반수를 차지하고 있으나, 전체 이사 중 60% 미만인 경우</td></tr>
<tr><td>3단계</td><td>3인 이상, 이사 총원의 과반수를 차지, 전체 이사 중 60% 이상 ~ 70% 미만인 경우</td></tr>
<tr><td>4단계</td><td>3인 이상, 이사 총원의 과반수를 차지, 전체 이사 중 70% 이상 ~ 80% 미만인 경우</td></tr>
<tr><td>5단계</td><td>3인 이상, 이사 총원의 과반수를 차지, 전체 이사 중 80% 이상인 경우</td></tr>
</table>
점검 기준 적용방안(단계형)
<table>
<tr><td>1단계</td><td>2단계</td><td>3단계</td><td>4단계</td><td>5단계</td></tr>
<tr><td>0점</td><td>25점</td><td>50점</td><td>75점</td><td>100점</td></tr>
</table>
</td></tr>
</table>

<table>
<tr><td rowspan="2">구분</td><td>분류번호</td><td>영역</td><td>범주</td></tr>
<tr><td>G-1-3</td><td>지배구조</td><td>이사회 구성</td></tr>
<tr><td>항목</td><td colspan="3">대표이사와 이사회 의장 분리</td></tr>
<tr><td>항목 설명</td><td colspan="3">• 경영진의 경영활동을 감독하고 견제하는 이사회의 역할을 제대로 수행하기 위한 독립성 확보 여부를 확인
• 이사회의 의장과 경영진의 대표인 대표이사와의 분리여부 및 선임사외이사 임명 등을 점검</td></tr>
<tr><td>성과 점검</td><td colspan="3">이사회 의장이 대표이사와 분리되어 있는 지 확인

[데이터 원천] 이사회 구성 현황, 전자공시시스템[사업보고서-이사회에 관한 사항]
[데이터 기간] 직전 회계연도
[데이터 범위] N/A
[데이터 산식] N/A</td></tr>
<tr><td>점검 기준</td><td colspan="3">1단계: 현재 대표이사와 이사회 의장이 동일한 경우
2단계: 과거 대표이사 또는 이사회 의장을 역임했던 자가 현재 이사회 의장인 경우
3단계: 현재 이사회 의장이 과거 또는 현재의 대표이사나 이사회 의장을 역임하지 않았으나, 모회사 또는 자회사의 임원 등 독립성이 결여된 자가 이사회 의장인 경우
4단계: 과거 또는 현재 대표이사이거나, 이사회 의장을 역임하였거나, 독립성이 결여된 자가 현재 이사회 의장인 경우. 단, 이사회 의장과 이해관계 상충하는 안건 등에 있어, 이사회 의장 역할을 대신하는 ‘선임사외이사’를 임명하고 있는 경우
5단계: 과거 또는 현재 대표이사이거나, 이사회 의장을 역임한 적이 없으며, 회사로부터 독립성이 확보된 이사가 현재 이사회의 의장인 경우

점검 기준 적용방안(단계형)
1단계: 0점 / 2단계: 25점 / 3단계: 50점 / 4단계: 75점 / 5단계: 100점</td></tr>
</table>

<table>
<tr><td rowspan="2">구분</td><td>분류번호</td><td>영역</td><td>범주</td></tr>
<tr><td>G-1-4</td><td>지배구조</td><td>이사회 구성</td></tr>
<tr><td>항목</td><td colspan="3">이사회 성별 다양성</td></tr>
<tr><td>항목 설명</td><td colspan="3">• 이사회가 다양한 이해관계자들의 요구사항을 두루 고려하여 폭넓은 시각과 경험을 바탕으로 중요한 의사결정에 임할 수 있도록 이사회 구성원이 다양한 배경을 가지고 있는지 확인
• 다양성과 포용성 분야에서 대표적인 분류인 남성 대비 여성 비율(혹은 여성 대비 남성 비율)을 점검</td></tr>
<tr><td>성과 점검</td><td colspan="3">이사회 구성원 전체 대비 여성 이사 비율이 충분히 높은 수준인지 측정

[데이터 원천] 이사회 구성 현황, 전자공시시스템[사업보고서-이사회에 관한 사항]
[데이터 기간] 직전 회계연도
[데이터 범위] N/A
[데이터 산식] 이사회 여성 비율 = 여성 이사 수 / 전체 이사회 구성원 수</td></tr>
<tr><td>점검 기준</td><td colspan="3">1단계: 이사회 내 여성 이사가 선임되어 있지 않는 경우
2단계: 이사회 내 여성 이사가 1명만 선임되어 있는 경우
3단계: 이사회 내 여성 이사가 2명 이상으로, 그 비율이 10% 이상 ~ 20% 미만인 경우
4단계: 이사회 내 여성 이사가 2명 이상으로, 그 비율이 20% 이상 ~ 30% 미만인 경우
5단계: 이사회 내 여성 이사가 2명 이상으로, 그 비율이 30% 이상인 경우
* 이사회 내 다수 성(性)이 여성일 경우에는 반대로 적용

점검 기준 적용방안(단계형)
1단계 0점 / 2단계 25점 / 3단계 50점 / 4단계 75점 / 5단계 100점</td></tr>
</table>

1단계	2단계	3단계	4단계	5단계
0점	25점	50점	75점	100점

<table>
<tr><td rowspan="2">구분</td><td>분류번호</td><td>영역</td><td>범주</td></tr>
<tr><td>G-1-5</td><td>지배구조</td><td>이사회 구성</td></tr>
<tr><td>항목</td><td colspan="3">사외이사 전문성</td></tr>
<tr><td>항목 설명</td><td colspan="3">• 사내이사와 사외이사의 정보 비대칭이 존재하는 상황에서 사외이사가 조직의 중장기 발전에 관한 충분한 의견을 제공하거나, 경영진의 의사결정을 견제할 수 있는 전문성을 갖추고 있는지 확인
• 사외이사가 조직의 사업 방향에 대해 전문적인 의견을 제시할 수 있는지 점검 (사외이사가 동종산업의 업무경력을 보유하고 있는지 확인)</td></tr>
<tr><td>성과 점검</td><td colspan="3">한국표준산업분류의 대분류(2자리 코드) 기준 동종산업에서 업무경험을 보유한 사외이사 비율을 측정

[데이터 원천] 사외이사 경력사항
[데이터 기간] 직전 회계연도
[데이터 범위] N/A
[데이터 산식] N/A</td></tr>
<tr><td>점검 기준</td><td colspan="3">1단계: 동종산업 경력을 보유한 사외이사가 없는 경우
2단계: 동종산업 경력을 보유한 사외이사가 1명 이상인 경우
3단계: 동종산업 경력을 보유한 사외이사가 50% 이상인 경우

점검 기준 적용방안(단계형)
1단계: 0점 / 2단계: 50점 / 3단계: 100점</td></tr>
</table>

<table>
<tr><td rowspan="2">구분</td><td>분류번호</td><td>영역</td><td>범주</td></tr>
<tr><td>G-2-1</td><td>지배구조</td><td>이사회 활동</td></tr>
<tr><td>항목</td><td colspan="3">전체 이사 출석률</td></tr>
<tr><td>항목 설명</td><td colspan="3">• 조직의 최고의사결정기구인 이사회가 검토/심의/의결 기능을 효과적으로 수행하기 위해서는 이사회 구성원의 적극적인 참여가 중요함. 이사회 구성원이 이사회에 참여하여 조직의 성장 및 발전에 관한 제언, 주요안건에 대한 의사결정 행위를 하고 있는지 확인
• 이사회 구성원별 출석률을 평균하여, 전체 이사 출석률이 일정 수준 이상인지 점검</td></tr>
<tr><td>성과 점검</td><td colspan="3">직전 회계연도에 개최한 이사회에 대해, 개별 이사의 참석률을 평균하여 측정

[데이터 원천] 이사회 구성 현황, 이사회 회의록 등
[데이터 기간] 직전 회계연도
[데이터 범위] N/A
[데이터 산식] 이사회 구성원 평균 출석률 = Σ(출석한 전체 이사 인원 수 / 전체 이사 정원) / 이사회 개최 횟수</td></tr>
<tr><td>점검 기준</td><td colspan="3">1단계: 이사회 구성원 평균 출석률이 75% 미만인 경우
2단계: 이사회 구성원 평균 출석률이 75% 이상 85% 미만인 경우
3단계: 이사회 구성원 평균 출석률이 85% 이상 90% 미만인 경우
4단계: 이사회 구성원 평균 출석률이 90% 이상 95% 미만인 경우
5단계: 이사회 구성원 평균 출석률이 95% 이상인 경우

점검 기준 적용방안(단계형)
1단계 0점 / 2단계 25점 / 3단계 50점 / 4단계 75점 / 5단계 100점</td></tr>
</table>

1단계	이사회 구성원 평균 출석률이 75% 미만인 경우
2단계	이사회 구성원 평균 출석률이 75% 이상 85% 미만인 경우
3단계	이사회 구성원 평균 출석률이 85% 이상 90% 미만인 경우
4단계	이사회 구성원 평균 출석률이 90% 이상 95% 미만인 경우
5단계	이사회 구성원 평균 출석률이 95% 이상인 경우

점검 기준 적용방안(단계형)

1단계	2단계	3단계	4단계	5단계
0점	25점	50점	75점	100점

<table>
<tr><td rowspan="2">구분</td><td>분류번호</td><td>영역</td><td>범주</td></tr>
<tr><td>G-2-2</td><td>지배구조</td><td>이사회 활동</td></tr>
<tr><td>항목</td><td colspan="3">사내이사 출석률</td></tr>
<tr><td>항목 설명</td><td colspan="3">• 조직의 최고의사결정기구인 이사회가 검토/심의/의결 기능을 효과적으로 수행하기 위해서는 이사회 구성원의 적극적인 참여가 중요함. 특히, 조직의 사업운영을 총괄하는 사내이사가 적극적으로 이사회에 참여하고 있는지 확인
• 이사회 구성원 중 전체 사내이사 출석률이 일정 수준 이상인지 점검</td></tr>
<tr><td>성과 점검</td><td colspan="3">직전 회계연도에 개최한 이사회에 대해, 개별 사내이사의 참석률을 평균하여 측정

[데이터 원천] 이사회 구성 현황, 이사회 회의록 등
[데이터 기간] 직전 회계연도
[데이터 범위] N/A
[데이터 산식] 사내이사 평균 출석률 = Σ(출석한 사내 이사 인원 수 / 전체 이사 정원) / 이사회 개최 횟수</td></tr>
<tr><td>점검 기준</td><td colspan="3">1단계: 사내이사 평균 출석률이 75% 미만인 경우
2단계: 사내이사 평균 출석률이 75% 이상 85% 미만인 경우
3단계: 사내이사 평균 출석률이 85% 이상 90% 미만인 경우
4단계: 사내이사 평균 출석률이 90% 이상 95% 미만인 경우
5단계: 사내이사 평균 출석률이 95% 이상인 경우

점검 기준 적용방안(단계형)
1단계: 0점 / 2단계: 25점 / 3단계: 50점 / 4단계: 75점 / 5단계: 100점</td></tr>
</table>

<table>
<tr><td rowspan="2">구분</td><td>분류번호</td><td>영역</td><td>범주</td></tr>
<tr><td>G-2-3</td><td>지배구조</td><td>이사회 활동</td></tr>
<tr><td>항목</td><td colspan="3">이사회 산하 위원회</td></tr>
<tr><td>항목 설명</td><td colspan="3">• 이사회가 효율적으로 운영될 수 있도록 이사회 권한 및 역할의 일부를 산하 위원회에 위임하고 있는지, 각 소위원회는 위임받은 권한 및 역할에 대해 전문적인 시각으로 검토하는지를 확인
• 조직마다 이사회 산하 위원회 수와 종류는 다양하며, 각 조직의 경영방식 및 사업환경에 따라 위원회 수를 달리할 수 있음. 따라서 이사회 산하 위원회 수가 많고 적음을 떠나, 위원회가 체계적이고 효과적으로 운영되고 있는지 점검</td></tr>
<tr><td>성과 점검</td><td colspan="3">이사회 산하 위원회가 다음의 요건에 따라 체계적이고 효과적으로 운영되고 있는지 점검
1) 위원회 운영규정 도입, 2) 위원회 구성원 중임, 3) 위원회 구성 독립성
4) 위원회 개최 횟수, 5) 위원회 상정 안건

[데이터 원천] 이사회 산하 위원회 운영규정, 구성현황, 활동내역
[데이터 기간] 직전 회계연도
[데이터 범위] N/A
[데이터 산식] N/A</td></tr>
<tr><td>점검 기준</td><td colspan="3">
<table>
<tr><td>요건1</td><td>이사회 산하 모든 위원회 설치는 정관에 근거하고 있으며,
모든 위원회에 대해 '운영규정'을 제정하고 있는 경우</td></tr>
<tr><td>요건2</td><td>특정 이사(사내이사, 사외이사, 기타비상임이사)가 이사회 산하
모든 위원회의 구성원으로 선임되어 있지 않은 경우</td></tr>
<tr><td>요건3</td><td>이사회 산하 모든 위원회가 구성원의 과반수 이상을 사외이사로 선임하고 있는 경우</td></tr>
<tr><td>요건4</td><td>직전 회계연도 중 이사회 산하 위원회 개최 횟수가 평균적으로 3회 이상인 경우</td></tr>
<tr><td>요건5</td><td>직전 회계연도 중 이사회 산하 모든 위원회가 심의/의결 안건을 다룬 경우</td></tr>
</table>
점검 기준 적용방안(선택형)
<table>
<tr><td>1개 이하 충족</td><td>2개 충족</td><td>3개 충족</td><td>4개 충족</td><td>5개 충족</td></tr>
<tr><td>0점</td><td>25점</td><td>50점</td><td>75점</td><td>100점</td></tr>
</table>
</td></tr>
</table>

<table>
<tr><td rowspan="2">구분</td><td>분류번호</td><td>영역</td><td>범주</td></tr>
<tr><td>G-2-4</td><td>지배구조</td><td>이사회 활동</td></tr>
<tr><td>항목</td><td colspan="3">이사회 안건 처리</td></tr>
<tr><td>항목 설명</td><td colspan="3">• 이사회 구성원이 상정된 안건에 대해 독립적/전문적/다양한 시각으로 수정 및 보완 의견을 제시하고 있거나, 특히 조직에 리스크가 될 수 있는 안건에 대해서는 적극적인 반대 의견을 제시하는지 확인
• 이사회 심의/의결 안건 중 원안대로 가결되지 않은 안건이나 원안에 반대한 이사, 그리고 가결되지 않거나 안건을 반대한 사유를 점검</td></tr>
<tr><td>성과 점검</td><td colspan="3">이사회 활동 내역 또는 이사회 의사록 등을 통해 전체 안건 중 수정, 보완 및 반대 의견이 나타난 안건의 비율을 측정

[데이터 원천] 이사회 구성 현황, 이사회 회의록 등
[데이터 기간] 직전 회계연도
[데이터 범위] N/A
[데이터 산식] 수정, 보완 및 반대 의견이 나타난 안건 수 / 전체 이사회 상정 안건 수</td></tr>
<tr><td>점검 기준</td><td colspan="3">1단계: 안건에 대한 수정, 보완, 반대하는 의견이 한 건도 없는 경우
2단계: 안건에 대한 수정, 보완, 반대하는 의견이 한 건 이상 존재하는 경우
3단계: 안건에 대한 수정, 보완, 반대하는 의견이 5% 이상 존재하는 경우

점검 기준 적용방안(단계형)
1단계: 0점 / 2단계: 50점 / 3단계: 100점</td></tr>
</table>

<table>
<tr><th rowspan="2">구분</th><th>분류번호</th><th>영역</th><th>범주</th></tr>
<tr><td>G-3-1</td><td>지배구조</td><td>주주권리</td></tr>
<tr><th>항목</th><td colspan="3">주주총회 소집 공고</td></tr>
<tr><th>항목 설명</th><td colspan="3">• 주주가 주주총회 참석 전 충분하고 합리적인 판단을 내릴 수 있도록, 주주에게 주주총회 개최 일자, 장소, 안건, 기타 재무사항 등의 정보를 담은 주주총회 소집 공고를 다양한 채널로 전달하는지 확인
• 조직이 주주총회 소집을 공고하는 방법을 점검</td></tr>
<tr><th>성과 점검</th><td colspan="3">주주총회 소집 공고 방법으로 측정

[데이터 원천] 주주총회 소집 통지서 外 다음의 방식에 따른 공고
1) 조직의 사업장 게시판, 2) 조직의 온라인 홈페이지, 3) 명의개서대행사,
4) 일간지(신문), 5) 전자공시시스템, 6) 기타
[데이터 기간] 직전 회계연도
[데이터 범위] N/A
[데이터 산식] N/A</td></tr>
<tr><th>점검 기준</th><td colspan="3">
<table>
<tr><th>1단계</th><td>주주총회 소집 공고를 서면으로만 통지하거나, 주주의 동의를 받아 전자문서로만 하는 경우</td></tr>
<tr><th>2단계</th><td>서면 또는 전자문서로 통지하는 방식 外 1개의 추가 방식을 이용하는 경우</td></tr>
<tr><th>3단계</th><td>서면 또는 전자문서로 통지하는 방식 外 2개의 추가 방식을 이용하는 경우</td></tr>
<tr><th>4단계</th><td>서면 또는 전자문서로 통지하는 방식 外 3개의 추가 방식을 이용하는 경우</td></tr>
<tr><th>5단계</th><td>서면 또는 전자문서로 통지하는 방식 外 4개 이상의 추가 방식을 이용하는 경우</td></tr>
</table>
점검 기준 적용방안(단계형)
<table>
<tr><th>1단계</th><th>2단계</th><th>3단계</th><th>4단계</th><th>5단계</th></tr>
<tr><td>0점</td><td>25점</td><td>50점</td><td>75점</td><td>100점</td></tr>
</table>
</td></tr>
</table>

<table>
<tr><th rowspan="2">구분</th><th>분류번호</th><th>영역</th><th>범주</th></tr>
<tr><td>G-3-2</td><td>지배구조</td><td>주주권리</td></tr>
<tr><th>항목</th><td colspan="3">주주총회 집중일 이외 개최</td></tr>
<tr><th>항목 설명</th><td colspan="3">• 주주가 주주총회의 안건을 검토하고 분석하기 위한 충분한 시간과 여건이 확보될 수 있도록 주주총회가 개최되고 있는지 확인
• 조직이 주주총회 개최일을 지정하는데 있어, 주주를 포함한 주주총회 관련 내/외부 이해관계자의 의견수렴 과정을 진행하고 있는지를 점검</td></tr>
<tr><th>성과 점검</th><td colspan="3">주주총회 개최일을 지정하는데 있어, 조직이 고려한 요소를 측정

[데이터 원천] 주주총회 개최일, 주주총회 개최 계획
[데이터 기간] 직전 회계연도
[데이터 범위] N/A
[데이터 산식] N/A</td></tr>
<tr><th>점검 기준</th><td colspan="3">
<table>
<tr><th>요건1</th><td>주주총회 개최일을 지정하는데 있어, 재무결산 및 감사보고서 발행일을 고려함</td></tr>
<tr><th>요건2</th><td>주주총회 개최일을 지정하는데 있어, 조직의 연간 업무계획 및 경영진 등의 업무일정을 고려함</td></tr>
<tr><th>요건3</th><td>주주총회 개최일을 지정하는데 있어, 연기금, 기관투자자, 의결권자문사 등의 주요 시장 참여자 의견을 수렴함</td></tr>
<tr><th>요건4</th><td>주주총회 개최일을 지정하는데 있어, 소액주주 및 기타 이해관계자 등의 의견을 수렴함</td></tr>
<tr><th>요건5</th><td>주주총회 개최일을 지정하는데 있어, 주주총회 예상 집중일을 고려함</td></tr>
</table>
점검 기준 적용방안(단계형)
<table>
<tr><th>1개 이하 충족</th><th>2개 충족</th><th>3개 충족</th><th>4개 충족</th><th>5개 충족</th></tr>
<tr><td>0점</td><td>25점</td><td>50점</td><td>75점</td><td>100점</td></tr>
</table>
</td></tr>
</table>

구분	분류번호	영역	범주
	G-3-3	지배구조	주주권리
항목	집중/전자/서면 투표제		
항목 설명	• 조직의 모든 주주가 의결권을 용이하게 행사할 수 있으며, 소수주주에게 이해관계를 대변할 수 있는 이사 선임 기회를 제공하고 있는지 확인 • 국내 「상법」 上 조직의 자율적 의사결정에 따라 선택할 수 있는 소수주주 보호장치인 '서면투표제', '전자투표제', '집중투표제' 도입 여부를 점검		
성과 점검	조직의 정관에 '서면투표제', '전자투표제', '집중투표제'를 도입하고 있는지, 특히 이사회가 결의하여 '전자투표제'를 장려하고 있는지 점검 [데이터 원천] 조직의 정관, 이사회 결의사항 [데이터 기간] 직전 회계연도 [데이터 범위] N/A [데이터 산식] N/A		

점검 기준

	집중투표제 도입 (1/5)	서면투표제 도입 (2/5)	전자투표제 도입 (2/5)
1단계	정관에서 집중투표제를 배제하고 있다.	정관에서 서면투표제를 배제하고 있다.	정관에서 전자투표제를 배제하고 있다.
2단계	정관에서 집중투표제를 명시하고 있다.	정관에서 서면투표제를 명시하고 있다.	정관에서 전자투표제를 명시하거나, 이사회 결의로 도입하고 있다.

점검 기준 적용방안(단계형)

※ '집중/전자/서면 투표제'에 대한 최종 점검 결과는 다음과 같이 산출한다.

= (집중투표제 단계별 배점 * 1/5) + (서면투표제 단계별 배점 * 2/5) + (전자투표제 단계별 배점 * 2/5)

1단계	2단계
0점	100점

<table>
<tr><th rowspan="2">구분</th><th>분류번호</th><th>영역</th><th>범주</th></tr>
<tr><td>G-3-4</td><td>지배구조</td><td>주주권리</td></tr>
<tr><th>항목</th><td colspan="3">배당정책 및 이행</td></tr>
<tr><th>항목 설명</th><td colspan="3">• 조직이 주주가치 증진 및 투자의사결정에 필요한 배당 관련 정보를 적시에 충분하게 안내하고, 적절하게 배당을 실시했는지 확인
• 주주에게 배당정책 및 배당계획을 충실히 통지함과 동시에, 배당정책 및 배당계획에 따라 실제 배당을 진행하였는지 점검</td></tr>
<tr><th>성과 점검</th><td colspan="3">조직이 직전 회계연도에 주주를 대상으로 배당정책 및 배당계획을 충실히 통지하였는지, 또한 통지한 배당정책 및 배당계획에 따라 실제 배당을 집행하였는지 점검

[데이터 원천] 배정정책, 현금현물배당결정
[데이터 기간] 직전 회계연도
[데이터 범위] N/A
[데이터 산식] N/A</td></tr>
<tr><th>점검 기준</th><td colspan="3">1단계: 주주에게 배당정책 및 배당계획을 통지하지 아니한 경우
2단계: 주주에게 배당정책 및 배당계획을 연 1회 이상 통지한 경우
3단계: 주주에게 배당정책 및 배당계획을 연 1회 인상 통지하였으며, 배당정책 및 배당계획대로 배당을 집행한 경우

점검 기준 적용방안(단계형)
1단계: 0점 / 2단계: 50점 / 3단계: 100점</td></tr>
</table>

<table>
<tr><td rowspan="2">구분</td><td>분류번호</td><td>영역</td><td>범주</td></tr>
<tr><td>G-4-1</td><td>지배구조</td><td>윤리경영</td></tr>
<tr><td>항목</td><td colspan="3">윤리규범 위반사항 공시</td></tr>
<tr><td>항목 설명</td><td colspan="3">• 조직이 구성원의 윤리규범 위반 행위(부당한 이익이나 뇌물의 수수, 불공정 경쟁 및 거래, 제품/서비스 책임 소홀, 구성원 상호 간 모독 및 비하, 기타 사회적 책임 등)를 관리·감독함과 동시에, 구성원의 윤리규범 위반행위가 재발하지 않도록 내부개선이 이루어지고 있는지 확인
• 이해관계자와의 신뢰성 및 투명성 관점을 고려하여, 조직이 윤리규범 위반 행위와 개선활동을 대외공시하고 있는지 점검</td></tr>
<tr><td>성과 점검</td><td colspan="3">조직이 직전 회계연도에 발생한 윤리규범 위반 건수 및 관련 구성원 수, 윤리규범 위반 내용, 위반에 따른 처벌 및 관련 구성원 처분, 재발방지를 위한 개선활동을 공시하고 있는지 측정

[데이터 원천] 윤리규범 위반 내역 및 조치경과
[데이터 기간] 직전 회계연도
[데이터 범위] N/A
[데이터 산식] N/A</td></tr>
<tr><td>점검 기준</td><td colspan="3">

선택1	윤리규범 위반 건수를 공시하고 있는 경우
선택2	윤리규범 위반한 구성원 수를 공시하고 있는 경우
선택3	윤리규범 위반 건과 관련한 처벌내역(사법상, 행정상)을 공시하고 있는 경우
선택4	윤리규범 위반 건과 관련된 구성원 처분내역(인사상)을 공시하고 있는 경우
선택5	윤리규범 위반 사건 재발방지를 위한 개선활동 및 계획을 공시하고 있는 경우

* 선택 항목의 합산값으로 평가

점검 기준 적용방안(선택형)

1개 이하 충족	2개 충족	3개 충족	4개 충족	5개 충족
0점	25점	50점	75점	100점

</td></tr>
</table>

<table>
<tr><td rowspan="2">구분</td><td>분류번호</td><td>영역</td><td>범주</td></tr>
<tr><td>G-5-1</td><td>지배구조</td><td>감사기구</td></tr>
<tr><td>항목</td><td colspan="3">내부감사부서 설치</td></tr>
<tr><td>항목 설명</td><td colspan="3">• 조직의 재무, 회계, 감사 관련 부정사안, 기타 내부통제 관련 현안 등을 상시적으로 점검하고, 중요한 의사결정사항 및 관련 정보를 감사위원회에 보고하는 거버넌스 체계가 구축되어 있는지 확인
• 조직이 내부감사부서를 두고 있는지, 내부감사부서의 독립성, 책임과 역할을 명확히 규정하고 있는지 점검</td></tr>
<tr><td>성과 점검</td><td colspan="3">조직의 감사위원회가 효율적인 역할을 수행할 수 있도록, 독립적인 내부 감사부서 설치, 감사위원회를 지원하는 부서 및 업무분장을 명확하게 지정하고 있는지 측정

[데이터 원천] 내부감사부서 등 조직도 및 업무분장
[데이터 기간] 직전 회계연도
[데이터 범위] N/A
[데이터 산식] N/A</td></tr>
<tr><td>점검 기준</td><td colspan="3">1단계: 독립된 내부감사부서를 두고 있지 않거나,
감사 관련 업무를 수행하는 부서 또는 업무분장을 두고 있지 않는 경우

2단계: 독립된 내부감사부서를 두고 있지 않으나,
감사 관련 업무를 수행하는 기타 부서 및 업무분장이 있는 경우

3단계: 독립된 내부감사부서를 두고 있으나,
내부감사부서의 업무분장 등에 감사위원회 업무지원과 관련한 내용을 명시하지 않은 경우

4단계: 독립된 내부감사부서를 두고 있으며,
내부감사부서의 업무분장 등에 감사위원회 업무지원과 관련한 내용을 명시한 경우

5단계: 내부감사부서를 두고 있으며, 또한 조직과 독립적으로 감사위원회 지원 역할을
수행하는 별도 전담부서(또는 업무분장)을 두고 있는 경우

점검 기준 적용방안(선택형)
1단계: 0점 / 2단계: 25점 / 3단계: 50점 / 4단계: 75점 / 5단계: 100점</td></tr>
</table>

점검 기준 적용방안(선택형)

1단계	2단계	3단계	4단계	5단계
0점	25점	50점	75점	100점

<table>
<tr><td rowspan="2">구분</td><td>분류번호</td><td>영역</td><td>범주</td></tr>
<tr><td>G-5-2</td><td>지배구조</td><td>감사기구</td></tr>
<tr><td>항목</td><td colspan="3">감사기구 전문성 (감사기구 내 회계/재무 전문가)</td></tr>
<tr><td>항목 설명</td><td colspan="3">• 조직의 감사위원회(또는 감사)가 거시경제 흐름 및 업종동향에 대한 직관, 상법 등 관련 법률 소양, 회계/재무/감사에 관한 전문적 지식을 보유하고 있는지 확인
• 국내 법률 상 규정되어 있는 감사위원회 전문성 조건을 상회하여, 회계 및 재무 전문가를 감사위원으로 선임하고 있는지 점검</td></tr>
<tr><td>성과 점검</td><td colspan="3">조직의 직전 회계연도 감사위원회 구성원(감사위원회 위원장 및 감사위원) 중 「상법」 및 「금융회사의 지배구조에 관한 법률」 등에서 규정한 회계 및 재무 전문가가 차지하는 비율을 측정

[데이터 원천] 감사위원회(또는 감사) 구성
[데이터 기간] 직전 회계연도
[데이터 범위] N/A
[데이터 산식] N/A</td></tr>
<tr><td>점검 기준</td><td colspan="3">1단계: 감사위원회 내 회계 및 재무 분야 전문성을 보유한 감사위원이 1명 선임되어 있는 경우
2단계: 감사위원회 내 회계 및 재무 전문가가 1명 이상 선임되어 있으나, 전체 감사위원 중 50% 이하인 경우
3단계: 감사위원회 내 회계 및 재무 전문가가 1명 이상 선임되어 있으며, 전체 감사위원 중 50% 초과한 경우

점검 기준 적용방안(단계형)
1단계: 0점 / 2단계: 50점 / 3단계: 100점</td></tr>
</table>

<table>
<tr><th rowspan="2">구분</th><th>분류번호</th><th>영역</th><th>범주</th></tr>
<tr><td>G-6-1</td><td>지배구조</td><td>지배구조 법/규제 위반</td></tr>
<tr><th>항목</th><td colspan="3">지배구조 법/규제 위반</td></tr>
<tr><th>항목 설명</th><td colspan="3">• 조직이 주주권리 보호, 이사회 및 경영진 등 최고 거버넌스 운영, 상호출자 등 소유구조, 특수관계인 거래 등과 관련한 법/규제를 명확하게 인식하고, 지배구조 리스크 해결을 위한 제도 및 활동을 도입하고 있는지 확인
• 지배구조 관련 법/규제 위반 건 중 조직의 재무구조 및 명성관리에 상당한 영향력을 미치는 사법상 형벌, 행정상 처분(금전적, 비금전적)에 대해 가중치를 달리 적용해 점검</td></tr>
<tr><th>성과 점검</th><td colspan="3">조직의 지난 5개년 간 조직의 지배구조 관련 법/규제 위반 건수에 대해 처벌수위별 감점 기준을 달리 적용하며, 이를 종합한 감점이 몇 점인지 확인하는 방법으로 측정

[데이터 원천] '전자공시시스템' 上 사업보고서, '조직별 홈페이지' 上 지속가능경영보고서
[데이터 기간] 최근 5개 회계연도
[데이터 범위] N/A
[데이터 산식] Σ(지배구조 법/규제 위반 건 * 처벌수위별 감점 기준)</td></tr>
<tr><th>점검 기준</th><td colspan="3"><table>
<tr><th>유형 1</th><td>지난 5개년 간 지배구조 법/규제 위반내역 중 처분이 확정된 건수에 대해, 지배구조 법/규제 위반의 처벌수위가 사법상 형벌, 벌금, 과료인 경우, 또는 지배구조 법/규제 위반으로 인해 국가나 지방자치 단체를 당사자로 하는 계약에서 입찰참가자격을 제한당한 경우</td></tr>
<tr><th>유형 2</th><td>지난 5개년 간 지배구조 법/규제 위반내역 중 처분이 확정된 건수에 대해, 지배구조 법/규제 위반의 처벌수위가 행정상 처분 중 금전적 처분에 해당하는 과태료, 과징금, 이행강제금 등인 경우</td></tr>
<tr><th>유형 3</th><td>지난 5개년 간 지배구조 법/규제 위반내역 중 처분이 확정된 건수에 대해, 지배구조 법/규제 위반의 처벌수위가 행정상 처분 중 비금전적 처분에 해당하는 시정명령, 시정권고, 경고 등인 경우</td></tr>
</table>
* 감점 사항이 없을 경우, 본 항목의 점수는 100점으로 산정. 최저점은 0점으로 제한

점검 기준 적용방안(감점형)
<table>
<tr><th>유형 1</th><th>유형 2</th><th>유형 3</th></tr>
<tr><td>-50점</td><td>-30점</td><td>-10점</td></tr>
</table></td></tr>
</table>

▌마무리하면서

이 책의 집필을 시작한 후 케이티 거버넌스가 사회적, 정치적으로 이슈화되었습니다. 연합뉴스, 주간 매일경제, KBS, 한겨레 쿠키뉴스 등 여러 언론사에서 케이티의 뉴거버넌스 이슈 관련하여 인터뷰를 했습니다. 케이티나 포스코 등 소유분산 대기업의 거버넌스 이슈는 최고경영진에 의한 자신이 통제 가능한 인적 · 물적 자원을 활용해 참호구축(Entrenchment)하는 형태의 대리인 문제(agency problem)입니다. 최고경영진이 자신이 통제가능한 이사들 혹은 자신을 지지해줄 수 있는 이사로 이사회를 구성하거나 주식상호교환제도를 활용하여 우호지분을 확보하여 거버넌스를 지배하면서 이사회를 자신의 뜻대로 형식적으로 운영하는 경우가 발생할 수 있습니다. 삼성이나 현대 등 소유집중 대기업의 거버넌스 이슈는 소유구조 자체가 문제라기보다 터널링(tunneling) 등으로 사적 편익을 추구하고 기업가치를 훼손하는 것이 본질적 문제입니다. 스웨덴, 독일 등은 글로벌 소유집중 대기업의 경우에는 투명 경영과 이사회 중심의 독립적 경영으로 터널링 이슈는 크게 발생하지 않고 있습니다. 소유집중 대기업이나 소유분산 대기업의 근본적인 문제는 이사회의 독립성과 전문성이 확보되지 않아 견제와 감시기능이 작동하지 않은 상황에서 최고경영진이나 지배주주에 의한 경영권의 독점이 문제의 근원이라 할 수 있습니다.

초고를 완성할 무렵에 케이티 뉴거버넌스 TF에서 거버넌스 구조 개선안과 이에 따른 정관 개정(안)이 나왔습니다. 민영화 20년이 지난 현재까지 정권이 바뀔 때마다 흔들리어 지속가능 경영이 현실적으로 한계에 봉착할 수 있어서 안타까운 마음에 K-Business 연구 포럼의 소액주주들과 함께 몇 가지 제안을 했습니다. 더 나은 지배구조 모델, CEO 선임의 4단계 심층심사로 투명성과 공정성 확보, 전문영역별 이사제도, 이사회 중심의 책임경영, 감사위원회의 독립성 및 전문성 강화, 내부 감사부서 및 이사회사무국의 이사회 소속으로 전환 등을 제안하여 부분적으로 반영되었으며, 본 저서에 당시 제안한 내용을 담았습니다. 특히 제안한 더 나은 거버넌스 모델은 ESG경영시대에 이사회 중심의 거버넌스 체계로 ESG경영을 효율적으로 수행하고 이해관계자의 권익을 보호함으로써 지속가능한 성장을 보장할 수 있을 것입니다.

미래 사회는 AI/GX(Green Transformation) 대전환 시대이고 ESG경영은 생존을 위해 필수입니다. 기업은 기존의 하드파워 중심의 수직적·폐쇄적 거버넌스 구조를 소프트파워 중심의 수평적·개방적 거버넌스로 혁신해야 합니다. 미래 기업의 거버넌스 구조는 조직의 창의성과 자율성을 증진하고, 지속가능한 성장을 이룰 수 있는 기반이 될 것입니다.

거버넌스가 강한 조직은 조직 구성원들의 참여와 협력을 통해 지속가능한 성장목표를 달성할 수 있는 장점이 있습니다. 또한 조직 구성원들의 만족도가 높고, 조직의 혁신과 창의성이 높아질 수 있습니다. 반면, 지배구조가 강한 조직은 조직 구성원들의 지시와 통제를 통해 조직의 목표를 달성하기 어려울 수 있습니다. 또한 조직 구성원들의 만족도가 낮고, 조직의 혁신과 창의성이 낮아질 수 있습니다. 본 저자는 본서가 ESG경영시대에 이사회 중심의 수평적·개방적 거버넌스 구조로 발전하는 데 기여하여 모든 기업이 지속가능한 성장을 이루기를 기대합니다.

끝으로 본서의 집필과정에 많은 도움을 주신 상명대학교 홍성태 총장님, 권기환 부총장님께 감사드리며, 집필원고 정리에 도움을 준 충남대학교 한서윤 학생, 서로 존중하며 행복하게 살아가는 모습을 보여주고 있는 사위 박근우, 딸 한혜수에게도 고마운 마음을 표합니다. 또한 이 책의 출간에 도움을 주시고 본서의 출판을 동의해 주신 도서출판 시대가치 김광범 대표님에게도 감사의 인사를 드립니다.

2023년 8월 북한산 기슭 연구실

저자 한영도

저자소개

한영도

현재 상명대학교 글로벌경영학과 교수로 재무회계와 원가관리회계 등을 강의하고 있다. 고려대학교 경영대학원(석사)에서 공부하였으며 상명대학교 대학원 박사학위를 받았다. 주식회사 케이티 기획조정실에서 기업전략, 신사업기획 및 개발, 자회사 관리, 민영화 추진, 마케팅전략 업무 등을 담당하였고 PCS사업기획, 한솔엠닷컴 등 다수의 기업가치 평가 및 기업 인수합병 프로젝트의 책임자 역할을 수행하였다. 상명대학교 교수로 재직하면서 다수의 제4이동통신사업 프로젝트, 다수의 기업경영컨설팅 용역을 수행한 경험이 있고 K-Business 연구 포럼을 결성하여 기업지배구조 개선 활동, 다수의 벤처기업의 경영자문 활동을 하고 있다. 또한 평택항만공사 사외이사, KFNS 사외이사, 케이티알파 사외이사 겸 감사위원장을 역임한 바 있고 현재도 케이티 커머스 사외이사를 맡고 있는 등 기업경영에 적극 참여하고 있다. 저서로는 '기업가치 생각하는 경영자를 위한 비즈니스 회계관리' 등 2권의 책을 출간한 바 있다.

ESG경영시대 더 나은 거버넌스
그것을 누가 지배해야 하는가?

인　　쇄 2023년 10월 20일
발　　행 2023년 10월 27일
저　　자 한영도
펴 낸 이 김광범
펴 낸 곳 도서출판 시대가치

출판등록 2017년 3월 23일 제2018-000088호
주　　소 서울특별시 마포구 토정로 222, 422-1호(한국출판콘텐츠센터)
전　　화 02)3152-2620 / 팩스 02)6442-2621
홈페이지 시대가치.com

ISBN 979-11-89607-83-8 93320

가격 18,000원